平凡社新書
325

三国志人物外伝

亡国は男の意地の見せ所

坂口和澄
Sakaguchi Wazumi

HEIBONSHA

三国志人物外伝●目次

蜀 121

呉 219

まえがき

わが国で『三国志』と言う場合、多くは元《げん》末明《みん》初の人、羅《ら》貫中《かんちゅう》の小説『三國志通俗演義』を指した。最も早い訳本（逐語訳ではないが）『通俗三國志』（元禄時代の天龍寺の僧、義徹《ぎてつ》・月《げっ》堂《どう》兄弟による）を初め、吉川英治や柴田錬三郎の小説、横山光輝の漫画、それにゲーム『真・三國無双』などがこれに基づいている。

一九九〇年の前後六、七年を最盛期とする『三国志』ブームの到来によって、『演義』だけでなく、陳寿《ちんじゅ》が著わした『三國志』も広く知られるようになった。これは二十四史（清《しん》の乾隆《けんりゅう》帝の時代に定められた『史記』から『明史』に至る歴代二十四の正史）の一つで、『魏書』三十巻、『蜀書』十五巻、『呉書』二十巻の計六十五巻から成り、魏を正統として本紀四巻を設け、他は列伝の体裁を取る。彼と同じころ、夏侯湛《かこうたん》（魏の勇将夏侯淵《かこうえん》の曾孫）も『魏書』を編纂したが、陳寿の作を見て自著が到底及ばないと知って破棄した、という逸話がある。

陳寿は格調高い文章でまとめたが、史実の記載が簡略に過ぎたため、南朝宋の裴松之《はいしょうし》は魚《ぎょ》豢《かん》の『魏略』、王沈《おうしん》の『魏書』を初め、当時の文献百数十以上から、陳寿が採らなかった記事を集めて注を書いた。その字数は陳寿の本文に近い厖大《ぼうだい》なものであり、注に用いた書物の多くは今では失われているため、注自体が貴重な史料となった。

陳寿は初め蜀に仕え、魏に降り、魏が滅んだ後は晋に仕えて史官となった。彼が魏を正統としたことは後世の学者から非難されたが、晋臣となった以上は魏を正統としなければ、これを受け継いだ晋が閏統《じゅん》（正統ならざる国）となってしまい、身に危険が及ぶ。彼はこれを避けたのである。

清の史学者趙翼《ちょうよく》が「『三國志』に廻護《かいご》（直書せずに避ける）多し」と批判するとおり、魏の諸帝・司馬懿《しばい》一族の過誤や非違を直書しなかった。代わりにそれらを他人の伝にさりげなく記したり、一見、その行事《こうじ》を讃《たた》えるかのような筆遣いで、実はその姦悪を明らかにする「褒《ほ》め殺し」の手法を用いて、歴史家としてせめてもの抵抗を試みた。

一方、羅貫中は陳寿の『三國志』を裴松之の注を含めて精読し、さらに『後漢書』『世説新語』など、この時代に関連する記事を載せた諸書を参考にして『三國志通俗演義』を書き上げた。そして宋代に盛んだった「説三分」、すなわち三国時代の物語を読む講釈師の種本《テクスト》をそのまま用いて元の至治《しち》年間（一三二一－一三二三）に刊行された『全相三國志平話』の粗雑かつ荒唐無稽の筋立てを一新した。

小川環樹博士は「この書は『晉《しん》の平陽侯陳壽史傳、後學羅貫中編次す』と題していて、後學という書きぶりにも歴史家へのあこがれが大いに見られ、市井の講談師風情とはちがうことを示そうとの心もちが存する」（『中國小説史の研究』）と評されている。

羅貫中は唐宋以後、民間で培《つちか》われた蜀贔屓《びいき》の風潮を生かして、劉備《りゅうび》主従を善玉、曹操《そうそう》を悪玉、両者の間を巧みに遊泳した孫権《そんけん》をどっち付かずの日和見《ひよりみ》主義者として描き分けた。

小説である以上、全て史実に即してばかりいては興趣を欠く。そこで虚構を加えたり、換骨《かんこつ》奪胎《だったい》を試みた。史実と虚構が上手《うま》く組み合わされているため、「『演義』は七分が史実、三分が虚構で、読者は往々にして惑わされる」（清の章学誠《しょうがくせい》『丙辰剳記《へいしんさつき》』）ことがあり、それは士大夫《したいふ》（知識人）も同じだった。

本書『三国志人物外伝』は右の事情に即しながら、以下の五つに焦点を絞って書いた。

㈠立場上、陳寿が書けなかった事実を、裴松之の注や諸伝を参考にして炙《あぶ》り出す。曹叡《そうえい》は袁紹《えんしょう》の孫かと疑わせる明帝紀の記述、魏主曹髦《そうぼう》殺しの黒幕司馬昭《しばしょう》死すべしと迫った陳泰《ちんたい》の発言等。

㈡「三分の虚構」によって、正史が描いた人物像と『演義』のそれとの間に、どのような違いが生まれたかをはっきりさせる。

㈢読史家の穿《うが》った見方を紹介し、『三国志』ファンに新鮮な驚きを与えたい。彼らの論評は時に「論のための論」に陥っている場合もあるが、それはまたそれで面白い。

㈣羅貫中が見逃した興味深い逸話を持った人物や、思いがけない事件を紹介する。たとえば劉《りゅう》禅《ぜん》の明君説、陸凱《りくかい》の孫皓廃位計画、呂岱《りょたい》が図った張魯《ちょうろ》取り込み作戦等。

㈤たとい有名でなくとも湮没《いんぼつ》させるには惜しい行事《こうじ》を持つ人物も紹介する。これによって正史に興味を持つファンが増えることを期待するからである。

ちなみに本書は、経営戦略や企業の人心収攬《しゅうらん》を『三国志』から学び取ろうとする傾向とは、はっきりと一線を画している。

人名は本書が新書であることを考慮して、「常用漢字表」にある文字はこれに従った。

また、項目の排列は正史に従って魏・蜀・呉の順にした。ただし、同一項目に二国もしくは三国の人々が含まれている場合は、主要人物の国のところに便宜上配置してあることを、あらかじめお断りしておく。

上野公園片隅の陋屋にて

二〇〇五年晩秋

凡例

・文中の『演義』は羅貫中《らかんちゆう》の『三國志通俗演義』を指す。文中の括弧内の回数は、百二十回に分けられている『演義』の第何回かを示す。
・同一項目に二人以上の人物の行事《こうじ》を記した場合、初出の当該人名を太字にし、わかりやすいようにした。
・文中の引用書籍の表記は、『三国志』に限っては原典に従って『三國志』とし、他の書籍は「常用漢字表」に拠った。また、地の文では『三国志』に統一した。
・巻末の参考文献は原著の表記に従った。
・中扉の図版は『三才圖會』から、本文中の図版は『全相三國志平話』から採った。

魏

曹操

①「姦雄」は決して恩義を忘れない

――曹操《そうそう》

自ら帝位にこそ即《つ》かなかったが、魏の事実上の始祖曹操は、「姦雄」と評されており、その姦雄ぶりは特に『演義』において著しい。それは献《けん》帝を奉戴して中国各地の群雄を淘汰してゆく過程に、姦雄あるいは梟雄《きょうゆう》と呼ばれても仕方ない部分があるせいだった。しかし、英雄は同時に姦雄的側面を併せ持つ者であり、これは何も曹操一人に限らない。

曹操の官界入りは一七四年、二十歳の時だった。孝廉に推挙されて郎（各部局の属官）となる。梁《りょう》国の橋玄《きょうげん》、南陽の何顒《かぎょう》、汝南《じょなん》の王儁《おうしゅん》らは早くも彼の才能を深く認めるようになった。

中でも橋玄は曹操の名が名士の間でまだ広く知られていないのを惜しみ、汝南の名士許劭《きょしょう》に会うことを勧めた。後漢末は人物評論が盛んに行なわれ、名士に評価されて知遇を得ることが、世に出るための欠かせない条件だった。許劭は従兄許靖《きょせい》と並んで人物評論で名を知られ、毎月初め（月旦《げったん》）に会合を開いては名士を格付けしていた。「月旦評」が人物批評を意味するのは、これに由来する。

曹操は許劭を訪れて、謙《へりくだ》った言葉遣いで批評を請《こ》うた。許劭は彼が宦者《かんじゃ》（宦官）の孫であるのを鄙《いやし》んだのか黙ったままである。隙を窺って曹操は彼を脅迫した。止《や》むを得ず許劭が「君は清平の世の姦賊、亂世の英雄ならん」と答えると、曹操は大いに喜んで立ち去った（范曄《はんよう》『後漢書』）。

たとい「姦」という負《マイナス》評語が含まれていようと、許劭という名士の批評を受けられたこと自体が、曹操が世に出る上での正《プラス》になる。「曹、大いに喜んで去」ったのはこのためであり、また彼がひそかに期していたことに合致していたからでもあろう。

劉義慶《りゅうぎけい》の『世説新語』識鑒《しきかん》篇では、曹操が若いころ橋玄に見《まみ》えると、橋玄は「群雄が争いを繰りひろげている今、これを撥《おさ》めるのは君であろう。君は実《まこと》に乱世の英雄にして治世の姦賊である。残念ながら私は老いて、君が富貴の身となるのを見られない。私の子孫を君の手に委《ゆだ》ねたいものだ」と言ったという。

なお、『魏書』武《ぶ》帝紀に引く孫盛《そんせい》の『異同雑語』では「治世の能臣、亂世の姦雄ならん」とあり、曹操の評語としては、むしろこのほうが有名である。

曹操は世に出る契機《きっかけ》を作ってくれた橋玄に対して終世恩誼を忘れなかった。

橋玄は内外の職を歴任し、剛毅果断で知られ、司徒にまで昇進したが、人にはいつも謙虚な態度で接した。清貧に甘んじて、亡くなった時は柩《ひつぎ》を安置する場所もなかった。

曹操は宿敵袁紹《えんしょう》に連戦連勝し、気落ちした袁紹は二〇二年に死んだ。袁氏の根拠地冀《き》州平定の目処《めど》がついた曹操は梁国に使者を送って、太牢《たいろう》（祭祀の時の供物。牛・羊・豕《ぶた》の三種が揃っている）の犠牲《いけにえ》を捧げて橋玄を祀《まつ》った。

その文章からは曹操の温かい思いが伝わってくる。

——故《もと》太尉の橋公は明徳を広め、すべての者を公平に愛し、大きな包容力を持っておられた。国家は明訓（立派な訓《おし》え）を思い起こし、士人は令謨《れいぼ》（優《すぐ》れた計策）を慕っている。私は幼い時、頑鄙《がんすう》（物わかりが悪い）な資質ながら大君子《あなた》に受け入れていただいた。私の今日あるのはその励ましと援けによるものである。士は己《おのれ》を知ってくれる者のために生命を投げ出すという。この気持を抱いて私は忘れなかった。

またかつてくつろいでいる際、あなたはこう言われた。「私が死んだ後、君が道を通り過ぎた時、一斗の酒と一羽の鶏を持って墓前を訪れ、酒を地に注いでくれなければ、車で三歩（約四・五メートル）も行かぬうちに腹痛を起こすだろうが、怪しまないでくれよ」。その場限りの冗談ではあったが、至親（肉親）と同じ篤《あつ》い好意がなければ、どうしてこのような言辞《ことば》を発していただけようか。

こうして祀るのは、霊魂が憤って私に病《やまい》をもたらすと考えているからではない。昔を懐かしんで愛顧を思い出し、その言葉を思って悼《いた》ましく感じているからである。天子の命を奉じて東征し、郷里に駐留して北方のあなたの土地を望見し、その陵墓を思い浮かべている。粗末な供物ながら、公《あなた》にはどうか受け取っていただきたい――。

曹操を敵役《かたき》として描こうとする『演義』は当然ながら、この文章を載せない。

昔の恩人に対するばかりでなく、身を捨てて自分を救ってくれた人たちに対しても、彼は同じだった。

済北《せいほく》の相鮑信《ほうしん》は董卓《とうたく》討伐の義兵を挙げた諸侯の一人で、曹操こそ大乱を収めるに足る不世出の知略を持つ英雄であると評価し、進んで深い交わりを結んだ。一九二年、鮑信は寿張《じゅちょう》において黄巾の大軍と遭遇し、必死になって戦って、曹操を無事脱出させたが、自分は戦死してしまった。曹操は鮑信の遺体を収容しようと、賞金を出して求めたが得られず、人々に木を刻んで鮑信の像を作らせて哭礼を行なった。二一六年、魏王となった曹操は翌年、鮑信の子鮑邵《ほうしょう》を新都侯とし、その弟鮑勛《ほうくん》を辟《め》して丞相掾《じょうしょうえん》とし、鮑信の恩に報いた。

陳留郡己吾《きご》の人、典韋《てんい》は並外《なみはず》れた武勇を愛されて、いつも曹操の身辺の警護にあたっていた。酒食の量も二人前を平らげ、給仕は数人付かないと間に合わなかったと、本伝は記す。軍中では好んで双戟《そうげき》（二股の戟《ほこ》）と長刀《なぎなた》を持ち、これを人々は「張下（曹操の幕下）の壮士典君有り、一雙戟八十斤を提《ひっさ》ぐ」と囃《はや》した。

一九七年、曹操は宛《えん》にいた張繡《ちょうしゅう》を降し、彼と兵士を招いて宴を開いた。曹操が酒を注《つ》いで回ると、典韋は大斧を持って曹操の背後に立ち、相手を凝視《ぎょうし》すると、人々は恐れて宴が終わるまで、誰一人として目を合わせなかったという。

しかし、曹操が張繡の族父《おじ》の張済《ちょうせい》の未亡人を側妾としたのを恨んで、一夜、張繡は曹操を襲撃した。典韋は奮戦してあたかも弁慶《べんけい》の立ち往生さながらの死を遂げた。辛うじて舞陰《ぶいん》まで脱出した曹操は、典韋の死を知って流涕し、潜入者を募って遺体を運び取らせた。そして自ら葬儀に参列し、柩を襄邑《じょうゆう》(この時、己吾は襄邑に併合)に送り届け、子の典満《てんまん》を郎中に取り立てた。曹操の車駕《しゃが》が襄邑を通過するたび、常に中牢(羊と家の供物)の犠牲を捧げて祀った。曹操は典韋を思って典満を司馬に任命し、手許《てもと》に留め置いた。

郭嘉《かくか》は潁川《えいせん》郡陽翟《ようてき》の人で、初め袁紹に仕えたが、袁紹が人を用いる機略を欠き、謀計を好んでも決断力がないと知って彼の許《もと》を去り、一九七年、荀彧《じゅんいく》の推薦によって曹操に仕えた。

曹操は郭嘉と語り合って「孤《われ》をして大業を成さしむる者は必ず此の人なり」と言い、郭嘉は郭嘉で「眞《まこと》に吾《わ》が主なり」と喜んだ。

郭嘉は曹操のために多くの献策をした。攻略に手を焼いて兵を返そうとした曹操に急攻せよと勧めて、ついに呂布《りょふ》を捕えた(一九八)のも彼の計である。袁紹と官渡で対峙していた時、孫策《そんさく》が曹操の根拠地許《きょ》を襲おうとした(二〇〇)。恐れる人々に郭嘉は「彼は一匹夫《ひっぷ》の手にかかるであろう」と予測、果たしてそのとおりとなって、曹操はついに袁紹を破ることが出来た。

二〇七年、曹操は袁紹の子袁尚《えんしょう》が烏丸《うがん》と結託しているのを討伐しようとした。人々はその間に、荊州《けいしゅう》の劉表《りゅうひょう》に身を寄せている劉備《りゅうび》が背後を衝《つ》くのを恐れたが、郭嘉は衆議に反対して討伐を熱心に勧め、曹操は彼らを攻破した。

しかし病んでいた郭嘉は、帰国後、間もなく亡くなった。享年三十八。郭嘉が重態と聞いた曹操は、病状を問う使者を何度も何度も送り、死去するとその葬儀に臨んで深く悲しんだ。曹操は「天下の平定が済めば、彼に後事を託そうと考えていたのに、夭折してしまった。これも天命というものか」と嘆息した。『魏書』郭嘉伝に引く『傅子《ふし》』は、曹操は「哀《かな》しいかな奉孝《ほうこう》(郭嘉の字《あざな》)、痛ましいかな奉孝、惜しいかな奉孝」と痛惜したと記す。なお、この挿話は『演義』では二〇八年、赤壁で大敗した曹操が敗走の途中で口にしたことに変えてある(第五十回)。

このように部下に温情を示した曹操ではあったが、その一方で秋霜烈日の厳しさで誅戮《ちゅうりく》を加えた例も多い。

孔子二十代目の子孫だった孔融《こうゆう》は、これを鼻にかけて、宦官の孫である曹操の施策を事あるごとに批判した。その言葉も直截《ちょくせつ》的な表現ではなく、過剰な皮肉を籠めたものだった。彼を批判しながら、そのくせ、自分の行政能力は皆無と言ってよかった。二〇八年、荊州征伐の直前、曹操は彼ら一族を皆殺しにした。

後漢の太尉の子の楊脩《ようしゅう》は、曹操に高く評価されて丞相主簿（事務長）として活躍した。その頭の鋭さは「自分は彼に及ばない」と、曹操に舌を巻かせるほどだった。曹丕《そうひ》と曹植《そうしょく》の間で展開された激しい後継者争いでは、楊脩は曹植に加担した。しかし、曹操は自分の家の事に口出しされるのを不快に感じ、またその才能に警戒心を抱いて、二一九年に殺害した。何より才能を愛した曹操ではあったが、それをひけらかすことを嫌い、楊脩はその点の配慮に欠けていた。

周不疑《しゅうふぎ》が殺されたのも、その傑出した才能が同じように曹操に忌《い》まれたためだった（⑫参照）。

②お尋ね者曹操《そうそう》を救った中牟《ちゅうぼう》県令は誰か

――楊原《ようげん》・〈付〉任峻《じんしゅん》

何進《かしん》に宦官誅滅のため呼び寄せられたのを奇貨とした董卓《とうたく》が洛陽に入ったのは、一八九年八月のことだった。たちまち彼は少帝を廃して陳留王劉協《りゅうきょう》（後の献《けん》帝）を立て、自ら相国《しょうこく》として大権を握り、悪行を繰り返した。

曹操・袁紹《えんしょう》・袁術《えんじゅつ》らは彼に従うのを潔《いさぎよ》しとせず、各々郷里に帰って難を避けた。曹操は姓名を変え、間道伝いに東に向かい、故郷の沛《はい》国譙《しょう》県をめざした。関所を抜けて中牟県を通過する時、亭長に疑われて捕えられ、県に連行されてしまった。幸い邑《まち》の中のある人がこれを知り、曹操を弁護したので無事釈放された。

『魏書』武《ぶ》帝紀に引く『世語』は次のように記す。

――中牟県では、この男は逃亡者かと疑って県に拘留した。当時、県の掾《えん》（県令の属官）の手許《てもと》にはすでに董卓からの書状が届いて〔おり、怪しい者は通してはならぬと記されて〕いた。

ただ県の功曹だけが心中、これは曹操だと気付いていた。しかし、世はまさに乱れようとしている今、天下の雄儁《ゆうしゅん》（俊傑）を拘留するのは宜しくないと考え、功曹は県令に上申して彼を釈放させた——。

武帝紀にも『世語』にも、中牟で曹操を助けた人の名は伝えられていない。『演義』はその人を陳宮《ちんきゅう》にした。彼は曹操の国を思う心に感動し、県令の職を抛《なげう》って行を共にした。成皐《せいこう》まで来た時、曹操は誤解から旧知の呂伯奢《りょはくしゃ》とその家族まで殺してしまった。その酷薄な行為に驚いた陳宮は曹操を見限り、独りで立ち去った（第四回）。

羅貫中《らかんちゅう》は北方の地理に明るくなかったようで、洛陽から脱出して中牟に至り、さらに成皐に進むことはあり得ない。と言うのは、成皐は中牟の西約八十キロの所に在り、東方の沛をめざす曹操が逆戻りするとは考えられない。

似たような例は、旧主劉備《りゅうび》の所在を知った関羽《かんう》が、主の二夫人を奉じて曹操の許《もと》を脱出する第二十七回「美髯《びぜん》公　千里を単騎で走り、漢寿侯　五関に六将を斬る」でも見受けられる。五関の名を辿《たど》るとあり得ない行程となり、「関羽の千里独行」として名高いこの回を、「関羽の千里迷走」に変えたいくらいである。

陳宮の伝は『三国志』にない。ただ『魏書』呂布《りょふ》伝に引く魚豢《ぎょかん》の『典略』が「陳宮の字《あざな》は公台《こうたい》、東郡の人。剛直で気迫にあふれた為人《ひととなり》で、若いころから名ある人々と交わりを結んだ。

天下の動乱が始まると、曹操に従った（一九〇）。しかし、後に疑心を抱いて曹操の許を去り、呂布に従った（一九四）」と記すだけで、どういう経緯で曹操の部下となり、何が原因で疑心を持つようになったのかについては何も記さない。

　陳宮は何故、曹操と袂別《べいべつ》したのだろうか。それは徐《じょ》州の牧陶謙《とうけん》の部下に父曹嵩《そうすう》を殺された曹操が激怒して徐州に侵攻、所在の城邑《まち》を陥すや老《ろう》若男女《にゃくなんにょ》を問わず虐殺し、泗水《しすい》の流れが投げ込まれた数十万の死体で塞《せ》き止められた惨状を目《ま》のあたりにしたからであろう。

　それは措《お》いて、陳宮が中牟の県令でないならば、曹操がここを通った時、県の功曹の上申を納《い》れて彼を釈放した県令は誰だったのか。

　その謎を解く鍵が『魏書』任峻伝にあった。任峻は字を伯達《はくたつ》といい、河南郡中牟の人。後漢末の動乱で関東（函谷関《かんこくかん》以東）の地は揺れ動き、中牟の県令の**楊原**はこれを憂え且《か》つ恐れて、逃走しようとした。そこで任峻は楊原に説いた。

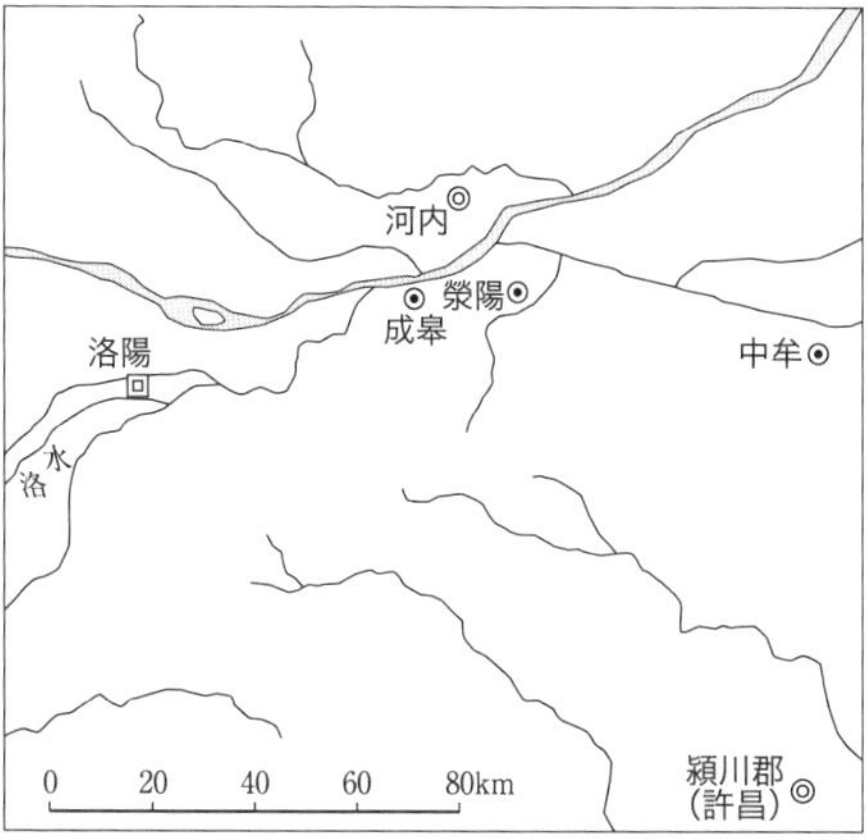

洛陽とその周辺図

「董卓が起こした動乱に対して、天下の人はみな怒りの目を注いでいますが、先頭に立って行動を起こす者がいないのは、その心がないわけではなく、情勢からいって敢えて立たないだけのことです。明府《との》がもし口火を切られるならば、必ず呼応する人がございましょう」。

ではどうすればいいかと問う楊原に、任峻は自分の計画をこう告げる。

「今、関東十余県では、兵として役立つ人数は一万を下りません。もし緊急の手段として河南の尹《いん》の職務を代行し、彼らを統率して用いるならば、事は必ず成就《じょうじゅ》致しましょう」。

楊原はその計に従い、任峻を主簿（事務長）に登用した。任峻は上表して楊原の河南尹代行の許可を得、諸県の守りを固めて挙兵に踏みきった。

曹操も一九〇年一月、他の諸侯の挙兵に加わって洛陽に進む途中、中牟の境界に入った。挙兵したばかりのところに曹操が来たため、人々は曹操に従うべきか、このまま成行《なりゆき》を見守るべきか、判断に迷った。しかし任峻は同郡の張奮《ちょうふん》と相談して、郡を挙げて曹操に従った。任峻はまた別に、一族と食客・私兵数百人を集め、曹操に随従したいと申し出た。曹操は大いに喜んで、上表して任峻を騎都尉に任じ、従妹《いとこ》を彼の妻として与え、信愛した。

曹操が間道伝いに郷里に向かったのは一八九年九月、郷里で挙兵したのがその年の十二月。従ってこの間、三ヵ月そこそこである。これから判断して、逃走中の曹操が立ち寄った時の中牟の県令は楊原に間違いない。また、釈放を請うた功曹（『世語』の記事）とは実は主簿の任峻であろう。

県令が楊原なのは確かだが、一つ気にかかることがある。それは任峻が郡を挙げて曹操に従った時、楊原はどうしたか、どんな恩遇を与えられたか、任峻伝に何一つ記されていないことである。

敵対者や似而非《えせ》君子には冷酷だった曹操は、しかし恩人に対してはいつまでもそれを徳として礼を欠かさなかった（①参照）。これを考えると、ちょっと解《げ》せないものが残る。あるいは欠文があったか。


任峻について触れておきたい。

『演義』では毛玠《もうかい》とともに典農中郎将に任じられた（第十四回）と記されるだけで他に登場しないが、曹操のために果たした功績は大きい。

当時、軍国の重要な問題は兵員と軍糧の確保だった。曹操が献帝を許《きょ》に迎えた一九六年、陳留太守棗祗《そうし》と護軍韓浩《かんこう》は屯田制の実施を曹操に進言した。すでに前漢の時代からこの制度はあったが、それは辺境の守備兵が食糧自給の目的で開いたものだった（軍屯）。

棗祗の発案は流民や降民を招募して、まず許県に屯田を開こうというものである。招募とはいえ、それは半強制的で、民の流亡を防いで騒乱を起こさせない狙いも、同時に持っていた。

曹操は早速採用し、任峻を典農中郎将に任じた。許における屯田は大成功だった。これがきっかけとなって各地に屯田が設けられ、数年の間に倉庫には穀物が山積されたと任峻伝は記す。なお、曹操が設置を命じた屯田で働く者は民衆だったので、軍屯に対してこれを民屯と称した。官牛を借りて耕作する者は収穫の六割を官に収め、私牛を用いて耕作する場合は五割を上納した。ちなみに官牛使用者の六割上納は、当時、地主に収める小作料とほぼ同率だった。

任峻は官渡で袁紹と対峙する（一九九）曹操に、武器・軍糧を円滑に送り届けた。これを妨害しようとする敵に対して、任峻は輸送車千輛を一編成とし、十列に並べて進めさせた。その周囲を多数の兵が護衛しているのを見て、敵は敢えて近づこうとしなくなった。

「軍国の物資が豊富になったのは棗祗の発議に始まって、任峻がしっかり整備したからだ」と本伝に記されている。曹操はこれを高く評価して都亭侯とし、領邑三百戸を与え、後に長水校尉に昇進させた。二〇四年、任峻は死去。曹操はしばらく涙を流して死を悼《いた》んだ。後年、文帝曹丕《そうひ》は任峻の功績を思い起こし、成侯と諡《おくりな》した。

③人の用い方はそれぞれ違う

――曹操《そうそう》・劉備《りゅうび》・孫策《そんさく》・孫権《そんけん》

『廿二史劄記《さつき》』は清《しん》の史学者趙翼《ちょうよく》（一七二七―一八一四）が、『史記』から『明史《みん》』に至る二十二の正史に考証を加えた著作で、通読すれば容易に中国史を概観することが出来る。

「（前略）趙翼の作品は細かい事物や言葉の考証よりも、各時代の重要な問題や矛盾点を取り上げ、史実を列挙して比較研究しているところに特色があり、読み物としてもすこぶる興趣があぁる。もともと趙翼には（中略）系統だった歴史学の素養はなく、文学畑から越境し独学で歴史学者になった人だから、その意味で考証学のきびしいセオリーから自由だったのであろう」と、井波律子先生は指摘されている（『奇人と異才の中国史』岩波新書、二〇〇五）。

『廿二史劄記』は全三十六巻から成り、巻五から巻八にかけて『後漢書』『三国志』『晋書』についてて触れている。

巻五には「三国の主、人を用いること同じからず」という一項があぁって、曹操・劉備・孫策・

孫権が、どのように人を用いて才能を尽くさせたか、一々例を引いて詳細且《か》つ要領よくまとめてある。

以下、これを抄訳して載せる。

——人才の輩出は三国より盛んな時代はなかった。君主は各々よく人を用いたので、臣下は臣下で〔それに応えて〕よく力を尽くし、鼎立《ていりつ》の形勢を作り上げた。しかし、その用い方には差違がある。

曹操は権術（人を欺く謀《はか》り事《ごと》）をもって臣下を操り、劉備は性情（気立て）の良さで臣下と結び付き、孫氏兄弟は臣下とぴったり心を一致させて、その力を引き出した。これらは後世に至ってなお迹《あと》を辿《たど》ることが出来る——。

と趙翼は冒頭に記し、つづいて彼ら四人の人の用い方の違いについて述べる。

〔**曹操**〕

荀彧《じゅんいく》・程昱《ていいく》は曹操のためにいろいろ画策したが、その内容を人は知らなかった。彼は一々それを表明して自分の功績としなかった。臧覇《そうは》は初め陶謙《とうけん》に従い、後には呂布《りょふ》を助けた。呂布は擒《とりこ》となり（一九八）、逃亡した臧覇はやがて見つかってしまったが、曹操は彼を琅邪《ろうや》の相《しょう》に任じ、青《せい》・徐《じょ》二州の事を全て取り仕切らせた。

これより先、呂布が兗《えん》州で叛乱を起こす（一九四）と、曹操の部将徐翕《じょきゅう》・毛暉《もうき》も同調した。彼らは敗れて臧覇に身を投じる。身柄を引き渡せと言う曹操に対して、臧覇は「私が自立していられるのは、人の信頼を裏切らなかったからです」と言って助命を請《こ》うた。曹操はその賢明さを嘆賞し、彼に免じて二人を助命したばかりか、郡太守に任用した。

曹操は畢諶《ひっしん》を兗州別駕《べつが》に任じた。張邈《ちょうばく》と呂布が背《そむ》いて畢諶の母と妻を連れ去っても、彼は曹操に二心を抱かないと誓った。しかし結局は逃亡して呂布に従い、呂布とともに捕えられてしまった（一九八）。畢諶は殺されるだろうと人々は思っていたが、「親に孝行な者がどうして君に不忠を働こうか」と言って助命し、魯《ろ》国の相にした。

曹操は初め魏种《ぎちゅう》を孝廉に推挙してやった。兗州の乱の際、曹操は「种は必ず私を見棄てない」と言っていた。彼が逃走したと聞くと、「たといどこに逃げようと、このままにしてはおかぬぞ」と怒った。だが、やがて魏种が擒になって引き立てられてくると、その才能を惜しんで釈放して用いた。

これら先臣後叛（先に臣事し、後に叛く）の人が生け捕りになれば、誰が助命しようか。しかし曹操は憎まないで用いた。曹操は挙兵した時、衆力を藉《か》りて事を成就《じょうじゅ》しようとし、天下を駆けめぐった。これは楊阜《ようふ》が言う「曹公はよく度外の人（のけものにされた人）を用いた」例である。

だが群雄を倒して勢威が定まると、孔融《こうゆう》・許攸《きょゆう》・婁圭《ろうけい》ら、自分を軽侮する者たちを嫌忌《けんき》して殺害した。荀彧はもともと曹操の謀主《ぼうしゅ》だったが、九錫《きゅうせき》（大功ある臣下に加えられる九種の恩典）の恩典を得ようとする曹操の意図を阻《はば》んだため、死に追いやられてしまった。甚だしい例は楊《よう》脩《しゅう》で、彼はその才によって曹操に抜擢されたが、曹丕《そうひ》と皇太子の位を争った曹植《そうしょく》と親交を結んだために殺された。

久しい間に、曹操の強い猜疑《さいぎ》心は自然に顕《あら》われてしまった。それまで度外の人を用いたのは、本心を偽って一時の用に役立てただけであり、「権術を以て相馭《あいぎょ》す」と言われた所以《ゆえん》である。

〔劉備〕

彼が一度《ひとたび》事を起こすや、人心は彼に向かった。若いころ豪傑と交わると、彼らの多くは劉備に帰附した。中山郡の大商人張世平《ちょうせいへい》・蘇雙《そそう》らは劉備に多くの資金を援助した。平原《へいげん》の相《しょう》を領した時（一九一）、劉備を嫌った男が刺客を差し向けたが、刺客は劉備の人柄に感じて委細を告げて立ち去った。劉備が陶謙を救うと（一九四）、臨終の病床で陶謙は彼に徐州を委ねた。辞退する劉備に対し、当時の名士孔融・陳登《ちんとう》はこれを受けるよう勧めた。

後、呂布に攻撃され（一九六）、曹操の許《もと》に奔《はし》ると、曹操は彼を上表して左将軍に任じ、甚だ礼重した。劉備は曹操から離脱して大敗を喫し（二〇〇）、袁譚《えんたん》を頼る。袁譚は歩騎を率いて出迎え、さらにこれを聞いた袁紹《えんしょう》は鄴《ぎょう》の郊外二百里（約一五キロ）まで赴いて彼を待った。袁紹が敗れると、劉備は劉表《りゅうひょう》を訪れ（二〇一）、劉表もまた郊迎（郊外まで行って迎える）して上賓の礼で待遇し、荊州の豪傑の多くが劉備に帰服した。曹操が荊州に侵攻してくると（二〇八）、劉備は江陵に拠ろうと南下する。彼に随従する人士は十余万に及んだ。

劉備に「天下三分の計」を授ける孔明（右から二番目）

当時、劉備は尺寸《せきすん》（ごく僅か）の権柄も持たなかったが、人をこのように傾倒させた。程昱は「備は非常に人心を得ている」と言い、また諸葛亮《しょかつりょう》（孔明《こうめい》）が使者として江東を訪れ（二〇八）、孫権に「劉豫《よ》州（当時、劉備は豫州刺史）はあたかも水が海に帰するのと同じように、大勢の人から仰ぎ慕われています」と語った。

これは当時の実状で、このように人心を得ていた例は、なかなか史策（歴史書）には見出《いだ》せない。孔明を草廬に三顧して天下の大計を諮問《しもん》した時は、ゆったりと聳《そび》え立つ巌《いわお》のような風格があった。

関羽《かんう》・張飛《ちょうひ》・趙雲《ちょううん》たちは若いころに主従の契りを結び、劉備を奉じて周旋（駆けめぐる）し、羇旅《きりょ》（客として他家に身を寄せる）奔逃（逃げ奔る）した。人の籬《まがき》の下に身を寄せ、寸土も持たないにも拘《かかわ》らず、劉備は大業を樹立した。彼らが患難《かんなん》の際にも随従し、二心を抱かなかったのは、もとより彼らが忠義だったからである。とともに、劉備が彼らと深く結び合う、他人にはわからない何かを必ず持っていたからでもあろう。

劉備が呉の東征に向かう（二二一）や、黄権《こうけん》は先鋒として敵に当たると申し出た。しかし劉備は江北の兵を率いて魏を防ぐよう命じた。猇亭《おうてい》で大敗（二二二）すると、黄権は止《や》むなく魏に降った。彼の妻子を処罰すると言う係官に対して劉備は「私が黄権に負《そむ》いたのであって黄権が私に負いたのではない」と言って許さなかった。一方、黄権は「妻子逮捕」の誤報が報じられても信じなかった。君臣は互いにこのように信頼し合っていたのである。

劉備は危篤に陥ると、遺孤劉禅《りゅうぜん》を孔明に託し、「嗣子が輔佐するに足るなら輔佐し、それに値《あたい》しないなら、君自らこれを取れ」と言った。千年を経《へ》てなお、劉備の孔明を信頼する真心《まごころ》を見ることが出来、これこそ彼の真の性情の流露である。

もし曹操が孔明を得たとして、彼はこのように心を委ねようか。孔明もまた、曹操に用いられることを肯《がえ》んじようか。惜しいことに、この時、人才は魏・呉の手にことごとく収められており、蜀は二国に較べて少なかった。しかし第一流の人才である孔明を、二国は手に入れられなかった。劉備が独りこれを得たのは、誠意をもって人を遇した効果によるものと見るべきである。

〔孫策・孫権〕

孫氏兄弟の人の用い方となると、人の及べないものがある。孫策は太史慈《たいしじ》を捕えると（一九五）、即座に縄目を解いて「子義《しぎ》（太史慈の字《あざな》）は青州の名士で、身を託した相手が悪かっただけだ。孤《わたし》は卿《あなた》の知己である」と言って部下にした。

張昭《ちょうしょう》を長史に迎えると、北方の士大夫《したいふ》は手紙を送って、孫策の業績は張昭の力によるものであると賞讃した。孫策はこれを聞くと、「昔、管仲《かんちゅう》が斉《せい》の宰相になると、斉の桓《かん》公は一にも仲父《ちゅうほ》（管仲を指す）、二にも仲父と崇《あが》めて、ついに覇者の宗《もとじめ》となった。今、私は子布《しふ》（張昭の字）という賢者をよく用いている。桓公と同じ功名を私が得られぬはずはないだろう」と言った。これらは孫策が士を得た例である。

神亭で戦う孫策（右）と太史慈

孫権は周瑜《しゅうゆ》に魯粛《ろしゅく》を推薦されると、即座に用い、周瑜が死去（二一〇）すると、魯粛を後任とした。また、孫権が甘寧《かんねい》の粗暴を怒った時、闘将は得難い人材であると呂蒙《りょもう》に諫《いさ》められると、甘寧を厚遇した。

劉備が呉討伐の軍を起こす（二二一）と、ある人は「諸葛瑾《しょかつきん》（孔明の兄）は蜀と気脈を通じ、蜀に人を派遣した」と誣告《ぶこく》した。すると孫権は「孤《わたし》と子瑜《しゆ》（瑾の字）とは死生を超えて心を変えぬと誓った間柄だ。子瑜が孤に負《そむ》かないのは、孤が子瑜に負かないことと同じである」と言って、少しも疑わなかった。

呉・蜀が再び和睦すると（二二三）、孫権は自分の印璽《いんじ》を別にあつらえて陸遜の所に預けた。劉禅や孔明に送る書はいつも陸遜に見せて、内容に問題があれば改めさせ、その印璽で封印させるためだった。このように信任すれば、臣下は知遇に感激して、その心と力を尽くさない者があろうか。

孫権はまた、自分の非を素直に認めた。彼は遼東の公孫淵《こうそんえん》を味方に付けようと考え、多くの財宝とともに使者を送った（二三二）。張昭は強く諫めたが聴許されなかった。果たして淵は使者を斬って、その首を魏に送った。孫権は慚《は》じて張昭を訪れて陳謝したが、張昭は病《やまい》を理由に会おうとしない。頑《かたく》なに引き籠もる張昭をやっと宮殿に連れ還り、孫権は深く自分を責め、張昭に詫びた。

袁紹《えんしょう》は沮授《そじゅ》の持久策を用いなかったために曹操に敗れてしまった（二〇〇）。袁紹ならばきっと自分の不明を棚に上げ、沮授を殺したに違いない。現に沮授と同じく持久策を献じた田豊《でんほう》は、「敗戦を嘲笑している」という逢紀《ほうき》の讒言《ざんげん》を真《ま》に受けた袁紹に殺害されている。

孫権は呂壱《りょいつ》を校事《こうじ》（摘発専門の役職）に任命したが、その悪事が発覚したので誅殺した。そして諸将の許《もと》に使者を派遣して陳謝し、「今後は憚《はばか》ることなく諫言して私の過失を補ってほしい」と伝えた。

孫権は晩年、嫡庶の区別をはっきりさせなかったため、三男孫和《そんか》と四男孫覇《そんは》の間で激しい後継者争いが起き、臣下も二派に分裂してしまった（二宮の変）。年長の孫和を当然ながら推す陸遜は孫覇派の楊竺《ようじく》に讒言されて憂憤の裡《うち》に死去した（二四五）。後に孫権は彼の子の陸抗《りくこう》と会うと（二五一）、「私は先に讒言を信じて汝《おまえ》の父に対して大義に背くようなことをやってしまった」と泣いて謝罪した。

人の上に立つ身でありながら、自らその過《あやま》ちを悔い、誠意をもってこのように告げるならば、誰が感泣しないであろうか。もし曹操が孫権の立場だったならば、こうはしなかったであろう。孫氏兄弟は臣下と意気相投じ、彼らを感激させてその力を引き出した――。

以上が趙翼の論評である。御多分に洩《も》れず、彼もまた、礼教の偽善性と欺瞞性を見破って法家の立場で統御した曹操に対して批判的だが、儒家の徒としてはこんな意見になるだろう。しかし、「度外の人」をよく用いて魏の礎《いしずえ》を築いた曹操のやり方は、劉備や孫氏兄弟のそれと較べて少しも劣ってはいない。劣っていなかったからこそ、蜀も呉も中原を窺いながら、これを奪えなかった。

曹操がついに天下を統一出来なかったのは、他の創業の君主に較べて器量が劣っていたからでは決してなく、劉備や孫権という、もし別の時代に生まれていたならば必ず創業の君主たり得たに違いない人物と、時代を同じゅうして生まれた不運のせいである。

④魏を奪った似た者父子《おやこ》の悪巧み

――司《し》馬《ば》懿《い》・司《し》馬《ば》師《し》・司《し》馬《ば》昭《しょう》

五胡十六国の時代（三〇四―四三九）、後趙《こうちょう》を建てた羯《けつ》族出身の英雄石勒《せきろく》（在位三一九―三三三）は、幼いころは漢人の奴隷として悲惨な日々を送ったため、字が読めなかった。だが、物事の本質を直観的に把握する能力に長《た》けていた。人に史書を読ませて加えた論評は、一々的を射たと言われる。

そんな彼が司馬懿父子の行為を痛烈に非難する。

「大丈夫《だいじょうふ》（立派な男子）たる者、事を行なうならば礌礌落落《らいらいらくらく》（小事に拘《こだわ》らない）、日月が皎然《こうぜん》と光り輝くようにやるべきだ。曹孟徳《そうもうとく》（孟徳は曹操《そうそう》の字《あざな》）・司馬仲達《しばちゅうたつ》（仲達は司馬懿の字）父子のように、孤児（後漢の献《けん》帝を指す）や寡婦《かふ》（魏帝曹叡《そうえい》の未亡人の郭《かく》太后）を欺き、狐媚《こび》（狐のように人を誑《たぶら》かす）して天下を奪《と》るような真似《まね》は死んでもやれない」。

曹操は出仕をしぶる司馬懿を強引に呼び寄せ、文学掾《えん》という官職に就けた。とはいえ、曹操

は この男に只《ただ》ならぬものを感じており、警戒心を緩めなかった。

司馬懿は「狼顧《ろうこ》の相」を持っていたと『晋書』は記す。彼は狼のように首を百八十度回して真後《まうし》ろを見られたと言われていた。曹操が司馬懿を呼び出して振り向かせたところ、顔は真後ろを向きながら、身体は微動だにしなかった。薄気味悪い身のこなしである。なお「狼顧」とは、狼は臆病で常に後ろを振り返ることから、人が恐れて振り返り見ることの喩《たと》えとされる。

自分が曹操に警戒されていると察知した司馬懿はひたすら職務に励み、曹丕《そうひ》に近づいて信頼を得た。曹丕が王太子になると（二一六）、司馬懿は太子中庶子（太子に侍して落度《おちど》を補う）となり、しばしば奇策を披露《ひろう》したと『晋書』は記すが、その内容については触れていない。

曹丕には司馬懿を初め、陳羣《ちんぐん》・朱鑠《しゅしゃく》・呉質《ごしつ》ら「四友」と呼ばれる者たちがいた。熾烈《しれつ》な後継者争いを演じた同腹の弟曹植《そうしょく》と、その取り巻きをどう扱うか、当然、「奇策」の中に含まれていたであろう。

二二〇年正月、曹操が亡くなると、早くも十月には献帝に禅譲を迫って、曹丕は帝位に即《つ》いた。司馬懿に対する曹丕の信頼はさらに深まった。二二五年、征呉の軍を発した曹丕は、司馬懿を撫軍大将軍に任じて許昌《きょしょう》に駐《とど》め、留守を預けた。

帰還後には「孤《わたし》が東征した時は君は西方（蜀）の問題に対処し、孤が西征した場合は君は東の呉に備えてもらいたい」と言い、謂わば魏を二人で統治しようというほどの信頼を寄せた。これによって魏朝内の司馬懿の地位と声望は揺るぎないものとなった。

二二六年、四十歳の若さで曹丕は病死、曹叡《そうえい》が後を継いだ。司馬懿は曹真《そうしん》・曹休《そうきゅう》・陳羣とともに後事を託され、驃騎《ひょうき》将軍として宛《えん》（南陽郡治）に出鎮、荊《けい》・豫《よ》二州の軍権を握った。魏に降った後、諸葛亮《しょかつりょう》（孔明《こうめい》）と気脈を通じて兵を挙げようとした孟達《もうたつ》を、上庸に襲ってこれを斬った。孔明の第一次北伐は、馬謖《ばしょく》起用の失敗と孟達の敗死によって挫折した。

司馬懿は曹真の死後は対蜀作戦に当たり、孔明の第三次（二三一）・第四次（二三四）北伐で彼と直接対決した。両者の対決を『演義』では六回としているが、これは小説上のことである。司馬懿が持久策に徹したため、孔明は決戦の機を得られないまま、壮図半ばで病死した。

二三八年、司馬懿は遼東に遠征し、この地で五十年にわたって割拠していた公孫淵《こうそんえん》を斬って平定した。帰国の途次、折から重態に陥《おちい》った曹叡に急遽枕頭に呼び出された。苦しい息の下で曹叡は八歳の嗣子曹芳《そうほう》に命じて司馬懿の頸《くび》を抱かせて、この子を頼むと伝えた。

司馬懿はぬけぬけと「先帝が臣《わたくし》に陛下を託されたのを御覧になられたでありましょう」と答える。曹芳の後見には曹爽《そうそう》（曹真の子）と司馬懿が当たることとなったが、何晏《かあん》・鄧颺《とうよう》・丁《てい》謐《ひつ》らが、大権を他人に預けてはならないと曹爽に吹き込んだため、司馬懿は太傅《たいふ》という名誉職に祀《まつ》りあげられて実権から離された。

ここから二四八年まで、彼の長い隠忍の生活が始まり、曹爽がその党与の者たちとともに政治を壟断《ろうだん》して、世人の失望を買った。司馬懿は曹爽との決定的な対立を避けるため、二四七年、病気と称して自邸に引き籠もる。しかし朝野における彼の声望は群臣の中で突出していて、決して油断は出来ない。

曹爽は自分の党与の李勝《りしょう》が弁州《へい》刺史に転任する機会（二四八）に、挨拶を兼ねて司馬懿の病状を探らせた。司馬懿は重病を装い、侍女が持ってきた粥《かゆ》も飲めずにだらだらと衿許《えりもと》にこぼす。さらに痴呆を演じて「弁州」を「荊州」と聞き違え、何度か訂正されてやっとわかったふりをした。こんな猿芝居に李勝は騙《たばか》られて、曹爽に彼の恢復《かいふく》は望めまいと報告した（『魏書』曹爽伝注引『魏末伝』）。

二四九年一月、曹爽兄弟は魏帝曹芳に従って先帝曹叡の高平陵に詣《もう》でた。痴呆を装った司馬懿と、司馬師・司馬昭兄弟は郭太后に上奏して洛陽の門を閉め、曹芳にも上表して曹爽の罪状を数え立てた。突然のクーデターに気を削《そ》がれた曹爽たちは手を束《つか》ねて擒《とりこ》となり、大逆不道の罪を被《き》せられて三族もろとも殺された。罪名は司馬懿の旨を受けた者たちのでっちあげであって、そうでなければおめおめ捕えられはすまい。

司馬氏一族の専権を快く思わない者も多くいた。いわゆる「淮南《わいなん》の三叛」と言われるのがその例である。大兵を擁して出鎮している将軍たちには、あらぬ嫌疑をかけられて、いつ殺されるかも知れない不安があった。

軍事・行政両面に優れた手腕を持つ王淩《おうりょう》は、車騎将軍・仮節都督揚州諸軍事として、外甥《がいせい》(姉妹の子）の兗《えん》州刺史令狐愚《れいこぐ》とともに、魏の東方に在って軍事権を掌握していた。二四九年から彼は当時十八歳の魏帝曹芳に替えて、曹氏の中の年長者曹彪《そうひょう》を帝位に即け、司馬懿の専権を抑えようと動き始めた。しかし計画は発覚、司馬懿に急を襲われて自殺した（二五一）。これが「三叛」の最初である（⑨参照）。

曹爽を排除した司馬懿父子（左三人）に大権を委ねる曹芳

司馬懿はその年の八月に死んだ。王淩伝に引く干《かん》宝《ほう》の『晋紀《しんぎ》』によれば、「夢に王淩と、彼と親しかった賈逵《かき》が枕辺に立ち、これを恐れた司馬懿は間もなく死んだ」と記される。

司馬懿の後は**司馬師**が継ぎ、撫軍大将軍・録尚書事に任じられ、翌年には大将軍・侍中・持節都督中外諸軍事・録尚書事に昇進、政治と軍事一切の権限を握ってしまった。

司馬師の最初の妻は、曹操の女《むすめ》の徳陽《とくよう》公主と夏《か》侯尚《こうしょう》の間に生まれた夏侯徽《かこうき》だった。しかし彼女は、『晋書』によると、司馬懿の簒奪《さんだつ》の野心に気付いたため、司馬懿に殺された（二三四）。父の手で自分の妻が殺されるのを容認した司馬師は情けない男だ。曹操の孫を殺しておきながら不問に付されたこの事件は、司馬氏が魏朝で握っていた権勢がいかに大きかったかをよく示している。

司馬師は次いで曹丕の寵臣だった呉質の女を娶《めと》ったが、呉質の出自が単家（卑《ひく》い家柄）で、この婚姻で得るものなしと判断して離縁した。そして泰山郡の名門羊衜《ようどう》の女の羊徽瑜《ようきゆ》を妻に迎えて曹氏との縁を断ち切り、名族との繋がりを深めた。

司馬懿はこの息子のほうをどうやら司馬昭よりも信頼していたようで、前述の二四九年のクーデターの計画も師と練り上げて、昭には前夜に知らせただけだという。人に命じて司馬懿が二人の前夜の様子を探らせると、昭は寝つけないようだったが、師はぐっすりと眠りこけていた。

二五二年十二月、魏は三道から呉を襲って敗れたが、司馬師は敗戦の罪を一身に被《かぶ》り、監軍として同行した昭の爵を削っただけで、諸将を咎《とが》めなかった。負けたというのに人心はこの措置で司馬師に帰した。抜け目ない男である。抜け目ないと言えば、昭を参加させたのも、もし勝った場合は諸将の功績だけにさせないという計算があったからだった。

二五四年四月、中書令李豊《りほう》は太常夏侯玄《かこうげん》を大将軍として司馬師の追い落としを計画したが、発覚して彼らは三族皆殺しとなる。魏王曹芳もこの計画に関与したと司馬師は難癖つけ、郭太后を威《おど》して「皇帝失格」の令を下させ、十六歳の高貴郷公曹髦《そうぼう》を迎えた。

この強引な廃立を怒って毌丘倹《かんきゅうけん》と文欽《ぶんきん》が淮南で挙兵した。この時、司馬師は目の上の悪性の腫物を切開したばかりだったが、王粛《おうしゅく》や鄧艾《とうがい》の強《た》っての勧めがあり、病《やまい》を押して出兵した。毌丘倹は遁走《とんそう》したが殺され、文欽は呉に逃げ込んだ。毌丘倹が亡くなって七日後、司馬師は病状が悪化して死んだ。二五五年正月のことだった。

兄の重態を知って**司馬昭**は淮南へ急行した。曹髦は「帰還したならば許昌に駐屯し、その兵は傅嘏《ふか》が預って洛陽に戻れ」と詔を下した。曹髦は優《すぐ》れた頭脳を持ち、常々司馬氏一族の専権を憂えていた。そこで禁軍の兵を昭から切り離そうとしたのだが、傅嘏・鄧艾はその意図を見破り、昭は二人の意見に従って詔勅を無視、洛陽に戻って兄の封爵を継いだ。

二五七年五月、三度《たび》淮南で挙兵があった。諸葛誕《しょかったん》は呉の救援を得たが、何しろ相手は二十六万の大軍である。一年近く持ちこたえたが、翌年二月、ついに城は落ち、諸葛誕は戦死した（㊷参照）。

この戦いの時、司馬昭は曹髦と郭太后を奉じて出陣した。それは二人が自分の留守中に画策するのを防ぐためであると同時に、親征の形を取って、諸葛誕が朝敵であると天下に知らしめるためだった。真の朝敵は彼自身なのだが。

二六〇年五月、曹髦は「司馬昭の心は路《みち》行く人さえ知っている。私は坐して廃位の辱《はずか》しめに遭いたくない」と言って、尚書王経《おうけい》の諫止を振りきって、宿衛の士や奴僕数百人を率いて打って出、司馬昭を誅戮《ちゅうりく》しようとした。姦臣賈充《かじゅう》は部下の成済《せいせい》兄弟に迎え撃たせた。生捕りにするか殺すかと問う兄弟に、賈充は「殺してしまえ」と命じた。哀れなことに曹髦は成済の矛に刺し貫かれ、刃は背中を突き抜けた。即死である（『魏書』高貴郷公紀所引『魏末伝』）。

賈充は一切の罪を兄弟に被《き》せて射殺した。賈充が命じた弑逆《しいぎゃく》の黒幕が司馬昭であることは誰でも知っているが、表立って口に出来ない。陳寿は事件の経緯は何も記さず、「五月己丑《きちゅう》（七日）高貴郷公卒《しゅっ》す。年二十」とだけ書く。

司馬昭は朝臣を集め、この事件をどう取り図ろうかと相談した。陳泰《ちんたい》（陳羣の子）は涙を流しながら参内《さんだい》し、密室で待ち受けた司馬昭に善後策を問われると「賈充を誅して天下に謝罪して下さい」と答えた。次の方法はないかと問われると陳泰は「ただそれのみ。次の手段《てだて》など知りません」と答えた。

これは本伝に引く干宝の『晋紀』の記述だが、『魏氏春秋』が記すところは、もっと過激である。

――慟哭《どうこく》する陳泰に対して、司馬昭も空《そら》涙を流してどうすればいいかと訊く。陳泰は賈充斬るべしと言い、さらに問いかける司馬昭に対して、「どうして私にそれ以上の言葉を言わせようとなさるのか」と応じ、ついに血を吐いて亡くなった――。

「それ以上の言葉」とは、黒幕の司馬昭こそ死すべきことを匂わせている。それかあらぬか、陳泰はこの年に亡くなっている。『魏氏春秋』の記事が正しければ、彼の死はあるいは司馬昭の魔の手によってもたらされたものかも知れない。

逆臣成済の矛に刺し貫かれた曹髦（右下）

　曹髦が殺害された後は、曹操の子燕《えん》王曹宇《そうう》の子曹《そう》奐《かん》が継いだ。二六三年、蜀が滅び、その翌年三月、司馬昭は晋王となり、天子と僅か一階を隔てるのみとなった。この年、呉では孫皓《そんこう》が帝位に即いたが、重ねる悪行で民心はたちまち離れてしまった。

　願ってもない簒奪の機会到来に恵まれた司馬昭だったが二六五年八月に急死、即日、司馬炎《しばえん》が後を継いだ。そして十二月、曹奐に禅譲を迫って帝位に即き、魏は曹丕の即位二二〇年から数えて四十六年で滅んだ。

　帝位にこそ即かなかったが、晋朝を興《おこ》すお膳立てはすべて司馬懿が整えたものだった。『晋書』宣《せん》帝紀には、「帝（懿）内《うち》は忌《き》にして外は寛、權變《けんぺん》多し」とある。つまり「内心は相手を忌み嫌っていても素振《そぶ》りに見せず寛容を装い、権謀を弄《ろう》して臨機応変に対処した」という嫌な性格である。その性格は師・昭兄弟にも承《う》け継がれた。

「魏も晋と同じく禅譲の形式を取ったが、曹操は漢祚（漢が天から授かった福運）が今にも絶えようとする時、力戦経営してこれを二十数年延ばしてから代わった。これに対して司馬懿父子は、魏朝が未だ衰えていない時期、幼帝が立った（曹芳八歳、曹髦十四歳、曹奐十六歳）のを幸いに威権を掠《かす》め取り、一帝を廃し、一帝を弑《しい》して天子の位を奪った。これを曹操と較べると、その功罪は同日に語れない（全くかけ離れている）」と、清《しん》の史学者趙翼《ちょうよく》は論じている。

⑤近親憎悪の陰に意外な温情も

――曹丕《そうひ》

曹丕が建国（二二〇）してから、曹叡《そうえい》・曹芳《そうほう》・曹髦《そうぼう》・曹奐《そうかん》の五代四十六年で魏が滅びたのは、よく度外の人（世の基準から逸脱している人）を活用してその才能を縦横に発揮させた曹操《そうそう》を超える皇帝が出なかったのが、第一の原因として挙げられる。

また、曹丕が司馬懿《しばい》を親愛する余り、彼ら父子の姦心を見抜けず、幼い曹叡の後見を委ねたことが、第二の原因である。

さらに見逃せないのは、曹丕が宗室を国家の藩屛《はんぺい》（王室を外から守る役目）とせず冷遇したことである。

同腹の弟曹植《そうしょく》の才智を父曹操が愛し、そのため、曹丕は三十歳になるまで太子となれなかった。また、僅か十三歳で夭折《ようせつ》した異腹の弟**曹沖**《そうちゅう》は、五、六歳ですでに天才を謳われていた。曹沖が死去して悲しむ曹操に、曹丕が慰めの言葉をかけると、曹操は「倉舒《そうじょ》（曹沖の字《あざな》）の死は私にとっては不幸だが、汝《おまえ》たちにとっては幸いだ」と言った。曹沖が健在ならば、彼を後継者にしたぞ、という含みがある。曹丕もまたそれはわかっていて、「長兄の孝廉（曹昂《そうこう》。父の危急を救って一九七年に戦死）はあそこまでの人物だったが、もし倉舒が生きていたならば、私は天下を得られなかったろう」と後年、述懐している（本紀所引『魏略』）。

同腹・異腹に優秀な弟たちがいたため、曹丕は太子の地位を得るのに苦労した。賈詡《かく》や呉質《ごしつ》の助言によってひたすら情を矯《た》めて己《おのれ》を飾った。こうした抑圧があったせいで、彼は強い近親憎悪に陥ってしまった。

帝位に即《つ》くと曹植を洛陽から領国に赴かせ、勇猛を称された**曹彰**《そうしょう》にも領国に行くよう命じ、それぞれ目付役として監国謁者を同行させて一挙手一投足を監視下に置いた。名目は王であれ、彼らは囚人同様の扱われ方だった。

曹彰は二二三年に洛陽に参内《さんだい》した時、公邸で急死した。『世説新語』尤悔《ゆうかい》篇は彼の死について次のように記す。

——魏の文帝《ぶん》（曹丕）は弟の任城《にんじょう》王（曹彰）の剛勇を憎んでいた。卞《べん》太后（曹操の王后）の部屋で碁《ご》を囲んでいた時、二人で棗《なつめ》を食べた。文帝はあらかじめ棗の蔕《へた》に毒を仕込んでおいて、自分は仕込んでないものを選んで食べる。任城王は知らずに口にして中毒症状が出た。太后は水を飲ませて苦しみを和《やわ》らげようと跣足《はだし》で井戸端に走ったが、曹丕はあらかじめ従者に命じて釣瓶《つるべ》を壊してあったため、水を汲む術《すべ》がない。やがて苦悶しながら任城王は息絶えた。

文帝は後に東阿《とうあ》王（曹植）をも殺そうとした。太后は「汝《おまえ》はすでに私の任城王を殺してしまった。その上、私の東阿王を殺すことはなりません」と叱った――。

曹植に対する仕打ちは、同じく『世説新語』文学篇に記される。

――魏の文帝は東阿王に七歩あるく間に詩を作れと命じ、作れなければ死刑にすると言った。聞くと同時に東阿王は詩を作った。

豆を煮て以て羹《あつもの》を作り
豉《し》（味噌）を漉《こ》して以て汁と為す
萁《まめがら》は釜下《ふか》に在りて燃え、
豆は釜中に在りて泣く
本《もと》自《おのずか》ら同根にして生ずるに
相煎《い》ること何ぞ太《はなは》だ急なる

文帝はこれを聞き、深く慚《は》じる色があった――。

曹丕の面前で詩を作れと命じられる曹植（右）

この逸話を羅貫中《らかんちゅう》が脚色して『演義』に用いた（第七十九回）。有名な「七歩の詩」がこれである。曹植は殺されはしなかったが、曹叡の時代になっても任用を願って許されず、二三二年、四十一歳で亡くなった。曹丕の即位からこの年まで数えて十三年の間に八回の国替えを命じられている。曹彰・曹植以外の兄弟たちへの扱いも同じようなものであり、宗室諸王の冷遇は魏朝を通じて変わらなかった。

この弊害を目《ま》のあたりに見てきた晋の武《ぶ》帝司馬炎《しばえん》は、祖父司馬懿の兄弟やその子孫を高位に就けて厚遇したが、これが裏目に出て「八王の乱」を招いたのは皮肉である。この乱に乗じて中原北方の異民族が次々に挙兵し、晋は江南に逃れ、司馬睿《しばえい》が東晋を建てた（三一七）。

兄弟に冷たかった曹丕だったが、唯一の例外がある。それは**曹幹**《そうかん》に対してである。

曹操の愛妾の一人に陳《ちん》氏がいた。彼女は曹幹を生んだが（二一六）、その三年後に病死したため、曹幹は曹操の晩年の寵愛を独り占めした王昭儀《おうしょうぎ》（昭儀は女官の位の一つ）の手で養育された。

『魏書』武文世王公伝に引く『魏略』は次のように記す。

――王昭儀に養育された曹幹が五歳の時、曹操の病が重くなった（二二〇）。曹操は曹丕に「この子は三歳で母を亡くし、五歳で父を失おうとしている。汝に頼むぞ」と言い遺した。この言葉があって曹丕は他の弟たちより曹幹を親しく待遇した。曹幹は曹丕より数えで三十も年下だったので、いつも曹丕を「阿翁《おとうさん》」と呼んでいた。曹丕は彼に「私は汝の兄だぞ」と言いつつ、幼い弟のこんな様子を見て涙を流した——。

曹丕が曹幹を愛したのは、一つには陳氏が曹丕を太子に選ぶよう、曹操に口添えしたことがあり、曹幹を養育した王昭儀も同様だったので、これが曹幹に幸いした。さらに曹丕は死に臨んで（二二六）わざわざ曹叡に遺詔して、曹幹の面倒を見てやってくれと命じている。

曹丕を支持した者に対する寵遇は、重臣たちだけに止まらず、父の愛妾やその子にまで及んだ。ということは、彼がいかに太子の位に執着していたかを示すものである。

太子に定められると、曹丕は喜びのあまり、親しくしていた丞相長史辛毗《じょうしょうしんぴ》の頸《くび》を抱き、「辛君よ、私の嬉しさをわかってくれるか」と言ったと伝えられる（『魏書』辛毗伝注引『世語』）。

近親憎悪に凝り固まった曹丕は、同時に執念深さも人一倍だった。

曹操の従弟**曹洪**《そうこう》は、一九〇年、曹操が董卓麾下《とうたくきか》の将軍徐栄《じょえい》に滎陽《けいよう》で大敗した時、自分の馬を曹操に譲って命を救ったことがある。彼の家は富裕で、財産は曹操のそれに匹敵すると言われたが、吝嗇《けち》だった。曹丕は若いころ曹洪に借財を申し込んだが断られ、後年、曹洪の食客が法を犯したのを好機に、死罪に付そうとした。

卞太后は郭后《かく》（曹丕の妻）を威《おど》し、「もしも今日、曹洪が殺されるなら、明日、私は帝に命じてあなたを皇后の位から貶《おと》しますよ」と言った。郭后は泣いて曹丕に曹洪の助命を嘆願、曹洪は免官されるに留まったが、先帝の功臣に対してあまりの仕打ちだ、と当時の人々は釈然としなかった。

丁儀《ていぎ》・丁廙《ていよく》兄弟も曹植を支持したために、曹丕に殺された。

丁儀の才名は早くから高く、曹操は会う前から愛女《まなむすめ》の清河《せいか》公主を彼に嫁《とつ》がせたいと考えていて、曹丕に相談した。曹丕が「女は容貌を気にするもの。丁儀は目が不自由なので、彼女は嫌がりましょう」と言ったため、伏波将軍夏侯惇《かこうとん》の子の楙《ぼう》に嫁いだ。楙は父に似ず凡庸で、公主との間はうまくゆかず、公主は楙の弟たちと組んで夫の罪状をでっちあげて上奏、楙は危うく殺されるところだった。

曹操は丁儀を辟《まね》いて丞相掾とし、明晰な頭脳に感心し、「たとい両眼が盲《めし》いていようと、女を与えるべきだった。まして眇《すがめ》に過ぎぬではないか。あいつ（曹丕）は私を誤らせたな」と後悔した。

丁儀は丁儀で公主を娶《めと》れなかったのを恨んで曹植と親交を結び、その逸才を曹操に称揚した。丁廙もまた曹植の学問と詩文の才は抜群で、彼の存在は天が魏に下した幸いだとまで讃え、曹操の心を大きく動かした。これを曹丕が忘れぬはずはない。曹操が亡くなって魏王を継ぐと（二二〇）、たちまち二人を殺害した。

鮑勛《ほうくん》もまた曹丕の被害者だった。

彼の父の鮑信《ほうしん》は曹操が董卓討伐の旗揚げをする（一八九）と、郷里で集めた歩兵二万、騎兵七百、輜重《しちょう》五千余台分を率いて味方し、これが曹操軍の主軸となる。しかも彼は寿張《じゅちょう》で黄巾の大軍に囲まれた時（一九二）、必死に戦って曹操を助け、自分は戦死した（①参照）。

曹操は曹丕を太子に立てると、大恩ある鮑信の子の鮑勛を太子中庶子（太子に侍して落度《おちど》を補う）に任じた。が、これが鮑勛の不幸の始まりだった。曹丕とそりが合わず、鮑勛の忠言はことごとく曹丕の耳に逆らってしまい、『魏書』鮑勛伝は二人の確執を記すことに終始するという、珍しい伝になった。そして二二六年、些細な罪のために鮑勛は処刑された。陳寿は「鮑勛の死後二十日、文帝（曹丕）も崩じた。鮑勛のために嘆き恨まない者はいなかった」と文帝紀に記して、鮑勛の死を惜しむ。

河内《かだい》郡の人、**楊俊**《ようしゅん》は人物の鑑識に優《すぐ》れ、司馬懿が十六、七歳のころに早くも並の人物ではないと見抜いた。曹操によって見出《いだ》されて各郡の太守に任じられ、治績を称讃された。

ある時、曹操から曹丕・曹植のどちらが太子としてふさわしいかと問われると、楊俊は二人それぞれ長所があるが、曹植のほうがより多くの美質を具えていると答えた。そのため、曹丕は彼の治所の宛《えん》の市場が活況を呈していないことを理由に収監し、自殺させた。

曹植派や自分の意にそぐわない者を容赦なく殺した曹丕だったが、陳羣《ちんぐん》・司馬懿・朱鑠《しゅしゃく》・呉質ら、曹丕の「四友」と呼ばれた者は、度外れと言っていいくらい寵愛した。

司馬懿に対しては「孤《わたし》が東征（対呉作戦）した時は、君が留守役として西方（蜀）の問題に対処し、孤が西の蜀を討つ時は、君は東の呉に備えてもらいたい」と言い、二人で天下を鎮めようという気持を寄せるほどだった（④参照）。これが司馬懿の野望を増幅させ、亡国へと繫がってしまう。

呉質は死後「醜侯」という悪諡《あくし》を与えられたくらい、曹丕の寵愛をいいことにやりたい放題のことをして世人の顰蹙《ひんしゅく》を買った男だったが、その入れ知恵によって曹植を蹴落とした曹丕は、彼を評価して高官に就けた。

曹操の荊《けい》州平定（二〇八）の時、その部下となった**桓階**《かんかい》は、曹植のほうに気持が傾いていた曹操に対して、曹丕の徳は優れており、且《か》つ年齢も上だから太子とするのが当然であると、たびたび公《おおやけ》の席で忠言したり内密に諫言したりした。彼は人の美質を伸ばし、欠点を匡正してやることを務めとした。「四友」には加えられていないが、曹丕はこういう人柄の桓階を高く買っていた。桓階伝にも裴松之《はいしょうし》の注にも出て来ないが、『太平御覧《ぎょらん》』巻四百八十五に引く『桓階別伝』に次のような記事がある。

――桓階は貧しく暮らしていた。ある時、曹丕がその家を訪れたところ、子供たちは褌《したばき》をつけていなかった。曹丕はこれを見て手を拊《う》って笑い「長者（有徳の人）の子が褌なしとはな」と、その子たちを抱き上げて車に同乗させた。そしてこの日、二人の子を郎に任じた。家には内侍の者に命じて三十包みもの衣類を届けさせて、こう伝えた。「卿《きみ》の子供たちはよく走り回る。褌をつけさせたほうがいいぞ」――。

二二〇年、曹丕が帝位に即くと、桓階は侍中から尚書令に昇進し、高郷亭侯に封じられた。桓階の病が重くなると、曹丕は自ら見舞って「私は六尺《りくせき》の孤《こ》（幼い子）を託し、天下の運命を卿に預けるつもりなのだ、しっかりしてくれ」と励まし、安楽郷侯に封じて領邑六百戸を与え、さらに三人の子に関内侯《かんだいこう》の爵位を授けた。桓階が危篤になると使者を派遣して太常に任命した。死去の報が伝わると、曹丕は涙を流して悼《いた》み、貞侯と謚《おくりな》した。

『演義』では、曹植とその党与に下した処断や、愛情が薄れた甄《しん》夫人を自殺させた仕打ちなどから、曹丕は冷たい男と見られがちだが、こういう一面もあった。

もともと感情の振幅は激しい性格だろうが、優秀な弟との間で後継者争いをつづける間に、少しずつ性格が歪《ゆが》んでゆき、それが近親憎悪へと繋がったと思われる。近親憎悪は弟たちだけに止まらず、父曹操にも向けられた。それは父の危機を救った曹洪を殺そうとしたことや、曹操を助けて戦死した鮑信の恩義を思わず、その子鮑勛を殺したことからも見えてくる。また、次項に記す曹叡の出生についても、曹丕は父に疑念を抱いていたふしがある。

⑥ひょっとすると袁紹《えんしょう》の孫!?

——曹叡《そうえい》

『三国志』の最大の謎は、魏の二代皇帝曹叡《そうえい》の享年にまつわるものだ。陳寿《ちんじゅ》が『魏書』明帝紀に記した「享年三十六」が正しいと仮定するならば、曹叡は袁熙《えんき》(袁紹の子)の子だったことになってしまう。

明帝紀は「〔景初〕三年春正月丁亥《ていがい》(一日)、帝は嘉福殿で崩じた。時に年三十六」と記す。景初三年は二三九年、享年から逆算すると、生まれたのは建安九年(二〇四)となる。

曹叡は曹丕《そうひ》と甄氏《しんし》の間に生まれたが、甄氏はもともと袁熙の妻だった。二〇四年八月、曹操《そうそう》は袁紹の本拠地鄴《ぎょう》を攻撃して陥落させた。袁熙は当時幽《ゆう》州におり、甄氏は袁紹の妻劉《りゅう》氏ともども捕えられ、その美貌に惚れた曹丕は早速自分の妻とした。しかし、曹叡の生年が二〇四年とすると、彼は袁熙の子ということになる。

さすがに『三国志』の注を書いた裴松之《はいしょうし》はこれに気づいて、こう記している。

——魏武（曹操）は建安九年八月に鄴を平定し、この時、文帝《ぶん》（曹丕）は初めて甄后を納《い》れた。だから明帝は十年（二一〇）に生まれたはずであり、この年（景初三年）正月まで計算すると三十四年にしかならない——。

これは当時、暦の改訂があって景初二年（二三八）十二月を省いて三年正月にしたから、実質的には三十四年だと言っているのだ。彼はつづけて、

——〔この正月を一年と数えて〕強《し》いて言えば三十五年と言えるが、三十六にはならない——。

と疑問を呈示する。

繰り返すが、曹叡を二〇四年生まれとするならば、どうしても袁熙の子ということになる。曹丕の妻となり、わずか四ヵ月の間に彼の子を出産出来るはずはなく、もし出産したとなればそれは袁熙の子である。

仇敵の子を魏の後嗣にすることはあり得ない。

陳寿の「享年三十六」が正しいとすると、それは何を根拠としたのか考えてみた。そして二二〇年に三つの元号があることに気づいた。この年の正月に曹操が亡くなり、曹丕が魏王を継いだ。そして三月、建安の元号は延康《えんこう》に改められ、十月、曹丕が献《けん》帝に禅譲を迫って帝位に即《つ》くと、さらに黄初《こうしょ》と改められた。

この建安・延康・黄初をそれぞれ一年と計算するならば、本来景初二年十二月であるべき景

初三年元旦を一年に数えるという無理な計算をしなくても、三十六になる。

しかし、同一年内の複数の元号をそれぞれ一年と数えた例はなく、これは成り立たない。

ここで小説的な仮説を立ててみた。

——曹丕は甄氏を納れる前に、ある女を寵愛していた。そして彼女は二〇四年に男子を出産した。ところが彼女は曹丕とは別に、ある男とも情を交わしていた。男子は誰の子か、彼女にもわからない。ある日、曹丕は密通の事実を知る。しかも彼女が通じていたのは父の曹操だった。曹丕は悩んだが、下手《へた》に母子を殺せば父の怒りを買い、曹植《そうしよく》との間で演じている熾烈《しれつ》な後継者争いに勝って太子の地位を得るのはむずかしくなる。苦渋の決断で、曹丕は甄氏に命じてその子を養育させた。あるいはこの間の事情は重臣の間で取り沙汰《ざた》されたかも知れないが、表立って口にする者はなく、秘密は一応保たれた。曹叡は甄氏を実母と信じて疑わなかった。しかし曹丕は死の前日まで、曹叡を皇太子に立てなかった（文帝紀）。それというのも、曹叡は実の子ではなく、あるいは父の子ではなかったか、という疑念があったからである——。

というのはどうだろうか。

なお、曹叡は「実の母」甄氏の死をいつも悼《いた》んでおり、『魏書』文徳郭《かく》皇后伝に引く『漢晋春秋』は「明帝は郭后を威《おど》して、これを殺した」（二三五）と記している。

郭后は曹丕より三歳年上で、曹操が魏公になったころ（二一三—二一六）、曹丕の寵愛を得た。

なかなか鋭い頭を持っていて、曹丕が太子に決められる際にも、彼女の画策があった。曹丕が帝位に即くと皇后になる。

曹叡の「母」甄氏は、曹丕の愛が郭后に移ったと知って恨《うら》み言《ごと》を言ったため、自殺させられた。しかも殯《かりもがり》（埋葬前に遺体を棺に納め、しばらく葬《とむら》うこと）の時、振り乱した髪で面《おもて》を覆わせられ、口には珠玉の代わりに糠《ぬか》を詰め込まれる有様だった。

「母」が郭后のせいでこんな処遇を受けたことを後に知った曹叡は、泣いて郭后に詰問した。度重なる詰問に対して彼女は開き直って、甄氏を殺したのは汝《おまえ》の父ではないかと言い、「汝は子でありながら父を敵《かたき》扱いにし、前母のために後母を枉《みだり》に殺していいものか」とやり返した。怒った曹叡は郭后を殺害し、殯は甄氏と全く同じにせよと命じた。

大体、魏の宮廷内部の事情はヴェールに覆われていてはっきりしないことが多い。曹丕には九人の皇子がおり、彼が死去した時（二二六）、曹叡のほかに曹蕤《そうずい》・曹霖《そうりん》・曹礼《そうれい》・曹邕《そうよう》らが健在だった。上述の推論が成り立つならば、何故、この四人の中から選ばなかったのだろうか、これも不思議である。

不思議ついでにもう一つ。

曹叡が死去すると、斉《せい》王曹芳《そうほう》が継いだ。「曹叡には男の子がなく、この曹芳と秦《しん》王曹詢《そうじゅん》を養っていたが、宮省の事は秘せられていて、誰も彼らの経歴を知らなかった」と『魏書』三少帝紀は記す。

ところが明帝紀太和五年（二三一）の項には、「秋七月十五日、皇子の曹殷《そういん》が誕生し、大赦を行なった」とある。曹殷はその後どうなったのか、どうして出自不明の曹芳が帝位に即いたのか、これもまた謎である。

臆測を逞しくすれば、司馬懿《しばい》父子の手が裏で動いていたのではないか。曹殷は毒殺され、司馬氏の縁に繋がる二人の子を曹叡に勧めて養子にさせた。陳寿はこれを知りながら、晋臣として明らかに出来ず、「宮省の事は祕、其の由來する所を知る者有る莫《な》し」と述べたとも推察される。

⑦大敗の衝撃でたちまちあの世の人

――曹仁《そうじん》・曹休《そうきゅう》

中国史には、深い失望から遽《にわ》かに病んで死去するという話がよく登場する。楚《そ》の項羽《こうう》の謀臣范増《はんぞう》が、劉邦《りゅうほう》（後の漢の高祖《こう》）の部下陳平《ちんぺい》の離間策によって項羽の信頼を失《な》くして退けられたのを怒り、郷里に帰る途中、背に疽《そ》（腫物）を発して亡くなった話が有名である（『漢書』項籍《こうせき》伝）。

『三国志』には敗戦を恥じて急死した曹操《そうそう》の一族曹仁と曹休の二人の話が記されている。

まず**曹仁**から。字《あざな》を子孝《しこう》といい、曹操の従弟である。曹操の董卓《とうたく》討伐の挙兵（一九〇）以来、騎兵を率いて各地を転戦して勇名を馳せた。二〇八年、荊《けい》州に侵攻した曹操は、赤壁において孫権《そんけん》・劉備《りゅうび》の連合軍に大敗した。

曹操は敗走し、曹仁を江陵に駐《とど》めて追撃を防がせる。そこに周瑜《しゅうゆ》の先鋒の数千の兵が襲来した。曹仁は部将牛金《ぎゅうきん》に命じて三百人の兵で迎え撃たせたが、彼らはたちまち重囲に陥ってしまった。これを見た曹仁は数十騎の部下を連れて突入、彼らを救出した。しかもまだ残された兵がいると知るや、とって返してこれも救出した。全軍の兵士はその武勇に心服した、と本伝は記している。

緒戦で周瑜の度胆を抜いた曹仁だったが、一年余りの対峙の間に死傷者が増えたため、江陵を放棄せざるを得なかった。後に征南将軍として樊《はん》城を守り、漢水があふれて今にも水没しそうな城を死守、ついに関羽《かんう》の攻撃に屈しなかった（二一九）。

曹操の死後も曹丕《そうひ》を輔《たす》けて活躍したが、二二三年、五十六歳で病死した。本伝には全く触れられていないが、彼の死には「裏」がある。『呉書』朱桓《しゆかん》伝に基づきながら、その概略を記す。

――二二三年正月、魏の大司馬曹仁は歩騎併せて数万を率いて濡須《じゆしゆ》に進み、三月、長江の中洲を奪って陣を布こうとした。そして濡須の守将朱桓の兵力を分散させようと考え、下流の羨《せん》渓《けい》を攻撃すると揚言した。朱桓はこの計にかかり、兵を分けて羨渓に向かわせたところに曹仁の兵が来襲した。朱桓は少しも慌てず、「勝敗は将軍の能力如何《いかん》による。私のほうが曹仁より上である」と兵士を励まし、ひっそりと静まり返って敵の出方を待った。

曹仁はこれに乗せられて、子の曹泰《そうたい》に濡須城を攻撃させ、別将に中洲を襲わせ、自分は一万の兵を率いて後詰めとなった。朱桓は部下に命じて中洲の敵船を拿捕《だほ》させて敵将を斬り、自分は曹泰の陣を焼討ちして、さっと兵を引く。魏軍は千余人の兵を失った――。

三月十九日、曹仁は死去した。朱桓に敗れた後、半月そこそこでの死である。敗戦が死の引金《ひきがね》になったとしか思えない。

次に**曹休**の場合。彼は字を文烈《ぶんれつ》といい、曹操の族子《おい》（一族の中で一世代下の者）である。曹操は早くから彼の器量を高く買い、「これは吾が家の千里の駒である」と語っており、曹丕と起居を共にさせて、わが子同様の待遇を与えた。そして常に征伐の時は引き連れ、虎豹騎《こひょうき》を率いて宿衛の任に当たらせていた。

二一七年、劉備が呉蘭《ごらん》を派遣して下弁《かべん》に駐屯させると、曹操は曹洪《そうこう》に命じてこれを撃たせ、曹休を騎都尉に任じて曹洪の軍事に参与させた。そして「汝《おまえ》は参軍だが、実際は司令官である」と言った。曹洪はこの令を聞いてすべてを曹休に委ねた。曹休は期待に応えて呉蘭を斬り、援軍として駆けつけた張飛《ちょうひ》を敗走させた。

二二二年、曹丕は洞口《とうこう》・濡須・南郡の三方面から呉を攻撃させた。洞口を担当した曹休は、征東大将軍・仮黄鉞《かこうえつ》として張遼《ちょうりょう》・臧覇《そうは》ら諸州郡の二十余軍を率い、呉の呂範《りょはん》らを洞浦《とうほ》において破った。

明帝《めいてい》曹叡《そうえい》が即位（二二六）した二年後、司馬懿《しばい》は漢水を下って江夏《こうか》郡をめざし、曹休は諸軍を指揮して尋陽《じんよう》をめざし、九月、皖《かん》に到達した。呉将周魴《しゅうほう》は曹休に宛てて七通もの書簡を送り、内通すると約束した。魏軍を自領に引き入れて、兵站《へいたん》線が延びきったところを撃ち、退路を断って嚢《ふくろ》の鼠にする作戦である。

当時、孫権の命で各地に郎官が送られ、所在の官吏に不行届きがあれば糺問させた。周魴は郡役所を訪れて、剃髪して謝罪した。これを聞いていた曹休は偽降だと見抜けず、敵地に深く侵入し、待ち構えていた陸遜《りくそん》・朱桓・全琮《ぜんそう》らに大敗した。

曹休は石亭まで引き返したが、怯《おび》えた兵が夜中に驚き騒いだため、大量の鎧《よろい》・甲《かぶと》や輜重《しちょう》を棄てて逃走した。幸い、賈逵《かき》が夾石《きょうせき》を遮断して退路を断とうとした呉軍を破り、曹休に従っていた王凌《おうりょう》の奮戦もあって、彼は辛《から》くも一命をとりとめた（⑨地図参照）。

上書して謝罪する曹休に対して、曹叡は屯騎校尉楊曁《ようき》を派遣して慰諭し、礼待・賜与は前以上だった。しかし、この大敗を曹休は深く恥じ、そのため背中に癰《よう》（悪性の腫物）を発して死去した。十月十四日（？）のことで敗戦から一ヵ月も経《た》っていないであろう死だった。

范増や曹休は憤激と失意のあまり、共に背中に腫物を生じ、それが命取《と》りになったと記されるが、実際にこんなことがあるのだろうか。不思議な病《やまい》である。

⑧ 鍾会《しょうかい》の野望をとっくに見抜いていた

——爰邵《えんしょう》・邵悌《しょうてい》・司馬昭《しばしょう》・辛憲英《しんけんえい》

蜀では後主劉禅《りゅうぜん》が宦官黄皓《こうこう》を寵愛して国事を顧みず、姜維《きょうい》は連年出兵して勝てず、国内はもちろん、羌《きょう》族も兵役の重い負担に堪えられなくなっていた。重臣譙周《しょうしゅう》は『仇国論』を著わして出兵の非を鳴らし、劉備《りゅうび》以来の宿将の廖化《りょうか》や張翼《ちょうよく》も姜維の作戦に批判的だった。

廖化は姜維が洮陽《とうよう》に進出した時（二六二）、「戦《いくさ》とは火のようなものだ、やめなければ自分の身を焚《や》くことになろう」という『春秋左氏伝』の言葉を引いて「これは伯約《はくやく》（姜維の字《あざな》）にも当て嵌《は》まる。知謀も力も敵より劣っているというのに、飽くことなく兵を用いていたら、どうして自立していけようか」と言っている。

これより先二五五年、姜維は朝議の席でまた出兵したいと言い出した。誰も発言しない中で張翼は独り、貧困な国力で民は疲れ果てていると言って反対した。しかし姜維は引き退がらず、張翼の位を鎮南大将軍に進めて遠く狄道に侵攻した。魏の雍州刺史王経《おうけい》の軍を洮水《とうすい》の西で破り、数万の敵を溺死させた。

王経は逃げて狄道城に籠城する。張翼はこれ以上進んではいけないと忠告したが、姜維は「蛇を描いて足を加えよう」と怒って取り合わず、陳泰《ちんたい》の救援の前に敗れ去った。張翼が異論を唱えて以後、姜維は彼を快く思わなかったが、出兵のたびに軍に同行させた。張翼もまた止《や》むを得ず随行した。

このように、蜀では朝野を問わず厭戦《えんせん》気分に覆われていた。

この様子を見て、魏は二六三年八月、ついに三方面から蜀への侵攻を開始した。征西将軍鄧《とう》艾《がい》・雍州刺史諸葛緒《しょかつしょ》は各々三万の兵を率いて沓中《とうちゅう》を守る姜維の退路を断ち、鎮西将軍鍾会《しょうかい》は十万の兵を率いて剣閣を攻撃した。

姜維は魏の漢中侵入を知って、退路を断とうとする諸葛緒の裏を巧みにかいて剣閣に戻って守りを固めた。蜀制覇の後は自立しようと図っていた鍾会は「諸葛緒に戦意なし」と密奏、諸葛緒は檻車（囚人護送車）で召還され、鍾会はその兵をそっくり手に入れた。しかし姜維はよく守り、二進《にっち》も三進《さっち》もゆかなくなった鍾会は、一時は軍を引こうとまで考えた。

その間に鄧艾は陰平《いんぺい》の街道から無人の山野を五十数キロ進み、山を穿《うが》って道を通し、深い谷があると毛氈《もうせん》にくるまって転げ下り、部下もそれに倣《なら》った。一挙に蜀の中心部に迫った鄧艾は緜竹《めんちく》で待ち受けた諸葛瞻《しょかつせん》・尚《しょう》父子、張遵《ちょうじゅん》（張飛《ちょうひ》の孫）、黄崇《こうそう》（黄権《こうけん》の子）、李球《りきゅう》（李恢《りかい》の甥）らを斬って雒城《らく》まで進出した。

劉禅はこれを知り、譙周の意見に従って一戦も交えずに降伏した。鄧艾は司馬昭に手紙を送り、「劉禅父子を王公に封じ、帰順者に恩寵を明示すれば、呉はこれを聞いて必ず帰順致しましょう。今、兵を休めて明年、討呉の兵を興しては如何《いかが》か」と具申した。しばらく待てという司馬昭に対して、鄧艾は「私の処置は国を思ってのこと、命令を待っていては時機を失します」と上疏《じょうそ》した。

もともと異志を持っていた鍾会は、鄧艾に先《せん》を越されて面白くない。そこで彼は将軍胡烈《これつ》とともに鄧艾に専断のふるまいがあると報告した。司馬昭の命によって鄧艾は衛瓘《えいかん》の手で捕《とら》えられ、檻車で洛陽に召還された。

鍾会は二六四年正月十五日、前年十二月に死去した郭《かく》太后（明帝《めい》曹叡《そうえい》の皇后）の遺令と偽って、降伏した姜維と組んで挙兵した。この急な挙兵は、すでに彼の異志を察していた司馬昭が、「鄧艾が召還に応じないかも知れないから、十万の兵を率いて長安に進駐する」と使者を送って威《おど》したためだった。が、挙兵は失敗し、鍾会・姜維らは乱刃の下《もと》に殺された。鄧艾は檻車を追ってきた部下に救出されたが、衛瓘に命じられた護軍の田続《でんぞく》の手で、子の鄧忠《とうちゆう》ともども殺害されてしまった。

滅蜀の大功を挙げた二人は、ともに殺された。簒奪を企てて久しい司馬昭にとって、大志を

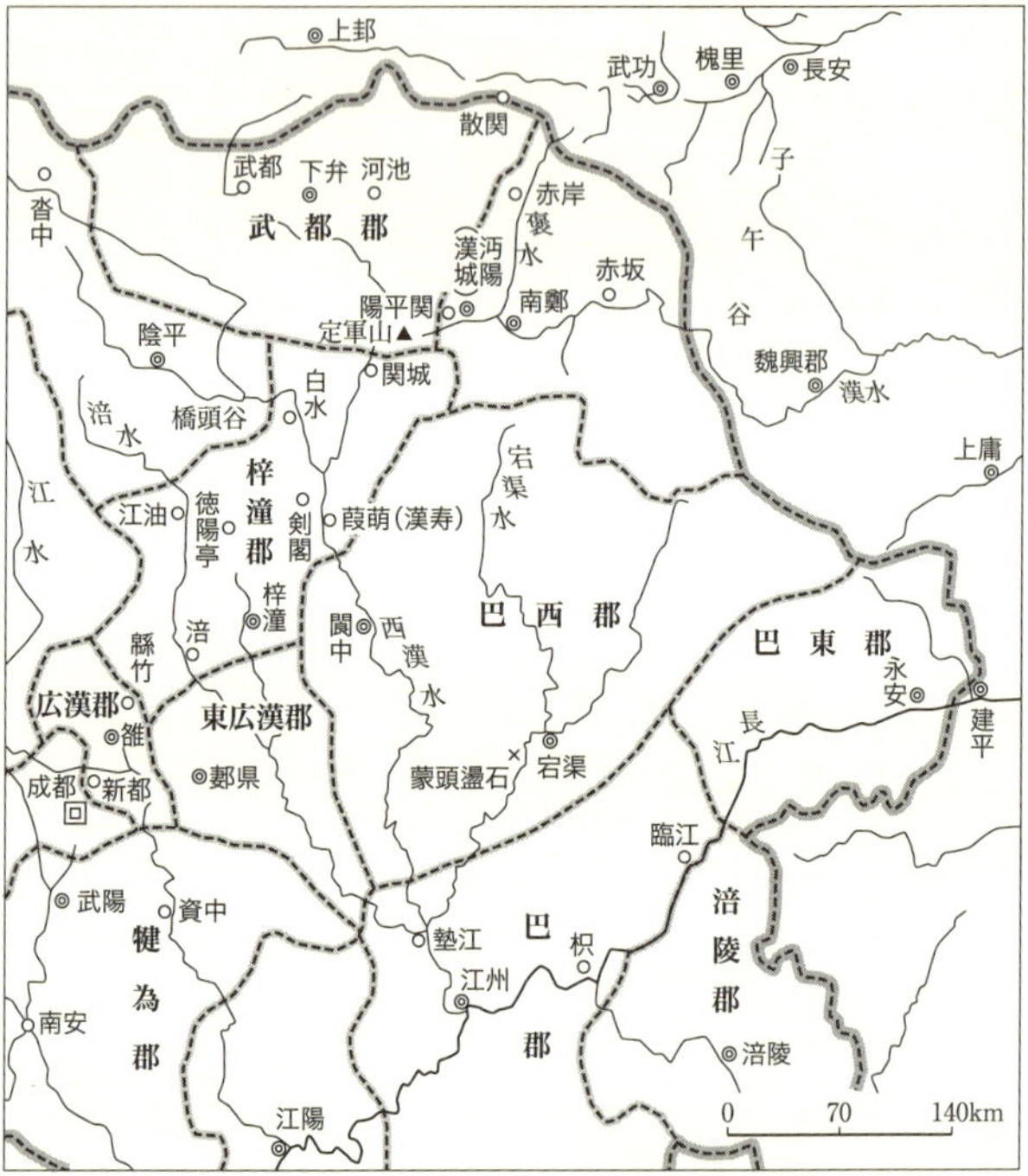
上邽
武功
槐里
長安
散関
武都
下弁
河池
沓中
赤岸
褒水
武都郡
漢城
沔陽
赤坂
子午谷
陽平関
南鄭
定軍山
陰平
関城
魏興郡
漢水
白水
涪水
橋頭谷
上庸
宕渠水
江水
梓潼郡
江油
徳陽亭
剣閣
葭萌（漢寿）
巴西郡
梓潼
閬中
西漢水
巴東郡
涪
緜竹
永安
建平
広漢郡
雒
東広漢郡
長江
成都
新都
郪県
蒙頭盪石
宕渠
臨江
武陽
資中
犍為郡
墊江
巴郡
枳
涪陵郡
南安
江州
涪陵
江陽
0
70
140km

益州北部

抱く彼らは目の上の瘤《こぶ》だった。とはいえ、理由無しに誅戮《ちゅうりく》するわけにはいかない。鍾会は蜀を得れば自立の志を持つであろうし、そのためには鄧艾が邪魔となり、必ず殺すに違いない、そうさせておいてから討てばいい、というのが彼の計算だった。彼らはまんまと嵌《は》められてしまった。

だが、二人を待ち構える運命を予見した人たちは少なくない。以下、これを記す。

まず**爰邵**から。

鄧艾は義陽郡棘陽《きょくよう》の人で、魏の鄧颺《とうよう》や蜀の鄧芝《とうし》と同じく、後漢の名将鄧禹《とうう》の子孫らしい。幼くして父を失い、家族とともに汝南《じょなん》に移住、農夫となって犢《こうし》を育てて生計を立てていた。後に官途に就いたが吃音《きつおん》のため、屯田関連の端役《はやく》しか与えられなかった。

彼の吃音にまつわる逸話が、劉義慶《りゅうぎけい》の『世説新語』言語篇にある。

――鄧艾は吃音のため、自分のことを言う時は「が、が、艾は」と言うので、司馬昭はこれをからかって、「卿《きみ》は艾、艾と言うが、いったい艾は何人いるのかね」と言った。鄧艾は「鳳《ほう》や鳳やと申しますが、もともと鳳は一羽しかいないのと同じでございます」と答えた――。

これは『論語』微子篇に、楚《そ》の隠者狂接輿《きょうせつよ》が孔子の門前を通りかかり、「鳳や鳳や、何ぞ徳の衰えたる」と歌った逸話を踏まえたもので、接輿は孔子を霊鳥である鳳に譬《たと》えた。

鄧艾は役目上のことで都に赴いた際、当時（二三五―二三九）太尉だった司馬懿《しばい》に認められて尚書郎になったのがきっかけで、淮南《わいなん》地方の屯田や灌漑《かんがい》の整備で実績を挙げた。淮南で次々に反司馬氏を標榜して挙兵した王淩《おうりょう》（二五一）、毌丘倹《かんきゅうけん》・文欽《ぶんきん》（二五五）、諸葛誕《しょかつたん》（二五七）の、いわゆる「淮南の三叛」（④⑨参照）は、鄧艾が開いた水路を利用した水軍のために打ち破られてしまった。

初め、鄧艾は蜀討伐に向かおうとした時、山上に坐って流水を見る夢を見た。殄虜《てんりょ》護軍の爰邵に吉凶を問うたところ、彼はこう占った。

――「『易』の卦《か》によれば、山上に水があるのを蹇《けん》といい、蹇は『西南に有利であって、東北に不利である』と申します。孔子が言われるに『蹇は西南に利ありとは、往けば功を挙げられることであり、東北に不利とは、その道が行き詰まることである』と。将軍は出向けば必ず蜀に勝てましょうが、恐らくは帰還出来ますまい」と言う。鄧艾は聞いて憮然として心楽しまぬ様子だった――。

これは裴松之《はいしょうし》の注ではなく、『魏書』鄧艾伝に陳寿《ちんじゅ》が記したものである。そんな夢を見たにせよ見なかったにせよ、あるいは蜀に勝とうと勝つまいと、己《おのれ》を凌《しの》ぐ大才を持つ者を司馬昭がそのままにしておくはずはない。鄧艾の命運も先が見えているというのが、当時の有識者の見方であり、爰邵は『易』を引いて鄧艾の自重を促したのである。しかし、功に逸《はや》る鄧艾だけが、自分に迫る危機を察知出来なかった。この逸話は『演義』第百十六回にも用いられ、彼の死（第百十九回）の伏線とした。

次に邵悌。

魏の太傅《たいふ》鍾繇《しょうよう》の子だった鍾会は順調に昇進を累《かさ》ね、司馬昭に従って淮南で挙兵した諸葛誕を討った時（二五七）、誕を救援した呉将全懌《ぜんえき》の一族の内輪揉めを利用して寿春の城門を開かせることに成功、昭の深い信頼を得た。

鍾会の才能は若いころから広く知られていた。夏侯淵《かこうえん》の子の夏侯覇《かこうは》は、司馬氏父子のクーデター（二四九）によって親しい間柄の曹爽《そうそう》が殺されると、身の危険を避けて蜀に投降した。蜀の人に魏の人材を問われると、覇は「司馬懿は一門の勢力を朝野に扶植するのに手一杯ですが、もし鍾会が朝政を取り仕切るようになると、蜀呉にとって憂いの種となりましょう」と答えた。なお『演義』はこれに鄧艾の名も加えている。時に鍾会はまだ二十五歳だった。

その鍾会が討蜀の主力十余万を率いることになると、西曹属（官吏の選抜を担当）邵悌は司馬昭に会見を求めてこう言った。

「今、鍾会が大軍を率いて蜀を伐ちますが、愚《わたくし》が思うに彼は子弟がない独り身で、都に置くべき人質がございません。むしろ他の人を差し向けるべきだと思います」。

当時、将帥が出征する場合、必ず家族を質任（人質）とするのが常法だったのに、鍾会にはそれがない。

すると司馬昭は笑って「私だってどうしてそれを知らなかろうか。蜀は天下の患《わずら》いとなり、民の安息の妨げとなっている。私にとってこれを伐つのは至ってたやすいことだが、人々は皆、蜀伐つべからずと言う。臆していれば知勇ともに消え、せっかく起用しても徒《いたず》らに敵の擒《とりこ》となるだけである。ただ鍾会だけは私と同意見ゆえ、彼に蜀を伐たせれば必ず勝つだろう。蜀が滅んだ後、卿が懸念《けねん》するようなこと（叛乱）があろうと、それは簡単には出来ないことだ。亡国の士民を用いようとしても、すでに心胆が破れているため、物の役に立たず、わが軍の兵士は国に還りたがって鍾会に同調しない。叛乱を起こしても一族皆殺しになるだけだ。卿は憂えなくていいが、ただし慎んで他人には聞かせるなよ」と答えた。

やがて鍾会から鄧艾の越権行為を告発する書状が届き、上述のように司馬昭は十万の兵を率いて西に向かおうとした。これを聞いた邵悌は「鍾会が統率する兵は鄧艾の五、六倍はあり、彼に命じて鄧艾を逮捕させれば済むことで、御自身が行くまでもございますまい」と再び意見を述べる。

司馬昭は「卿は鍾会に一任するのを心配した先の言葉を忘れたのか。そして私が行ってはならぬと更《あらた》めて言うのか。だが、この言葉も表沙汰にしてはいけない。私は必ず信義をもって人を扱おうとしている」と答えた。

『三國志集解《しっかい》』を著わした中華民国の学者、盧弼《ろひつ》は「然らば則ち何を以《もっ》て曹氏に背《そむ》くや」と、司馬昭が言う「信義」の白々《しらじら》しさを痛烈に皮肉った。邵悌は鍾会の異志を見抜いていたが、司馬昭のほうが一枚上手《うわて》だった。それを知りつつ用いて蜀を滅ぼさせ、さらに叛乱を起こしても失敗することを予見していた。

右の邵悌とのやりとりは『魏書』鍾会伝でその死を記した後に付け加えたもので、一見、司馬昭の明察を讃えるかのように見せているが、実は陳寿の狙いは昭の姦悪を描くところに在った。とすれば、陳寿はさらに司馬昭の上をゆく強《したた》かさの持主だった。なお、『演義』第百十五、百十六、百十八回は、この話をほぼ同じように再現して用いている。

鍾会の異志を見抜いていたのは右の人たちだけではなかった。

初め袁紹《えんしょう》とその子袁譚《えんたん》に仕え、後に曹操《そうそう》に仕えて大将軍軍師・潁《えい》郷侯にまで昇進した辛毗《しんぴ》は必ずしも心事は芳しくない人物だったが、その女《むすめ》の**辛憲英**は聡明で、何か問題が起きると、必ず的確な判断を下して一族を守った。

辛氏の従子《おい》の羊祜《ようこ》は後に晋に仕えて、武《ぶ》帝司馬炎《しばえん》に信頼された将軍である。憲英は鍾会が鎮西将軍に任じられたと聞いて、その理由《わけ》を羊祜に問うた。羊祜が「蜀を滅ぼそうとするためです」と答えると、憲英はこう言った。「鍾会は事に当たっていつも好き勝手にふるまいます。人の下にとどまる者の態度ではなく、私は彼が他志（自立の志）を持つことを恐れます」。

その後、鍾会は羊祜の子の羊琇《ようしゅう》に、自分の参軍になるよう要請した。憲英は「先日、鍾会が出征する様子を見て、〔彼が叛乱を起こすのではないかと〕私は国家のために憂えました。図らずも今日、災難がわが家を襲いましたが、討蜀は国家の大事、これを止めることは出来ません」と言い、羊琇の身を気遣う。

羊琇は参軍となるのを固辞したが、司馬昭が許さなかった。憲英は羊琇に対して、軍中で必要なのは仁恕《じんじょ》（情け深く思いやりがあること）が第一だと教え諭《さと》した。鍾会の乱に巻き込まれて枉死《おうし》した者が多い中、羊琇は従母《おば》の言葉に従って部下に仁恕を旨《むね》として接してその心を攬《と》ったため、危うい命を助かった。

鍾会とてひとかどの人物だったが、ついに第二の劉備たり得なかった。己《おのれ》の甲羅《こうら》以上の穴を掘ったせいである。

⑨行年八十、身名ともに滅びるか

——王淩《おうりよう》

王淩・毌丘倹《かんきゆうけん》・諸葛誕《しょかつたん》はいずれも淮南《わいなん》の大城寿春《じゆしゆん》に拠って兵を挙げ、そして敗死した。これは「淮南の三叛」と呼ばれるが、魏に叛《そむ》いたわけではない。司馬懿《しばい》父子の専横が魏朝を傾けるのを憂えるとともに、方面軍司令官として中央から離れて大兵を擁する身が、必ず司馬氏に猜疑《さいぎ》されることを恐れ、先手を打とうとして失敗したのである。

『演義』は毌丘倹・諸葛誕の「叛乱」には触れるが、何故か最初に挙兵した王淩に関しては何も記さず、当然『演義』ファンも知らない。彼の挙兵と失敗の足跡を辿《たど》ってみよう。

王淩の伝は毌丘倹・諸葛誕のほか、鄧艾《とうがい》・鍾会《しょうかい》と併せて『魏書』第二十八にあり、いわば叛臣伝（正しくは反司馬氏伝だろう）を構成している。が、陳寿《ちんじゆ》は彼らの優れた手腕・才能と功績も詳しく記している。そうすることによって、彼らへの同情を間接的に表わそうとした。

王淩は字《あざな》を彦雲《げんうん》といい、太原郡祁《き》県の人。叔父の王允《おういん》は呂布《りよふ》を手なづけて董卓《とうたく》を殺したが、その部下李傕《りかく》・郭汜《かくし》らに殺された（一九二）。この時、王淩は兄の王晨《おうしん》とともに危うく逃れて郷里に戻った。

孝廉に挙げられ、地方官として業績を残した。曹操《そうそう》は辟《まね》いて丞相掾《じょうしょうえん》属とした。曹丕《そうひ》が帝位に即《つ》くと（二二〇）散騎常侍となる。後に兗《えん》州刺史となり、二二二年、張遼《ちょうりょう》らと広陵に進撃し、呉将呂範《りょはん》の兵を破って宜城《ぎじょう》亭侯に封じられ、建武将軍を加えられた。青州に転じてからは法律と教育をよく整備して、人々から称讃された。

曹休《そうきゅう》が呉将周魴《しゅうほう》の偽降の計に欺かれて大敗したが、王淩は力戦して包囲網を破り、曹休を救出した（二二八）。揚州・豫《よ》州刺史と相次いで転任し、軍民から善政を喜ばれた。

先に司馬朗《しばろう》は兗州刺史、賈逵《かき》は豫州刺史として所在で治績があって讃えられた。二人と親しかった王淩が彼らの後任になると、その業績をよく引き継いだ。

軍事・行政両面で手腕を揮《ふる》ったのが認められ、二四〇年、征東将軍・仮節都督揚州諸軍事に昇進、翌年、呉の全琮《ぜんそう》を破った功で南郷侯に進封し、車騎将軍・儀同三司（三公待遇）となる。

曹叡《そうえい》の死後、司馬懿を太傅《たいふ》に祀《まつ》りあげ、朝政を一手に握った曹爽《そうそう》は、二四九年正月、魏主曹《そう》芳《ほう》とともに曹叡の陵に参拝した隙を衝かれて司馬懿のクーデターに遭い、殺された。クーデター後、王淩は司空から太尉に昇進した。

当時、王淩の外甥《がいせい》（姉妹の子）の令狐愚《れいこぐ》は正始年間（二四〇—二四八）に曹爽の大将軍長史となり、才能が見込まれて兗州刺史となり、平阿《へいあ》に駐屯していた。舅《おじ》と甥《おい》は共に軍兵を預かり、淮南地域の権柄を握った。

二人は曹芳は年が若いから天子の任を担《にな》いきれず、そのため権臣の擡頭《たいとう》を許したと考え、年長で才幹ある楚王曹彪《そうひょう》を許昌《きょしょう》の都に擁立しようと図った。曹彪に白羽の矢を立てた経緯について本伝に引く『魏略』は次のような逸話を記す。ただし、『演義』には記されない。

――令狐愚は白馬県にいる楚王曹彪が智勇あると聞いていた。初め、東郡では譌言《ぎげん》（根拠のない言葉）が流れ、「白馬河に妖馬が現われ、夜、官営牧場のあたりで嘶《いなな》くと、衆《おお》くの馬もこれに応じた。翌日、その足跡を見ると斛《ます》くらいの大きさがあり、数里行って河中に消えた」と噂された。また「白馬が素《しろ》い羈《くつわ》を食《は》んで西南に駆ける。誰かと見れば朱虎《しゅこ》が乗っていた」と歌われていた。楚王の幼いころの字は朱虎だったので、王凌と令狐愚はこれを曹彪の即位を暗示したものと考えて計画を進めた。まず使者を送って気持を伝え、自愛するようにとも伝えた。曹彪もまたひそかに彼らの意図を知り、「有難う、厚意はわかった」と答えた（二四九年九月）――。

この時、曹彪は五十七歳。人相見として有名な朱建平《しゅけんへい》は、かつて曹彪に「あなたは藩国を預かることになりますが、五十七歳に至って兵難に遭われましょう。お気をつけ下さいまし」と戒めていた。だが曹彪は目の前にぶら下がった帝位に目が眩《くら》んで、彼の言葉を忘れていた。

計画は途中で令狐愚が病死したため、いったんは延期された。だが王淩は機会を窺っていた。二五一年正月、呉が徐水《じょすい》を塞《せ》き止めて侵攻を図ると、王淩は臨戦態勢を整え、上表して呉討伐を求めた。司馬懿は王淩の腹の内を読んでいたので認可を下さない。そこで王淩は将軍楊弘《ようこう》に命じて、令狐愚の後を継いで兗州刺史となった黄華《こうか》に廃立の計画を打ち明けた。

ところが二人は連名で王淩の計画の委細を司馬懿に報告した。司馬懿はまず王淩の罪を赦す書状を送るとともに、王淩の子の王広《おうこう》に命じて説諭の手紙を書かせた。そして司馬懿は水軍を率いて、たちまち百尺《ひやくせき》（潁水沿岸《えいすい》）に到着した。

大軍が突如間近《まぢか》に迫ったのを知った王淩は、使者を送って印綬と節鉞《せつえつ》（軍の専断権を持つことを示す）を返還して謝罪、さらに南下して軍が丘頭《きゆうとう》に達すると面縛《めんばく》（後ろ手に縛りあげる降伏時の作法）して待ち受けた。

司馬懿は王淩に会って赦すふりをし、王淩を都に送還することにした。身の振り方に不安を感じた王淩は、棺に打つ釘《くぎ》を求めて司馬懿の真意を知ろうとした。釘が与えられなければ、彼に殺意がないことがわかる。しかし司馬懿は釘を与えた。助からぬと知った王淩は「行年八十、身名ともに滅びるか」と嘆いて自殺した。

王淩を都に護送する一行が項県《こう》（河南省沈丘）まで来た時、豫州の人々が賈逵の遺徳を偲《しの》んで建立した祠《ほこら》が潁水の畔《ほとり》に在った。王淩はこれに「賈梁道《かりようどう》（梁道は賈逵の字）よ、王淩はも

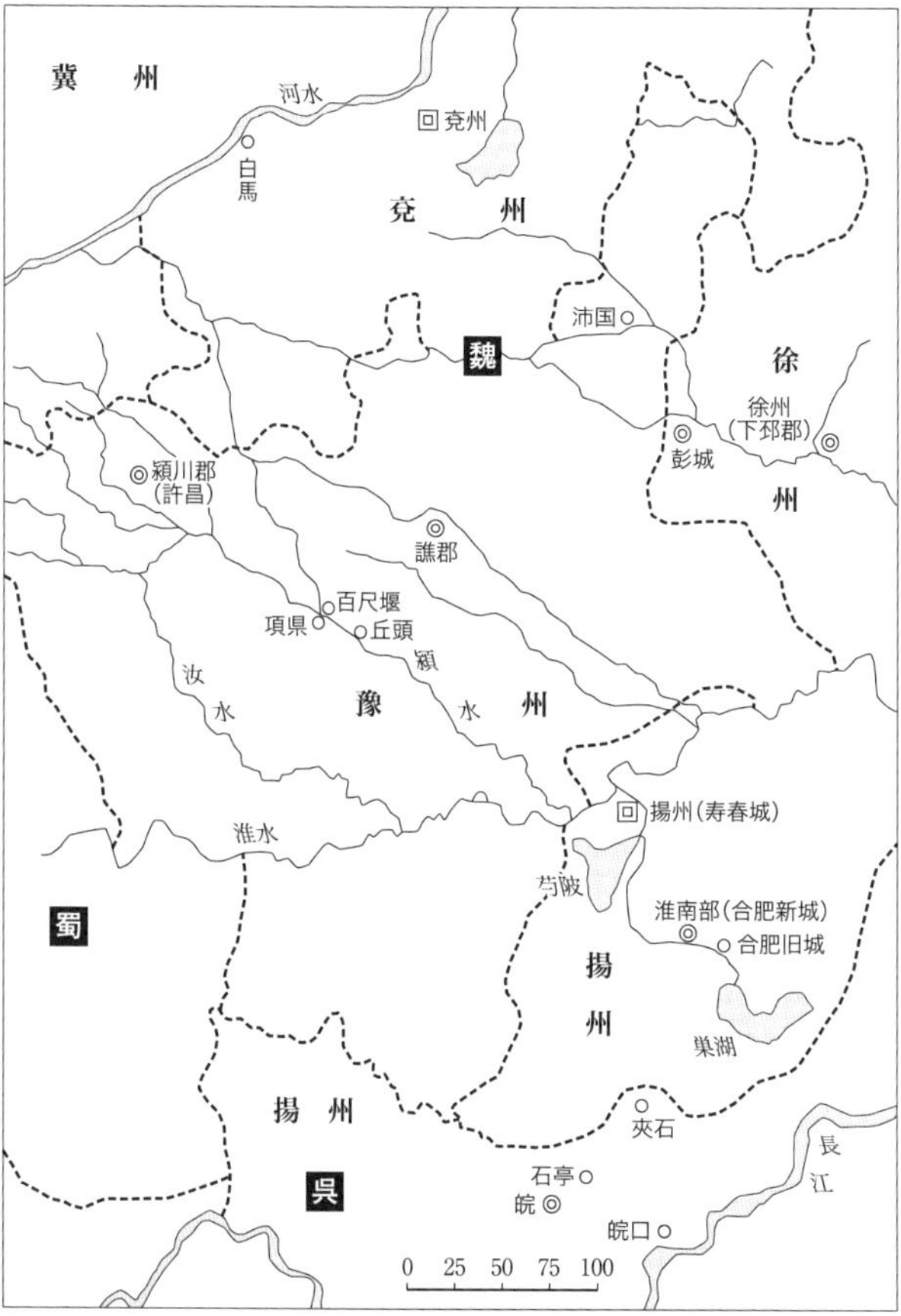
冀　州
河水
回兗州
白馬
兗　州
沛国
魏
徐
徐州
(下邳郡)
彭城
州
潁川郡
(許昌)
譙郡
百尺堰
項県
丘頭
潁
汝
水
豫
水　州
揚州(寿春城)
淮水
芍陂
淮南部(合肥新城)
蜀
合肥旧城
揚
州
巣湖
揚　州
夾石
長
江
呉
石亭
皖
皖口
0　25　50　75　100

「淮南三叛」関連図

とより魏の社稷《しゃしょく》（国家）に忠なる者だ。爾《あなた》に神（こころ）があればわかってくれよう」と呼びかけた。その年八月、司馬懿は病床に臥《ふ》し、夢に王淩と賈逵の亡霊を見た。彼らの祟《たた》りかと恐れた司馬懿は、それから間もなく死んだ——と、本伝に引く干宝《かんほう》の『晋紀《しんき》』は伝える。

この結果、楚王曹彪は命じられて自殺、連座した者はことごとく三族に及ぶまで処刑された。さらに王淩と令狐愚の墓を暴《あば》いて棺を叩き壊し、市場に死体を三日間さらした上、土中に素裸のまま埋められた。これは司馬懿に阿附する者たちが、朝議で決定したやり方だった。

⑩凶兆どおりに死は確実に訪れた
——董卓《とうたく》・曹操《そうそう》・劉備《りゅうび》・関羽《かんう》・孫策《そんさく》・劉表《りゅうひょう》・諸葛亮《しょかつりょう》・諸葛恪《しょかつかく》・公孫淵《こうそんえん》・張琁《ちょうせん》

『三国志』を読んでいて気づくのは、今日のわれわれから見れば到底信じる気になれない、差し迫る死を暗示する凶兆を「歴史的事実」であるかのように、本人の伝に堂々と記していることとである。『三国志』の注を作った裴松之《はいしょうし》もまた、奇怪な出来事を諸書から引用して記す。それは「怪力（妖しげな作用）乱神（とりとめない神わざ）を語らない（『論語』述而篇）」儒教が衰えを見せて、煩瑣《はんさ》な礼教の束縛を否定する老荘思想の擡頭《たいとう》と必ずしも無関係ではあるまい。

以下、いくつかの例を拾い出してみた。

一八九年以来、暴虐をほしいままにした**董卓**は、司徒王允《おういん》と組んだ呂布《りょふ》らの手にかかって殺害された（一九二）。『魏書』董卓伝に引く『英雄記』によると、当時「千里の草　何ぞ青青たる。十日卜《ぼく》するも　猶《なお》生きられず」という俗謡が歌われ、また「董逃歌」が作られた。かと思えば、布の上に「呂」という字を書いて董卓に示した道士がいたが、董卓はそれが呂布を指しているとは気づかなかった。

「千里の草」とは、草冠《かんむり》の下に千里と書いて「董」を示し、「十日卜」を下から上に書けば「卓」となる。青々と茂っている草のように盛んでも、十日の命しかあるまいと言うのである。

「董逃歌」は『後漢書』五行志によると、霊帝《れい》の中平年間（一八四—一八九）に洛陽で流行した五言十三句の歌謡で、全句「董逃」の二字を句末に置く。これは強盛を誇る董卓もついに逃竄《とうざん》（逃げ隠れる）して一族皆殺しになることを暗示する。

「千里の草云々」と「布に書かれた呂の字」については『演義』第九回に用いられている。

曹操の死は二二〇年一月二十三日。『演義』では彼の死は、呉から送り届けられた関羽の首や、新宮殿に用いようとした梨の木が怪異を顕《あら》わしたのがきっかけとなった、と記す（第七十七、七十八回）。関羽の首が曹操の問いかけに目を開き、口を動かしたというのは羅貫中《らかんちゆう》の全くの創作だが、木にまつわる怪異は、『魏書』武帝紀の注に出てくる。

『世語』：曹操が漢中から洛陽に戻り（二一九・一〇）、新たに建始殿を建てようとして濯龍祠《たくりようし》の神木を伐り倒すと、木は血を流した。

『曹瞞伝《そうまん》』：曹操は工人の蘇越《そえつ》に立派な梨の木を移植させた。しかしこれを掘ると、傷ついた根はことごとく血を流した。蘇越が報告すると曹操は自ら出向いて観察し、不吉だと嫌悪した。帰還するとついに病床に臥《ふ》すようになった。

『演義』はこの二書の注を巧みに利用したのだった。なお陳寿《ちんじゅ》は武帝紀には曹操の死を暗示する凶兆については何も記さない。

劉備に関しては『蜀書』先主伝に引く葛洪《かっこう》の『神仙伝』が触れている。

――仙人の李意其《りいき》は蜀の人で、累代、この人に遇ったという人の話が伝えられ、何と前漢の文《ぶん》帝の時代（在位 前一七九―前一五七）の人と言われる。先主は呉を伐とうとした時（二二一）、李意其を丁重に招いて吉凶を占わせた。すると彼は数十枚の兵馬や武器を描き、それを一枚一枚引き裂いた。また一人の大きな人の姿を描き、地を掘って埋め、忽然《こつぜん》と立ち去った。先主は大いに不快がった。そして自ら軍を率いて呉を征伐したが大敗、怒りと恥辱で発病して死去した（二二三）。人々は李意其が大きな人の絵を描いて埋めたのは、劉備の死を予言したと知った――。

『演義』では李意其を李意《りい》と誤り、彼を呼び寄せたのは陳震《ちんしん》であると脚色する（第八十一回）。

関羽については『蜀書』関羽伝に引く『蜀記』が記している。

――関羽が樊《はん》城を包囲した時、猪《いのしし》に足を噛まれた夢を見て、子の関平《かんぺい》に「私はもう年老いてしまった。だが引き返すわけにはゆかない」と語った――。

『演義』はこれを用いて（第七十三回）、関羽に不吉な運命が待ち構えていることを暗示する。

孫策は許貢《きょこう》の食客に射られて重症を負い、後事を弟孫権《そんけん》に託して亡くなった。『呉書』討逆《とうぎゃく》

（孫策）伝に引く干宝《かんぽう》の『捜神記』は「孫策が于吉《うきつ》（道士の姓名）を殺した後、独りでいると必ず身近に于吉の姿がぼんやりと現われ、そのため心を乱して常態を失することが多くなった。ある日、手鏡で自分の顔を映してみると、于吉が見える。が、振り返っても誰もいない。こんなことが再三あったため、手鏡を撲《なぐ》りつけて絶叫すると、癒えかかった傷がことごとく裂け、たちまち死去した」と記す。

裴松之はしばしば『神仙伝』や『捜神記』を注に引くが、その記事を信用していたわけではない。『呉書』劉惇《りゅうとん》伝の中で「思うに葛洪の記述（『神仙伝』『抱朴子《ほうぼくし》』）は人を惑わすものだが、彼の書物や文章はすこぶる世間に流布しているので篇末に載せた」と言って、葛仙公《かっせんこう》や介象《かいしょう》ら方士の行事《こうじ》を書き記している。この言葉からわかるように、彼は六朝時代に広く世に行なわれた志怪（怪異を志《しる》す）小説の内容に疑問を持っていた。『演義』では第二十九回に、この『捜神記』の記事を利用した。

『魏書』劉表伝に引く『捜神記』は**劉表**の落魄《らくはく》と死を予測する話を記す。『演義』はこれを用いていない。

——建安年間（一九六—二二〇）の初め、荊州《けい》では「八、九年の間始めて衰へんとし、十三年に至り孑遺《げつい》（僅かの残り）無からん」という童謡が歌われた。それは何を意味するか。

中平年間以来、荊州だけが戦火を免れ、劉表が州牧になってからは（一八九）、民は一段と豊かな生活を楽しんだが、建安八、九年（二〇三、二〇四）になると、きっと衰亡が始まることを指す。「衰亡の始まり」とは劉表の妻が死去し、諸将もみな零落《れいらく》（落ちぶれる）することであり、「十三年（二〇八）孑遺無からん」は劉表もまた死去し、それをきっかけに破滅するというのである。

当時、華容《かよう》にいた女性は急に「荊州（襄陽）にきっと大喪（国が滅んだり多くの人が死ぬこと）がありますよ」と泣き叫んだ。あまりの不穏当な発言に、県では妖言をなす者として収監した。一ヵ月余り経《た》つと、彼女は獄中で「劉荊州は今日亡くなった」と慟哭《どうこく》する。華容と州治がある襄陽とは数百里（地図上では約一九〇キロ）も隔たっている。そこで県では早馬を立てて調べさせたところ、劉表は果たして死んでいた。県は彼女を釈放した。彼女はまた、「李立《りりゅう》が貴人になろうとは」と歌う。その後、幾許《いくばく》もなく曹操は荊州を平定し、涿《たく》郡の李立（字《あざな》は建賢《けんけん》）を荊州刺史に任命した——。

ちなみに中国の場合、「童謡」とはわれわれが思い浮かべるそれではなく、時世に不満を抱いて変革を求める人たちが、その願望の実現を期待してひそかに流布させたもので、世間ではこれを「天の声」だと思い込んでいた。こうした例は中国の史書に数多く見られる。

二三四年秋八月、武功郡の五丈原で司馬懿《しばい》と対峙していた丞相《じようしよう》**諸葛亮**（孔明《こうめい》）は陣中で病没した。『蜀書』諸葛亮伝に引く『晋陽秋』は、

――赤く輝く星が輝いていたが、それが東北から西南の方角に流れ、孔明の陣営に三度落ちて二度は空に戻った。落ちる時は大きく、戻る時は僅かで、とうとう三度目は戻らなかった。そしてにわかに孔明は死去した――。

と記して、この赤い星の落下と孔明の死を結びつけ、天もその死を悼《いた》むかのような筆致である。『演義』では孔明は人に支えられて、ある星を指して「あれが私の将星である」と言う。一同が見るとその星は暗く、ゆらゆら揺れて、今にも落ちそうだった。天文の異変を見て司馬懿は孔明の死を知り、蜀軍に迫る。蜀将楊儀《ようぎ》は遺令に従って四輪車に孔明の木像を置いて迎撃つ。木像を孔明その人と見誤った司馬懿《しばい》は仰天して大慌てで兵を返した（第百四回）。これが「死せる孔明、生ける仲達《ちゅうたつ》（司馬懿の字）を走らす」の謂《い》われであり、『蜀書』諸葛亮伝に引く『漢晋春秋』の記事に基づいている。

以上は裴松之が各人の伝の注に引く諸書に載せられている例だが、陳寿が本伝に記した場合もある。

諸葛恪は孔明の兄諸葛瑾《しょかつきん》の長子で、字を元遜《げんそん》という。若いころから才気の閃《ひらめ》きを見せ、臨機応変の弁論に長じていた。面長な瑾をからかって、孫権が驢馬に札《ふだ》を付けて「諸葛子瑜《しゅ》（子瑜は瑾の字）」と書くと、恪は二字を書き加えさせていただきたいと言って、その下に「之驢《のろば》」

と書いた。たった二文字で父は驢馬からその持主に変わった。これは『演義』第九十八回に用いられた。

『呉書』諸葛恪伝に引く『恪別伝』に言う。ある時、孫権の太子（孫登《そんとう》。二〇九―二四一。恪より六歳年少）が恪を嘲《あざけ》って「諸葛元遜、馬矢《ばし》（馬の糞）を食らうべし」と言うと、彼は「太子には鶏卵をお召し上がり下さい」と答え、その理由《わけ》を問うた孫権に「どちらも出て来る所は同じでございます」と言った。この件《くだり》は『演義』は用いていない。

木像と知らぬ司馬懿は遁走。右上は姜維

　諸葛瑾は才はじけた恪を苦々しく思い、「わが家に隆盛をもたらすのもこの子ならば、一族を根絶やしにするのもまたこの子であろう」と心配していた。

　孫権は二五二年四月に死去。恪は孫峻《そんしゅん》・滕胤《とういん》・呂拠《りょきょ》らとともに後事を託された。しかしこの年の十月、東興隄《とうこうてい》で魏に大勝した恪は、翌年、群臣の反対を押しきって合肥《がっぴ》新城を攻撃し、多くの兵を失って人々の恨みを買った。恪は宿衛の任を親近する者に替えて身の安全を図り、さらに青州・徐州侵攻を画策する。呉主孫亮《そんりょう》は孫峻らと恪の誅殺計画を進め、二五三年十月、宮中で彼を殺し、さらにその子弟たちも皆殺しにした。

本伝は恪の死に先立って起こった不思議な出来事を記す。

――孫亮に酒宴に招かれた恪は、〔殺される日の〕朝、〔顔を洗おうとすると水が生臭《なま》く、着せかけられた衣服も生臭い。水も衣服も何度も替えさせたが臭気は相変わらずで、恪は心楽しまなかった。いざ出かけようとすると、犬が衣の裾を咥《くわ》えて離さない。しばらく経《た》って再び出かけようとすると、また同じことをする。そこで犬を追い払って車に乗った。

これより先、恪が合肥遠征に向かう時、喪中の人が喪服姿で恪の役所内に入り込む事件があった。問い糺《ただ》してもその人は、何故ここに来たか自分でもよくわからないと言う。大勢の警備の者たちは誰一人として彼の姿を見かけず、人々は不思議なこともあるものだと噂した。その後、恪の執務室の棟《むなぎ》が真っ二つに折れてしまった――。

陳寿は恐らく韋昭《いしょう》の『呉書』など、呉に遺されていた史料を参考にしたであろうが、右の奇怪な出来事を歴史的事実として記した。このほか、本伝には「葦の席《むしろ》に包まれた恪の骸《むくろ》は〔首都建業の南の、死者を葬る〕石子岡《せきしこう》で見つけ出される」という意味の「童謡」が歌われたと記される。

本伝に引く『捜神記』には、憑《ひょう》依《い》状態に陥《おちい》った恪の婢が突然「諸葛公が孫峻に殺された」

と叫んで事件を家中の者に知らせると、間もなく、彼らを逮捕する兵卒がやって来た、と記されている。右の事件は童謡を除く以外、すべて『演義』で用いられている。

ところで、三国時代は五国時代でもあった。「三国時代」といっても、幽《ゆう》州には公孫《こうそん》氏が、交《こう》州には士《し》氏が、それぞれ半独立国家的な勢力を持ち、鼎立《ていりつ》がどのように変化してゆくか、中国の東北と西南から中原の様子を窺っている状況だった。

公孫氏が幽州だけでなく、朝鮮半島北部にまで勢力を拡げ、一時それは渤海《ぼっかい》を渡って青州東部に及んだことがある。これは公孫度《こうそんたく》が自分と同郡（遼東郡）の徐栄《じょえい》が董卓の中郎将となった機縁で遼東太守に任じられたことに始まる（一八九）。度の死後、子の公孫康《こうそんこう》が継ぎ、袁紹《えんしょう》の遺児袁尚《えんしょう》・袁熙《えんき》が曹操《そうそう》に敗れて庇護を求めて来ると、彼らの首を曹操に送って鋭鋒を躱《かわ》して（二〇七）独立を守った。

公孫淵は康の後を継いだ無能の叔父《おじ》公孫恭《こうそんきょう》を追放して位を奪った。魏は彼を揚烈将軍・遼東太守に任命した（二二八）。しかし淵には呉と組んで魏を襲う野望があり、二三二年に孫権に使者を送って呉の藩国になりたいと申し出た。

呉を利用して版図を拡げようとする淵の思惑《おもわく》に孫権はまんまと引っかかり、翌年、群臣の反対を押しきって太常《たいじょう》の張弥《ちょうび》らに金銀珍宝を持たせて遼東に派遣、淵を燕《えん》王に封じ、九錫《きゅうせき》（天子が功臣に与える九種の恩典）を授けた。

が、呉は遠く離れており、その援助は望み薄だと公孫淵は考え直し、使者たちを斬って魏に首を送った。二三七年、魏は公孫淵を都に呼び寄せ、それによって彼の向背をはっきりさせようとした。淵は拒んで幽州刺史毌丘倹《かんきゆうけん》を破り、自立して燕王を称した。そして元号を「紹漢《しようかん》」と定め、鮮卑《せんぴ》を誘って彼らに魏の北境を侵犯させた。

二三八年春、太傅《たいふ》司馬懿は淵の討伐に向かい、六月に遼東に達した。迎え撃つ淵軍を連破、彼が立て籠もる襄平《じようへい》を包囲し、土山や櫓《やぐら》の上から弩《いしゆみ》を射込む。襄平の食糧は尽き、人々は互いに食らい合って、無数の人々が死んだ。

すると八月七日、長さ数十丈の大流星が首山《しゆざん》の東北から流れて襄平城の東南に落下した。二十三日、淵軍は総崩れとなり、淵は子の公孫脩《こうそんしゆう》とともに城を脱出し、東南に逃走した。しかし逃げおおせず、魏兵たちに父子もろとも殺された。奇しくもそこは流星の落下点だった――。

諸葛恪の場合といい、これといい、淡々と事実だけを書き連ねてゆく陳寿にして、なおこのような「志怪」的要素の濃い記事を載せているのは不思議である。『神仙伝』『捜神記』などの志怪小説が流行する四世紀初めの風潮は、すでにこの時代に兆《きざ》していたのかも知れない。

最後にもう一つ。

張臶は字を子明といい、鉅鹿《きよろく》郡の人。『三国志』の登場人物で享年が記されている人の中で、彼の百五歳は最年長で、これに次ぐのは蜀の学者来敏《らいびん》の九十七歳、呉の将軍呂岱《りょたい》の九十六歳である。

張𨥈の伝は『魏書』管寧《かんねい》伝に王烈《おうれつ》・胡昭《こしょう》とともに付載されており、曹操が生まれた時（一五五）、彼はすでに弱冠二十歳だった。若いころ太学で内外の学、すなわち讖緯《しんい》（神秘的な未来記）の学と経典の学を学んでよく理解した。そして袁紹・曹操・曹叡《そうえい》らに辟《まね》かれても出仕しなかった。

公孫淵父子は襄平で司馬懿（左上）に包囲された

二三六年、張掖《ちょうえき》郡の川が氾濫《はんらん》、龍馬《りょうめ》・鳳凰《ほうおう》・麒《き》麟《りん》のめでたい絵や、天命を告げるような文字が描かれた大石が出現した。明《めい》帝曹叡は喜んで全国に文書で知らせた。

張𨥈は知人に「そもそも神事は未来を告げて過去は追わないもの。まず瑞兆が先に顕われ、後から興廃がついてまわるものである。魏は漢から天下を譲られてすでに久しく、今さら過去の興起をどうして示そうか。この大石は将来に対する瑞兆で、今の嘉運ではない」と語った。これは当時、魏朝内で勢力を扶植してきた司馬氏にとっての瑞兆であって、魏の衰亡を示していると彼は示唆する。そして歴史はそのとおりとなった。

二四〇年のこと、戴鳫《かっこう》が張䶵の家の門の蔭に巣を作った。張䶵は門弟に「戴鳫は陽鳥であるのに門の陰に巣を作った。〔陰陽が本来在るべき所を失ったのだから〕これは凶兆である」と語り、十日後に亡くなった。享年百五。

彼は『演義』には登場しない。

⑪ 吉凶は文字を分解すればすぐわかる
——曹丕《そうひ》・是儀《しぎ》・蔣琬《しょうえん》・何祇《かし》・魏延《ぎえん》・丁固《ていこ》・王濬《おうしゅん》

悪い占い師はいかに巧みに人を瞞《だま》すか、彼らは彼らなりに苦労している。人相・手相はもう古い、と足裏に目を付けた奴は天晴《あっぱれ》である。悪知恵の働き方は陋劣《ろうれつ》な人格に比例する。足裏に目を付ければ、次に考えるのはどこか、ここでは敢えて言うまい。

筆者が理解出来ないのは、占いというものの流行である。自分の将来には何が待ち受けているか、寿命はいったい何歳だろうか、こんなことを知ってしまえば、それでなくとも面白くない人生が余計に味気なくなる。

その機微を知っていたのが鍾毓である。彼は魏の宿老だった太尉鍾繇《しょうよう》の子で、後に蜀を滅ぼして益州《えき》で自立を図った鍾会《しょうかい》の兄だった。

鍾毓が魏郡太守だった時、精妙な学問と占いで有名だった管輅《かんろ》が訪ねて来て、二人で『易』の意味するところを語り合った。話がたまたま寿命のことに及ぶと、管輅は「占いによって、君の生死の日を知ることが出来る」と言う。鍾毓は卜筮《ぼくぜい》で生年月日を占わせると、それはぴったり合っていた。鍾毓は驚愕して「君は畏るべきお人だ。死は天に委《ゆだ》ねるものであって君には委ねない」と言って、死期を占わせなかった。ちなみに鍾毓は弟が挙兵して殺害された前年、二六三年に死去している。

管輅は字《あざな》を公明といい、平原郡の人。風采が上がらず、誰彼構わず飲食を共にしてふざけたため、世間の人は彼を愛しはしたが、尊敬しなかった。彼の伝は『魏書』第二十九の方技伝に、華佗《かた》・杜夔《とき》・朱建平《しゅけんへい》・周宣《しゅうせん》らと一緒に載せられているが、巻の七割を彼一人の伝で占めている。

時の権力者曹爽《そうそう》に取り入って飛ぶ鳥落とす勢いだった何晏《かあん》と鄧颺《とうよう》相手に『易』について語り合ったことがある。自分は三公に登れるだろうかと訊いた何晏に対して、管輅は「君侯《あなた》は位が高く勢いもあるが、誰も徳を慕っていない。位が高ければ転《ころ》び落ち、他人《ひと》を侮る者は滅びる。よくよく盛衰の運勢に思いを及ぼさなければならない」と歯に衣被《きぬき》せず答えた。

後にこの模様を舅氏《おじ》に語り、あまりにはっきりした物の言いようをたしなめられると、管輅は「死人と話し合っているのですから、何を恐れましょうか」と笑った。彼らが十数日後に殺されることを予知していたからだった。この話は『演義』第百六回にも用いられた。

管輅は卜筮の妙で名を知られたが、夢占いで知られた周宣、人相で寿命を判断した朱建平らの名人のほかに、人名や国名に用いられている文字から吉凶を占った人もいる。

会稽《かいけい》郡山陰の人、闞沢《かんたく》は字を徳潤《とくじゅん》といい、農民の子だったが学問に励み、その広い学識は呉の人々の知るところとなった。孝廉に推挙されて県長・県令を歴任し、二二九年、孫権《そんけん》が皇帝を称すると尚書に任じられ、軍事・政治の重要な職務に与《あずか》るようになった。彼は暦法にも通じ、季節が日付とよく合致するよう考慮して作りあげた『乾象暦注《けんしょうれきちゅう》』は、呉が滅びた年（二八〇）まで長く用いられた。

本伝に引く『呉録』には、**曹丕**が帝位に即《つ》いたと知ると、孫権は並《なみ》居る群臣たちに「今、曹丕は壮年で即位した。孤《わたし》は年齢の点で彼に太刀討ち出来ないことが気がかりである。諸卿《きみたち》よ、どうしたらいいだろうか」と問うた。

群臣が答えられずにいると闞沢はすぐ「お気遣いされませんように。曹丕は十年を経《へ》ずして死去致しましょう」と言い、理由を訊かれると、「その字から判断致しました。丕は不十（十ならず）でございますので」と答え、孫権を安堵《あんど》させた。

曹丕は在位わずか七年で死去した。まさに「不十」だった。年齢差を孫権は気にしたが、実は彼は曹丕より五歳年長に過ぎなかった。

孔子《こうし》二十代目の子孫だった孔融《こうゆう》は、名家の出身を鼻にかけて、事ごとに曹操《そうそう》の施策や行動を批判し、嘲弄した。そのくせ、自分が北海の相《しょう》だった時は、訓令は立派でも実行困難なものばかりだったし、法令を発布しても管理がおろそかで、実効は全くなかった。彼は悪《あ》しき知識人《インテリ》の典型だった。

彼の北海時代の部下氏儀《しぎ》は同郡の営陵《えいりょう》の人である。氏儀に対して孔融は、よせばいいのにからかって「氏は民の上が欠けたものだ、姓を〔同音の〕是《し》に代えよ」と言った。民の上が欠けていれば、民以上の身分に昇れないと言うのである。

氏儀にとって孔融は上司であり、しかも虚名だったが名声だけは天下に鳴り響いていた。氏儀は言われたとおり、改姓した。**是儀**は後に孫権に仕え、国の職務に数十年間携わったが、一度の過失もなく、八十一歳の長寿に恵まれた。是儀の出世は何も改姓によるものではなく、本人の能力によるものだ。

本伝に引く徐衆《じょしゅう》の『異同評』は、「その昔、姓は生地や官職、あるいは祖先の名から取ったものであって、それぞれしかるべき意義内容があり、その家系を明らかにしたものだった。『春秋左氏伝』にいう〝賜ふに土地を以《もっ》てし、命《なづ》くるに氏を以てす〟こそそれであり、先王が定めた不変の掟《おきて》なのだ。孔融が妄《みだ》りに文字を解釈して氏を不吉だと言って改姓させたのは、その本《もと》を忘れ、人の祖先を誣《し》いるもので、不当ではないか。孔融も孔融なら、是儀もそれに従うべきでなかった」と手厳しく批判している。

蔣琬は字を公琰《こうえん》といい、零陵《れいりょう》郡湘郷《しょうきょう》の人。諸葛亮《しょかつりょう》（孔明《こうめい》）の死後、大将軍・録尚書事として軍事・内政両面の最高責任者の大任を全うした。若いころ、小県の県長に任じられたが自らの才能を恃《たの》んでか、職務をろくに果たさず、飲んだくれていた。

劉備《りゅうび》は激怒して誅殺しようとした。孔明は「彼は社稷《しゃしょく》の器（国家の大任を担う器）であって、百里の才（小地域を治めるだけの才）ではありません。民利を第一に考えて表面《うわべ》を飾ろうと致しません。その辺を御推察下さい」と庇《かば》った。劉備は孔明を敬愛していたので、免官するに止めた。

蔣琬は取り調べを受けた後のある夜、血だらけの牛の頭が門前に転がっている夢を見、不吉な思いをした。夢占いをする趙直《ちょうちょく》を呼んで問うたところ、彼は「そもそも血を見ることは物事が明らかになる象《しるし》です。牛の角《つの》と鼻は、公の字の形を示すもので、これは君《あなた》は必ず公になるという大吉夢です」と告げた。その言葉どおり、蔣琬は三公と肩を並べる大将軍に昇進した。

蜀の諸郡の太守を歴任して、所在の民に慕われた**何祇**は若いころ、井戸の中に桑が生えている夢を見た。これを趙直に問うと、「桑は井戸に生えるものではありませんから、植え替えられます。つまり運勢が変わります。桑の俗字は桒、分解すると十が四つに八が一つ、四十八となります。君《あなた》の齢《よわい》は恐らくこれを越えますまい」と言った。何祇は「それだけ生きれば十分だ」と笑い、趙直の占いどおり、その年で亡くなった。

是儀・蔣琬の話は『演義』では用いられていないが、次の**魏延**の夢の話はそっくり用いられている（第百四回）。

孔明の最後の北伐の時（二三四）、魏延は先鋒となった。一夜、魏延は頭に角が生えた夢を見た。吉凶を問われた趙直は詐《いつわ》って「霊獣の麒麟《きりん》は角があっても用いません。この夢は戦わずして敵は自ずから敗れるという象《しるし》です」と答えた。しかし戻って来た趙直は、ある人に「角の字は刀が用いられると書く。頭上に刀が用いられるとは凶徴も極まれりというものだ」と話した。本当のことを告げて魏延に恨まれるのを避けたのである。そして魏延は叛逆したと見做《みな》されて殺されてしまった。

呉の司徒に昇進（二六八）した丁固の逸話は『呉書』孫晧《そんこう》伝に引く韋昭《いしょう》の『呉書』に次のように記されている。

――丁固が尚書だったころのこと、彼は松の木が腹の上に生えた夢を見て、人に「松は十八公から成る。十八年後、私は三公になるであろう」と語った。その夢のとおり、丁固は三公に昇進した――。

丁固の場合は夢占いに判断してもらったのではなく自分で占った点が、蔣琬・何祗・魏延の例と異なっているが、文字を分解してそれを組み立てて占った点は共通している。

晋は二七九年十一月、討呉の兵を興《おこ》して六方面から一斉に侵攻した。孫晧の多年の暴政に苦しんできた呉は各地で連敗、翌二八〇年三月、ついに降伏した。晋軍の中でも抜群の働きを見せたのが王濬《おうしゅん》だった。

彼が益州で巴《は》郡太守・広漢太守だったころ、民政に意を注いで郡民から慕われていた。『晋書』は好んで小説的な逸話を載せるが、王濬についても次のような記事がある。

——ある夜、王濬は寝室の梁《はり》に懸けておいた三振りの刀が四振りに増えた夢を見て、驚いて目を覚ました。主簿の李毅《りき》は、「三刀は、刕すなわち州であり、一刀が益した（加わる）のは、明府《との》が益州に君臨されることでございます」と占った。賊の張弘《ちょうこう》が益州刺史皇甫晏《こうほあん》を殺すと、王濬は計を設けて張弘を討ち果たし、功によって益州刺史に任じられた——。

晋の征南大将軍羊祜《ようこ》は王濬を高く評価し、上表して監益州諸軍事・龍驤《りゅうじょう》将軍として、益州で大船を建造させた。水軍を率いて長江を下り、沿岸諸城を陥すのが呉を滅ぼす最上の策と考えていた。討呉に先立って羊祜は病死したが、王濬はその遺志を継いだ杜預《どよ》に協力してめざましい働きをしたのは先に記したとおりである。

⑫言いがかりで殺されるなんて

——何苗《かびょう》・董越《とうえつ》・周不疑《しゅうふぎ》・鄭小同《ていしょうどう》・劉封《りゅうほう》・張尚《ちょうしょう》

戦乱の時代で生命を全うするのはむずかしい。一般の人々もそうなら、高位高官にとってもそれは同じだった。死が自分の所行が原因でもたらされたものならともかく、言いがかりを付けられて殺された例も数多くある。

この項では理不尽な死を強要された人たちを集めてみた。

何進《かしん》は一介の肉屋の倅《せがれ》に過ぎなかったが、妹が霊《れい》帝の寵愛を受けて皇子劉弁《りゅうべん》を生んだ（一七〇）お蔭で、大将軍にまで出世した。彼は宦官の誅滅を図り、これに反対する妹の何《か》太后に圧力を加えようと、董卓《とうたく》・丁原《ていげん》ら河東の諸将を呼び寄せようとした。これを知った宦官たちは何進を訪れて陳謝する。中軍校尉袁紹《えんしょう》はこの機会に彼らを始末せよと再三何進に勧めたが、決断出来ない。しばらくして何進は参内《さんだい》した折に宦官たちに殺されてしまった。

袁紹は一族の袁術《えんじゅつ》とともに宮中に乱入、二千余人の宦官を皆殺しにした。この時、とばっちりを受けて殺されたのが、何進《かしん》の弟の**何苗**だった。何進の部下呉匡《ごきょう》は、何苗が兄の何進に協力しないことを恨んでいた上、宦官と通謀しているのではないかと疑っていた。そこで軍中に「大将軍を殺したのは車騎将軍（何苗）である」と触れを回し、董卓の弟董旻《とうびん》と組んで彼を殺害した。宮中に深く根を張っていた宦官たちだから、あるいは何苗に手を伸ばしていたかも知れないが、確証はない。何苗は「疑わしき」を罰せられてしまった。この事件は『演義』にそのまま用いられた（第三回）。

次は董卓《とうたく》の弟の**董越**の場合。王允《おういん》・呂布《りょふ》の計略が成功、董卓は長安で三族もろとも殺害された（一九二）。董越は逃れて陝《せん》にいた董卓の女婿《むすめむこ》牛輔《ぎゅうほ》の許《もと》に身を寄せた。

『魏書』董卓伝に引く王沈《おうしん》の『魏書』にいう。牛輔は董卓が殺されてからはすっかり怯《おび》え、来客があれば、まず占者にその客が叛逆の意図を持っているか、いないかを見させ、また筮竹《ぜいちく》を用いて吉凶を判断してから会見した。董越が訪れたのは、こんな時だった。牛輔は例によって董越を筮竹で占わせる。すると「外から来た者が内にいる者に企みを抱いている」という卦《か》が出たと占者は報告、牛輔はすぐさま義理の叔父の董越を殺してしまった。実は董越にはそんな気はなかった。彼の不幸は、その占者がいつも彼に鞭打たれていた者だったことである。占者は卦を偽ってこの機会を利用して復讐した。

一方、董卓伝によると、牛輔は財宝を携えて数人の部下と脱出したが、財宝に目が眩《くら》んだ部下たちに殺され、首は長安に送られたとある。王沈の『魏書』の記述に従えば、董越は日ごろの行ないが祟《たた》って思いがけない災難に遭ったことになる。

曹操《そうそう》は三度《たび》「求賢令」を発して（二一〇、二一四、二一七）、士の登用はただ才能のみを重んじて短所は問わないと布告、多くの人材を集めることが出来た。「曹公はよく度外の人（のけものにされた人）を用いた」（③参照）と称される所以《ゆえん》である。とはいえ、あまりに才知を誇って口出しする者は彼の忌諱《きき》に触れた。後漢の大尉楊彪《ようひょう》の子楊脩《ようしゅう》、孔子《こうし》の二十世の孫孔融《こうゆう》らがそれで、彼らについては『演義』でも触れているので、ここでは記さない。

『演義』で触れない才子の死がある。

荊《けい》州の劉表《りゅうひょう》に仕えた劉先《りゅうせん》は蒯越《かいえつ》・韓嵩《かんすう》らとともに、中立を守るよりむしろ進んで曹操に帰服すべしと考えていた。ある時、曹操の許に使いして、劉表が天子と同じように天を祀《まつ》った行為を咎《とが》められた。すると劉先は、劉表の赤誠《まごころ》を伝えようにも群凶が道を塞いでいるため叶わず、そのため天地を祀って告げたのであると答えた。「群凶とは誰か」と問われると、劉先は「目に映る者すべてでございます」と言い、暗に曹操もその一人だと言わんばかりで、さすがの曹操も返す言葉がなかった。後に彼は魏に仕え、尚書令にまで昇進した。

劉先の甥（母の姉妹の子）に**周不疑**という若者がいて、幼いころから異才があった。曹操は自分の女《むすめ》を不疑に娶《めと》らせようとしたが、彼は遠慮して辞退した。後に蜀の尚書令となった劉《りゅう》巴《は》は当時荊州にいたが、劉先から不疑を師事させたいと頼まれると「鸞鳳《らんほう》（神鳥）のような美質を持つ人を、燕雀《えんじゃく》（凡鳥）の私が、どうして教えられましょうか」と丁重に断ったくらいである。

曹操の子倉舒《そうじょ》（曹沖《そうちゅう》の字《あざな》）も早くから才智があり、不疑に較べてひけを取らなかった。しかし二〇三年に僅か十三歳で亡くなってしまった。曹操は心中に不疑を忌《い》み、これを除こうとした。曹丕《そうひ》が諫止すると曹操は「この者を汝《おまえ》がよく使いこなせるものか」と言って、刺客を放って殺してしまった。これは『魏書』劉表伝に引く『零陵先賢伝』が記すもので、不疑はまだ十七歳だった。曹操の愛子が死んだため、何の罪もない少年が殺されてしまったわけで、これは曹操の「姦雄」的側面をよく表わした逸話である。

後漢の大儒鄭玄《じょうげん》の孫の**鄭小同**は丁卯《ていぼう》の日に誕生し、祖父は丁卯の年に生まれた。ともに丁卯が共通しており、「少し同じところがある」ため、小同と名付けられたという。彼は広く学問を修め、性格は謹直で寡黙、親に対して孝養を尽くしたが、それによって世間に名を知られようとは全く思わなかった。

『魏書』高貴郷公紀に引く『魏氏春秋』にいう。

――ある時、鄭小同は司馬昭《しばしょう》を訪れると、昭の手許《てもと》に密書が置かれていて、まだ封緘《ふうかん》されていなかった。厠《かわや》から戻って来た昭は「卿《きみ》は私の書状を見たか」と問う。小同が「見ておりません」と答えても、昭はこれを信用せずに鴆毒《ちんどく》を盛って殺してしまった――。

気の毒に小同は、他人の不注意が原因で殺されたことになる。あるいは鄭小同の名声を忌んだ司馬昭がわざと仕組んだ罠《わな》だったかも知れない。

謂《い》われない死を強《し》いられたのは、劉備《りゅうび》の養子の**劉封**も同じだった。彼は長沙《ちょうさ》郡の羅侯国の寇《こう》氏の子で、長沙の劉氏の甥と言われる。長沙には荊州の牧劉表の従子《おい》劉磐《りゅうはん》がおり、劉封は彼と繋がる者であろう。劉備は劉封を迎え、彼を介して劉表と縁続きとなり、寄寓する身の安泰を図ったに違いない。

樊《はん》城を包囲した関羽《かんう》から援軍の要請（二一九）があったにも関わらず、当時、上庸にいた劉封と孟達《もうたつ》は兵を送らなかった。このため関羽は敗死し、劉封と不仲の孟達は魏に降り、魏将夏《か》侯尚《こうしょう》とともに劉封を攻撃した。不仲だったとはいえ孟達は劉封に書を送り、「劉備の実子（劉《りゅう》禅《ぜん》）が皇太子に立てられている今、卿の立場は非常に危険だ。降伏して安全を図るべし」と告げた。

劉封は従わず、敗走して成都に戻った。この時、諸葛亮《しょかつりょう》（孔明《こうめい》）は思いきった進言をした。劉封の剛猛は先々制御し難くなるから、この機会に除いてしまおうと言うのである。劉備は劉封に命じて自殺させた。死に臨んで劉封は「恨むらくは孟子度《もうしたく》（子度は孟達の字）の言を用ゐざることを」と嘆き、聞いた劉備は彼のために涙を流した。

銭振鍠《せんしんこう》という学者は、この処置に対して、「関羽を救わなかった罪を問われれば劉封はそれまでだが、後難を恐れて殺したのならば、無罪の人を殺したことになり、孟達が予想したとおりである。申不害《しんふがい》・韓非子《かんぴし》ら法家の説が人を害することの甚だしさよ」と非難する。孔明は政治家としては法家の立場を取り、王道を志した者ではなく、目的を遂げるためには、このような非情な措置も辞さなかった。

君主を孔子《こうし》に譬《たと》えたために殺害された不運な人もいる。

孫権《そんけん》に仕えて張昭《ちょうしょう》とともに深い信頼を寄せられていたのが張紘《ちょうこう》だった。その孫の**張尚**は孫晧《そんこう》の時代、機敏な応対が認められて、侍中・中書令に抜擢された。孫晧に命じられて琴を学び、ある日、話が琴の清妙さに及んだ。張尚は「曲によっては、徳の薄い人はこれを聴く資格がない、と古人は申しました」と言った。孫晧は自分を諷刺するのかと思って、他事にかこつけて投獄し、やがて殺してしまった。

張尚については、環済《かんせい》の『呉紀』（張紘伝所引）は次のように記す。

――孫晧はある時、張尚に「『詩経』に『彼《か》の栢《はく》（柏の木）舟《しゅう》を汎《うか》ぶ』とあるが、栢《かしわ》だけが舟の用材となるのか」と問うた。張尚は答えて「『詩経』にはまた『檜《ひのき》の楫《かい》に松の舟』とございますから、松もまた適しております」と言う。孫晧は重ねて問うた。「鳥の中で一番大きいのは鶴で、小さいのは雀か」。張尚は「大きなものとしては禿鶖《くろづる》、小さなものとしては鷦鷯《みそさざい》が挙げられます」と答えた。

孫晧は自分より勝《まさ》る者を忌み嫌う性格だった。張尚の談論は常に自分の意表を衝《つ》いたため、彼に対する恨みが次第に深くなっていった。そして決定的なことが起きた。

後に孫晧は「孤《わたし》の飲みっぷりは誰と較べられるだろうか」と問うた。張尚は「陛下のそれは〔孔子と同じく〕百の觚《さかづき》を飲み干《ほ》すくらいでございます」と答える。すると孫晧は「尚の奴は孔丘《こうきゆう》（孔子）が王者とならなかったことを知りながら、王者たる私を彼に比したのだ」と言い、怒りを発して投獄してしまった。百余人の群臣が彼のために命請《ご》いしたため、死一等を減じられた――。

張紘伝では張尚は殺害されたとあり、『呉紀』では死を免れたとあり、どちらが正しいのかはわからない。ただ、張尚は応対の巧みさで抜擢され、また、それによって罪を得た。談論の才は時には両刃《もろは》の剣《つるぎ》となる例である。主君を孔子になぞらえたため罰せられるとは、張尚は夢にも思わなかったであろう。

⑬死んでもお前を放しはしない

――夏侯尚《かこうしょう》

一九七一年、湖南省長沙《ちょうさ》市の小高い丘の上で発見された馬王堆一号墓から発掘された五十歳くらいの女性の屍体は、腐爛《ふらん》した様子もなく、身体には弾力さえ残っていたそうである。この女性は出土品から推測して、前一九三年に駄《たい》国の侯に封じられた利倉《りそう》の妻だったことが判明した。

これより先、一九六八年に河北省満城県の横穴式崖墓《がいぼ》（満城漢墓）で発見された漢の中山靖《ちゅうざんせい》王劉勝《りゅうしょう》夫妻の遺体はすでに朽ち果てていたが、金縷玉衣《きんるぎょくい》（玉片を金線で綴り合わせて作られた屍衣）をまとっており、また九竅《きゅうきょう》（九つの穴。目・耳・鼻・口・肛門・陰部）を玉《ぎょく》で塞いであった。玉の不思議な霊力が屍体を腐らせないと思われていたからである。

陵墓のほとんどが盗掘を免れなかった。死者とともに蔵められた財宝が狙われたからである。袁紹《えんしょう》に命じられて陳琳《ちんりん》が書いた曹操《そうそう》を弾劾する檄《げき》文（触れ文）の中には「操《あいつ》は将校・吏卒を率いて墳墓の発掘に立ち会い、棺を破って遺体を暴《あば》いて金や財宝を掠《かす》め奪《と》ったため、天子は涙を流し、士民は心を傷《いた》めた。また彼は発丘（墓暴き）中郎将・摸金《もきん》（金探し）校尉を任命して、通過した場所では墳墓を破壊したため、剝き出しにされない骸《むくろ》はなかった」という記述がある。曹操の「悪」を誇張するための舞文曲筆であろうが、多かれ少なかれ、当時の人間はやっていたはずである。

漢の高祖《こう》の妻の呂后《りょこう》の墓も盗掘され、玉衣が発見された。前漢末期、山東琅邪《ろうや》の樊崇《はんすう》が莒《きょ》県で挙兵し（一八）、これに群盗が加わって数万人の集団になった。彼らは王莽《おうもう》の軍兵と区別するために眉を赤く染めたので、「赤眉の賊」と呼ばれた。「赤眉は都の長安に乱入し（二五）、諸陵を発掘して財宝を奪った。そして呂后の遺体を見つけると、これを屍姦した。およそ賊が暴いた墓には玉匣《ぎょくこう》をまとって殮《おさ》められた遺骸があり、ほとんど皆、生きているようだった」と『後漢書』劉盆子《りゅうぼんし》伝は記す。

呂后の死は前一八〇年、暴かれたのは一八年、その間二百年である。賊が劣情をそそられる可能性は十分あった。

『魏書』劉《りゅう》表《ひょう》伝に引く『世語』は「劉表の死（二〇八）後、八十年あまり経《た》った晋の太康年間（二八〇—二八九）、その墳墓が発掘されたが、夫妻の姿かたちは生けるが如くで、芳香が数里にわたって匂った」と記している。

本項の夏侯尚は字《あざな》を伯仁《はくじん》といい、勇将夏侯淵《かこうえん》の従子《おい》で、文帝《ぶんてい》曹丕《そうひ》と親しかった。曹操が死去（二二〇）すると、その柩《ひつぎ》を奉じて鄴《ぎょう》に帰還した。曹丕が即位すると平陵郷侯に昇進し、征南将軍・領荊《けい》州刺史・仮節都督南方諸軍事に任じられた。そして徐晃《じょこう》とともに上庸を攻撃、劉備《りゅうび》の養子劉封《りゅうほう》を破った。

二二二年九月、魏は三方面から孫権《そんけん》を攻撃した。夏侯尚は曹真《そうしん》とともに江陵の攻め口を担当したが、城が落ちる前に疫病が流行したため帰還した。この後、夏侯尚は荊州の牧に昇進した。上庸から西に七百里（約五三キロ）以上も軍を進め、益《えき》州との境界近くまで接近、五、六年の間に山民や異民族数千家を帰順させた。

『演義』では、蜀将黄忠《こうちゅう》にしばしば痛い目に遭う（第七十、七十一回）無能の将として描かれ、江陵を攻めて陸遜《りくそん》らに大敗（第八十五回）した以降はふっつりと姿を消す。

さて、夏侯尚には愛妾がいたため、正妻への愛情が薄れてしまった。ところが正妻は一族の功臣曹真の妹だったので、曹丕は大いに怒り、人をやってその妾を絞殺してしまった。夏侯尚は悲しみのあまり発病し、恍惚《こうこつ》の人になった。そしてすでに埋葬したのに思慕の情に堪えず、遺骸を掘り出して死顔を見る有様だった。曹丕はこれを聞いてまた怒り、「杜襲《としゅう》が尚《あいつ》を軽薄な男だと言ったのも、まことに尤《もっと》もだ」と言った。

杜襲はしばしば曹操に忠言を進めて信頼された人である。彼は夏侯尚が曹丕に狎《な》れ親しむのを見て、「尚は益友《えき》（人に益を与える友）に非《あら》ず」と曹操に言い、これを聞いた曹丕は不快に思ったが、今、その言葉を思い出したのである。

――だが旧臣なので恩寵は衰えなかった。二二五年、夏侯尚の病は重くなり、都に帰還した。曹丕はたびたび邸に見舞い、自分が重病の原因を作ったのを悔いてか、その手を執《と》って泣いた――。

埋葬された死者がなお生前の面影を留めていることは、当時の常識になっていて、それが夏侯尚をグロテスクな行為に奔《はし》らせてしまった。

三国時代に行なわれた盗掘で、遺骸はどのように埋葬されていたか、先の呂后・劉表以外の記事も付け加えておく。

墳墓の発掘は財宝の窃取《せっしゅ》のほかに、棺材や墓辺に植えられた樹木を利用して、城郭の補修などに充《あ》てる目的があった。

まず『呉書』孫休《そんきゅう》伝に引く葛洪《かっこう》の『抱朴子《ほうぼくし》』から。

――呉の景《けい》帝孫休（在位二五八―二六四）の時代、広陵の守備隊長が墳墓を暴いて、そこに用いられていた木板で城を補修した。ある大墓を掘ったところ、内部は幾重にも分かれていて、扉は樞《くるる》（扉の片側の端の上下に突起部を作り、これを壁に開けた穴に嚙み合わせて、扉を回転させるもの）によって開閉出来た。墓室の周囲は馬車が通れるほどの道があり、天井の高さは馬に乗っても十分なくらいある。

また身長五尺（約一二〇センチ）の銅製の人形が数十体もあり、それぞれ冠を着け、朱衣を着、剣を佩《お》びて侍立していた。その背後の壁には官職名がいくつか記されている。恐らく公主（天子の女《むすめ》）の墓であろう。棺の中の遺体の面体《めんてい》はあたかも生きているかのようで、衣冠も朽ちていなかった。

棺の中には厚さ一尺（約二三・七五センチ）もの雲母《うんも》が敷きつめられており、遺体の上には白玉の璧《へき》三十個が置かれていた。兵士たちが遺体を担ぎ出して墓壁に凭《もた》せかけると、冬瓜《とうがん》に似た一尺ばかりの玉が懐《ふところ》から滑り落ちた。両耳と鼻孔には棗《なつめ》くらいの黄金が詰められていた――。

そして葛洪は「これは玉や黄金の力によって死骸が朽ちずにいられた証《あかし》である」と結んでいる。

次に呉綱《ごこう》にまつわる話。

二五七年、諸葛誕《しょかつたん》は司馬懿《しばい》の専横を憤り、淮南《わいなん》で挙兵、これに先立って子の諸葛靚《しょかつせい》と長史の呉綱を呉に送り、援軍を求めた。呉では全懌《ぜんえき》・全端《ぜんたん》・文欽《ぶんきん》・唐咨《とうし》ら三万の兵を派遣したが、結局、二十六万と号した魏軍に屈してしまった。諸葛靚と呉綱はそのまま呉に仕えた（㊷参照）。

呉に入った呉綱は不思議な縁で祖先と対面した。『魏書』諸葛誕伝に引く『世語』は次のように記す。

――黄初（二二〇―二二六）の末年、呉の人が前漢の長沙王呉芮《ごぜい》の冢《つか》を暴いて、その塼《せん》（敷き瓦《がわら》）を用いて臨湘《りんしょう》において孫堅《そんけん》の廟を建立《こんりゅう》した。呉芮の面貌はさながら生きているようで、衣服も朽ちていなかった。遙か後年、発掘した者が呉綱に会うと、「君は何と長沙王呉芮に似ていることか。ただ彼《か》の人より君はやや背が低いだけである」と言った。呉綱は驚いて「これは私の先祖である。君はどうして先祖を見たのか」と問うた。その人はその事情を物語った。呉綱が「更《あらた》めて葬ってくれたのか、くれなかったのか」と訊くと「即座に葬りました」と答えた。呉芮の没年から発掘まで四百余年を経過しており、呉綱は呉芮十六世の孫だった――。

⑭便所で憤死した人、逃げ出した人

——曹嵩《そうすう》・韓馥《かんふく》・呂布《りよふ》

事もあろうに便所を死に場所にした人が、『三国志』には二人いる。

まず、曹操《そうそう》の父の**曹嵩**。彼は後漢の桓《かん》帝の時代（在位一四六―一六七）、宦官の身でありながら、術策を弄して大長秋（皇后府の職務を担当）・費亭侯にまで昇進した曹騰《そうとう》の養子となり、一八七年（霊《れい》帝の時代）十一月には買官によって三公の一つ、太尉となった。『魏書』武《ぶ》帝紀は「よく其の生出本末を知る能はず」と記し、要はどこの馬の骨かもわからないという書き方をしている。

大金を払って太尉の位を得たというのに、曹嵩はしかし翌一八八年四月には退官した。一八四年二月に勃発した黄巾の乱は、年内に首魁《しゆかい》の張角《ちようかく》と二人の弟たちが死んだが、その残党が各地で跳梁し、加えて羌《きよう》族・烏丸《うがん》ら異民族の叛乱も相次ぎ、世情は騒然としていた。軍事の最高責任者である太尉の位は、彼には荷が勝ち過ぎていたし、宦官の養子が買官で三公となったことに対する輿論《よろん》の反撥も大きかったであろう。曹嵩はこれに堪えられなかったに違いない。官を退いた曹嵩は、いったん郷里の沛国《はい》譙県《しょう》に還ったが、董卓《とうたく》討伐の挙兵があり（一八九）、騒乱を避けて徐州《じょ》の琅邪《ろうや》に寓居した。しかし、一九三年に殺されてしまった。

彼の死には二説ある。まず武帝紀に引く韋昭《いしょう》の『呉書』から。

――曹操は避難先から父を迎え取ろうとした。曹嵩の家財は百余輛もあり、徐州刺史陶謙《とうけん》は都尉の張闓《ちょうがい》に二百騎を与えて護衛を命じた。張闓はこれを送って泰山《たいざん》郡の華県と費県の間まで来ると、曹嵩を殺害して財宝を奪い、淮南《わいなん》に逃走した。怒った曹操は陶謙に罪ありとし、徐州を攻撃した――。

次に同じく武帝紀に引く郭頒《かくはん》の『世語』から。ここに厠《かわや》で殺された曹嵩の死に様《ざま》が記されている。

――曹嵩は泰山郡の華県にいた。曹操は泰山太守応劭《おうしょう》に命じて兗《えん》州まで家族を送って来させることにした。応劭の兵が着く前に陶謙は数千騎を派遣して、家族を逮捕させた。曹嵩は裏の土塀に穴を開け、まずその妾を外に出そうとしたが、妾は肥っていて脱け出せない。二人は厠に隠れていたところを殺害された。同時に曹操の弟の曹徳《そうとく》以下、一家全員も殺され、応劭は恐懼して袁紹《えんしょう》に身を託した。曹操が袁紹の根拠地冀《き》州を平定した時、応劭はすでに死去していた――。

『呉書』と『世語』の記述は異なっているが、兗州の牧になった（一九三）曹操にすれば、隣接する徐州併呑《へいどん》のための絶好の口実が与えられたことになる。曹操は一九三年秋と一九四年夏の二回、徐州に侵攻して諸城を陥《おと》し、「過ぐる所殘戮《ざんりく》（殺害）多し」と、陳寿《ちんじゅ》としては珍しく直書している。彼は本紀で廻護《かいご》（善からぬ行事《こうじ》を叙述しない）する場合が多かった。一方、『魏書』陶謙伝にはより詳しく「万単位の人が殺害されて、このため泗水《しすい》の水は塞《せ》き止められて流れなかった」と記される。

次は厠で自殺した臆病者**韓馥**の話。

大将軍何進《かしん》は横暴を極める宦官を誅殺しようと袁紹・袁術《えんじゅつ》と計画したが、妹の何《か》太后は反対である。そこで彼らは董卓・丁原《ていげん》ら諸侯の力を借りて太后に圧力をかけようとした。しかし何進は宦官に機先を制せられて殺され、大混乱の洛陽に董卓が乗り込み、少帝を廃して陳留王劉協《りゅうきょう》を立てて皇帝とした（一八九）。これが献《けん》帝である。

暴逆を揮《ふる》う董卓を討とうと、袁紹を盟主として曹操・孫堅《そんけん》ら関東の諸将が挙兵（一九〇）、冀《き》州の牧韓馥もその一人だった。しかし「ポスト後漢」をひそかに狙った彼らは本気で戦わず、内輪揉めが相次いだ。

にわかには董卓を滅ぼせない。それには別に皇帝を立てて新政権を作るしかあるまいと袁紹は韓馥と謀り、漢の宗族で衆望を集めている幽《ゆう》州の牧劉虞《りゅうぐ》を擁立しようとした。が、これは彼から厳しく拒まれて実現しなかった。

元来、袁紹は四世にわたって三公を輩出した名門の子で、その声望は韓馥を圧していたが、官職は渤海《ぼっかい》太守であり、韓馥の下に在った。董卓討伐の時、袁紹は前線に在り、韓馥は本拠の鄴《ぎょう》で兵站《へいたん》補給の任にあたり、袁紹は事あるたびに掣肘《せいちゅう》を受けていた。こうした不満が嵩じたところに、幽州の公孫瓚《こうそんさん》が南下、董卓討伐に名を借りて、その実は韓馥を襲おうとした。袁紹は袁紹で董卓軍をそのままにして河内《かだい》より撤兵、東して延津《えんしん》に至り、鄴の南方百キロ弱の所に迫った。二人の狙いを知って、韓馥は慄えあがる。

これにつけ込んで袁紹は陳留の高幹《こうかん》と潁川《えいせん》の荀諶《じゅんしん》（荀彧《じゅんいく》の四番目の兄）を派遣し、「冀州を挙げて袁氏に譲るのが最良の策であろう。そうなれば公孫瓚も手を出せず、将軍《あなた》は譲賢《じょうけん》の名（賢人に譲ったという名声）を得、身を泰山の安きに置くことが出来る」と説得させた。部下の中には反対する者もいたが、韓馥は自分の不才を認め、かつて袁氏に官に推挙された恩義もあり、冀州を献じて官舎を出、袁紹に願い出て辞去し、張邈《ちょうばく》に身を寄せた。

『魏書』袁紹伝に引く『英雄記』によると、以前、韓馥に冷遇された都官従事朱漢《しゅかん》が恨みを晴らそうと邸を囲んだ。韓馥は高楼に逃れたが、長男は捕えられて脚を叩き折られてしまった。朱漢は袁紹に殺されたが、この事件に怯《おび》えた韓馥は袁紹の許《もと》を去った、とある。

張邈に身を寄せた後でも韓馥の怯えは消えない。ある日、袁紹の使者が張邈を訪れ、相談することがあって張遼に耳打ちした。座上に在った韓馥は、自分の処置を打ち合わせしているのだと早合点し、しばらくすると厠に行って自殺した（『魏書』袁紹伝）。

これが本当の「ふん死」と笑ってはかわいそうで、彼の並《なみ》外れた臆病さが、この悲劇を生んでしまった。

父を殺された曹操は徐州に侵攻する

呂布は一九二年四月に董卓を殺害した功労者ではあったが、己《おのれ》の感情の赴くままに裏切りを重ねたため、人々から忌避《きひ》され、抜群の力を持ちながら次第に窮迫していった。一九六年、劉備《りゅうび》と袁術が徐州を争っている時、呂布は劉備の隙につけ込んで下邳《かひ》を襲撃して占拠した。

『魏書』呂布伝所引『英雄記』には、次の逸話が記されている。

――一九六年六月夜半、呂布の部将の河内郡の郝萌《かくほう》が叛乱を起こし、兵を率いて下邳の役所を襲い、喊声《かんせい》を挙げて突入しようとしたが、堅固な門は破れない。呂布は叛乱者が誰かもわからぬまま、妻を連れて身なりも整えず、厠の天井から壁を破って脱出した。

都督の高順《こうじゅん》の陣に駆け入って急を告げると、彼は何か気づいたことはないかと訊く。「そういえば河内訛《なま》りがあった」と答えると、高順は郝萌であると言って下邳の役所に突入し、郝萌の兵を切り崩した。

郝萌の部下の曹性《そうせい》が背いて、自分も傷つきながら郝萌の片腕を斬り落とした。高順は郝萌の首を奪い、曹性とともに戻ってきた。曹性は郝萌が袁術の内意を受けて、この挙に出たと話した。

呂布は「誰と誰がこの計画を立てたのか」と糺《ただ》すと、曹性は「陳宮《ちんきゅう》が共謀者です」と言う。この時、陳宮は同席していたが、これを聞いて赤面したため、座上の者たちはすべてそれと気づいた——。

陳宮が呂布を謀ろうとしたこの件《くだり》や郝萌の叛乱は、『演義』は何故か用いていないので、『演義』ファンには初耳であろう。厠から脱出して急場を凌《しの》いだ呂布だったが、一九八年十二月、ついに曹操に捕えられ、陳宮とともに殺されてしまった（⑮参照）。

劉備

⑮呂布《りょふ》の命《いのち》請《ご》いを突き放した冷血漢
——劉備《りゅうび》

陳寿《ちんじゅ》は呂布を評して「呂布は虓虎《こうこ》（怒っている虎）のような勇猛さを持っていたが英奇（他と異なって優れている）の知略がなく、軽狡《けいこう》（軽薄で狡《ずる》い）反覆《はんふく》（言行が定まらず人に負《そむ》く）、ただ利益しか眼中にない。古《いにしえ》から今に至るまで、こうした人間で破滅しなかった例《ためし》はない」と言っている。

確かにそのとおりで、非命に殪《たお》れた関羽《かんう》・張飛《ちょうひ》にあって呂布になかったのが、信義と忠節だった。が、しかし、卓抜な武勇を思うさま揮《ふる》い、平然と叛服を繰り返しながら、騒乱の後漢末を駆け抜けた彼の姿には、一種の魅力がある。

少なくとも偽善の仮面を被《かぶ》り、郷里社会で名声を得、官吏に登用されて飯の種にありつこうと狂奔する士大夫《したいふ》より、遙かにましである。親の墓前に二十年も住み、その孝行ぶりを称揚された男がいたが、よくよく調べてみると、その間に五人の子をもうけていたという「孝子」の例もあった（『後漢書』陳蕃《ちんはん》伝）。本人は自覚していないだろうが、呂布は本能的に建前《たてまえ》を忌避《きひ》していたようだ。あの董卓《とうたく》でさえも名士を起用して政権を固めようとしたが、呂布は終世一人も用いなかった。彼の動物的な勘が、名士の偽善性を見抜いていたのである。

一八九年、洛陽に入った董卓は少帝を廃して陳留王劉協《りゅうきょう》を皇帝（献《けん》帝）とし、何《か》太后を毒殺し、自ら太尉となって兵権を握り、悪逆の限りを尽くした。この時、幷《へい》州刺史丁原《ていげん》も何進《かしん》に呼ばれて洛陽にいた。董卓は丁原を殺してその兵を奪おうとし、丁原が親愛する呂布を手なづけて殺させた。

董卓は呂布を騎都尉に任じて父子の契りを結ぶ。しかし一九二年四月、呂布は同州出身の司徒王允《おういん》の計画に加わって董卓を殺した。六月、董卓の部下李傕《りかく》・郭汜《かくし》らが長安に侵入してきたため呂布は脱出し、袁紹《えんしょう》・袁術《えんじゅつ》・張楊《ちょうよう》・劉備ら諸侯の間を転々とした。長く留まれなかったのは、彼の武勇が恐れられ、無節操な性格が忌《い》まれたせいである。

一九四年、曹操《そうそう》が徐《じょ》州の陶謙《とうけん》を攻撃している間に、張邈《ちょうばく》と陳宮《ちんきゅう》が呂布を迎えて兗《えん》州の牧とした。その後、呂布は劉備・曹操・袁術らと、和睦しては戦ったり、を繰り返した。

しかし呂布もとうとう擒《とりこ》にされる時が来た。一九八年、曹操は下邳《かひ》に呂布を囲んだ。呂布はすでに諸将の信頼を失《な》くしていた。十二月、呂布の部将侯成《こうせい》・宋憲《そうけん》・魏続《ぎぞく》は陳宮を縛りあげて曹操に降伏した。呂布は直属の部下と城内の白門楼に登って防戦したが、ついに力及ばず、楼を下りて生捕りとなる。

呂布が「縄目が厳し過ぎる。緩めてはくれまいか」と言うと、曹操は「虎を縛るのだからそうせざるを得ない」と答えた。すると呂布は「明公《との》が患《わずら》いとされるのは布《わたし》一人に過ぎない。今、こうして降伏したのだから、天下は憂えるに足りぬ。明公が歩兵を率い、布に騎兵を率いさせれば、天下の平定は容易である」と訴えた。

ふと曹操はためらいの色を見せた。その時、同席していた劉備が進み出て「明公は布が丁建《ていけん》陽《よう》（建陽は丁原の字《あざな》）・董太師（太師は董卓の官位）に仕えながら裏切った事実をお忘れですか」と言った。曹操は肯《うなず》いた。忘れていなかったのだ。呂布は劉備に向かって「こいつこそ信用してはならぬ奴だ」と言った。劉備が公孫瓚《こうそんさん》・陶謙・呂布・曹操と、次々に身の寄せ所を替えてきたことを指している。しかし、その言葉は黙殺されて、呂布は縊《くび》り殺されてしまった。

呂布伝に引く『献帝春秋』も、呂布の最後のあがきに触れている。

――呂布は「昔、斉《せい》の桓《かん》公は管仲《かんちゅう》が鉤《こう》（帯金《おびがね》）に矢を射当てたことを不問に付し、彼を大臣にしました。今、布《わたくし》に股肱《ここう》の力（臣下として手足の働きをする）を竭《つ》くさせていただけるならば、公《との》の先駆けとなりましょう、如何《いかが》なものか」と問うた。そして縄目が厳しいので劉備に「玄徳（劉備の字）、卿《きみ》は賓客で私は擒の身、緩めるよう一言口添えしてほしい」と言った。曹操は笑いながら「どうして私に言わないで、明使君《たいしゅ》（劉備を指す）に訴えるのか」と訊ね、〔心中では生かしてやろうと思い」縄目を緩めるよう命じた。が、そこに主簿（事務長）の王必《おうひつ》が走り出て、「布は手剛《ごわ》い奴。その部下もすぐ外におりますから緩めてはなりません」と注意した。曹操は「緩めてやりたいと思うが、主簿もまた許さないので、どうしようもないな」と言った――。

人の名を口にするのは大変な非礼とされた中国である。名と同音の言葉も本人の前では使えなかった。字は名を使えない不便さを、いわば補うために付けられた。友人同士は字で呼び合う。目上の人が目下の者を字で呼ぶ場合には親しみが籠められている。ただし、目下の者が目上の人を字で呼ぶのは許されない。

こうした禁忌がありながら、劉備は呂布の前で「布」と口にして、もう自分は呂布とは縁を切っていると、心中をあからさまにした。多少でも親愛の情があれば、「奉先《ほうせん》（呂布の字）」が丁建陽・董太師に仕えながら」と言ったはずである。

一方、呂布は「玄徳、卿は賓客で私は擒の身」と、字で呼びかけて情に訴えた。しかし劉備の本心は「お前のことなど知るものか」という冷たいものだった。

劉備は『演義』が描くような人柄ではなく、強《したた》かな計算をして「寛厚」（陳寿の評）を装った食えない男である。助命を願った呂布の必死の訴えは、曹操の心を動かしながら、この劉備の一言で断たれてしまった。

⑯馬鹿を演じた(?)名役者

――劉禅《りゆうぜん》

劉禅は「不肖の息子」の代名詞のように言われている。事実、宦官の黄皓《こうこう》を親愛して国事を顧みず、父劉備《りゆうび》が百戦の末に建国した蜀を土崩瓦解させてしまった罪は大きい。そのためもあって、成都の昭烈廟《しようれつ》(劉備を祀《まつ》った廟)に配された文武の諸将二十八人の中に加えられていない。代わりに、亡国の際に妻子を殺して自刃した劉諶《りゆうしん》(劉禅の五男)が配されている。

これは『演義』に描かれた劉禅像に、後世の庶民が大きく影響されたせいである。実は『蜀書』後主伝では、陳寿《ちんじゅ》は彼の暗愚について何も記さない。何年にどんなことがあったか、年表ふうに淡々と記すだけだ。

ただ伝末の評に「後主(劉禅)は賢相に政治を任せていた時は道理に従う君主だったが、閹《えん》豎《じゆ》(宦官)に惑わされてからは昏闇《こんあん》の君主(暗君)になってしまった。『素絲《そし》(白糸)はただ染められるままに、どのようにも変えられてしまう』という言葉(『墨子《ぼくし》』所染篇)どおりであった」と記すのみである。

劉禅の暗愚を示す逸話として有名なのは、本伝に引く『漢晋春秋』の次の件《くだり》で、『演義』にもそっくり用いられた(第百二十回)。

——司馬文王《しばぶんおう》(司馬昭《しばしょう》)は劉禅と宴会を催し、その席上、彼のために蜀の音楽を演奏させた。同席した人々は〔劉禅の心中を思いやって〕皆、痛ましい思いに駆られたが、劉禅はにこにこ笑って平然としていた。

文王は賈充《かじゅう》に向かって「人間の無感動さもここまで来ようとは。よしんば諸葛亮《しょかつりょう》が生きていたとしても、この人を輔佐していつまでも安泰にしておけなかっただろう。まして姜維《きょうい》如きではな」と言うと、賈充は「こうでなければ、殿下は蜀を併合出来なかったでありましょう」と答えた。他日、文王は劉禅に「いくらかは蜀を思い出されるかな」と訊ねると、彼は「こちらに来てからは楽しくて、蜀を思い出すことはございません」と答えた。

郤正《げきせい》はこれを伝え聞くと劉禅に会って「今後も王がお訊ねになられたならば、どうか泣いて『祖先の墳墓が遠く隴《ろう》・蜀にありますゆえ、心は西を思って悲しく、一日として思い出さない日はございません』とお答えになり、目を閉じられますように」と教えた。

たまたま、文王が再び同じ質問をすると、劉禅は郤正に教えられたとおりに応対した。文王が「何と郤正の言葉そっくりではないか」と言うと、劉禅は驚いて目を見張って「まことに仰せのとおりでございます」と答え、これを聞いた左右の者たちはみな笑った――。

賈充は魏の名臣賈逵《かき》の子でありながら、ひたすら司馬一族に阿附した男で、司馬昭の専横を憤る魏帝曹髦《そうぼう》を、部下に命じて殺害させた奸臣である。郤正は劉禅が降伏して洛陽に遷《うつ》されることになると妻子を棄てて、殿中督の張通《ちょうつう》とともに単身随行した人である。

『漢晋春秋』は東晋の習鑿歯《しゅうさくし》が撰した書で、『晋書』によると、梟雄桓温《きょうゆうかんおん》の帝位を狙う野心を知り、その意図を正すために作ったと言われる。後漢の光武《こうぶ》帝に始まって献《けん》帝に至り、つづいて蜀の劉備父子が正統を継ぎ、蜀の滅亡後は西晋がこれを継いだ、という立場を取る。

その彼が劉禅の愚かな姿を、ここまで書くか。これが事実とすれば、劉禅は間違いなく阿呆である。彼は二〇七年生まれ、蜀の滅亡時(二六三)は五十七歳だった。

中華民国の学者盧弼《ろひつ》は『三國志集解《しっかい》』の中で、劉禅の暗愚は装われたものと見る二人の学者の論を紹介する。

まず明《みん》の政治家于慎行《うしんこう》から。

――劉禅の司馬昭への対応は失策ではない。郤正が劉禅に教えたのは浅慮である。劉禅が蜀を思う心は、昭が聞くのを欲しないことだ。幸いに、劉禅が自分の気持を初めに伝えてあった。再問された時、その答えは郤正に教えられたと白状した。これを聞いた左右の者たちは笑ったが、劉禅が死を免れたのは正にこの答えに在ったことを知らない――。

この「正直」な答えを、これによって身の安泰を図ろうとする劉禅の芝居だったと仮定すると、「弘毅寛厚《こうきかんこう》」（広い度量と強い意志）を生涯装いつづけた「名優」劉備に勝《まさ》るとも劣らない名役者と言わなければならない。

次に黄恩彤《こうおんとう》の論。

劉禅（右から四番目）は鄧艾に降伏する

――先主が遺詔を後主に与えた中で「丞相《じょうしょう》（諸葛亮）は卿《おまえ》の智量が甚だ大きいと感嘆しており、進歩は予想を超えていると言っているそうだ。本当にそうであるのなら、吾《わたし》にはもう憂えるものはない」と述べている。武《ぶ》侯（諸葛亮）は面諛《めんゆ》（目の前で阿《おもね》る）の人ではなく、先主は誉児《よじ》（児を誉めそやす）の人ではない。これから判断すれば、後主は本来、不肖の子ではないことがはっきりする――。

孫策《そんさく》が、戦死した父孫堅《そんけん》の後を継いだのは十七歳だった。しかもこの若さで名は遠近に高かった。劉禅が即位したのも同じく十七歳。劉備は前述の言葉につづけて、賢明さと徳義があって初めて人を心服させられるのだと言い、書物を読んで知恵を増すように、と懇々と諭している。その言葉に、劉禅の資質に不安を持っていたことが見えてくる。于慎行・黄恩彤の劉禅論は、「論のための論」ということを否めないが、こういう見方もあると紹介したかったので引用した。

もう一つ、『晋書』李密《りみつ》伝の逸話を記しておく。

李密は元蜀臣で、父を早く亡くした。他家に再嫁した母に代わって自分を養育してくれた祖母に仕え、至孝で名を謳われた人である。祖母の没後、晋に仕えた。ある時、博学で著名だった張華《ちようか》に、「安楽公（劉禅）はどんな人だったか」と問われたことがあった。すると李密は「斉《せい》の桓《かん》公に次ぐべきお人です」と答えた。斉の桓公は春秋時代の斉の王（在位 前六八四―前六四三）で、管仲《かんちゆう》を抜擢してその輔佐を得、春秋五覇の一人になった人傑である。

意外な答えを聞いて、張華はその理由《わけ》を問うた。すると李密は、「桓公は名臣管仲を得て覇者となり、奸佞《かんねい》な豎刁《じゆちよう》を用いて失敗し、〔死後に紛争が生じて〕遺骸から蛆《うじ》が流れ出るまで埋葬されませんでした。安楽公は諸葛亮を得て魏に対抗し、黄皓を信任して国を喪《うしな》いました。両者の成敗（成功と失敗）は軌を一《いつ》にしていることが、これによって知ることが出来ます」と答えた。劉禅とは逆に、晋に降っても司馬炎《しばえん》に屈するふうを見せなかった呉主孫皓《そんこう》については、㉟を参照されたい。

⑰これをやったのは本当は誰だ

――劉《りゆう》備《び》・張《ちよう》飛《ひ》・関《かん》羽《う》・孫《そん》堅《けん》・孫《そん》権《けん》

『三国志演義』は史実に即しているように見せながら、そこには三分の虚構が含まれているため、読者は往々惑わされてしまう。その虚構の一つに、羅貫中《らかんちゆう》の巧みな換骨奪胎《かんこつだつたい》（外形はそのままにしておいて、中身を取り替えること）の手法が挙げられる。ある人の行事《こうじ》を全くの別人がやったことにして、それがかえって物語の展開を面白くし、しかも人物像に生彩を与えたのはさすがである。本項ではその例を拾い出してみた。

まず**劉備**から。

黄巾の乱（一八四）が起きると、州郡ではそれぞれ義兵を挙げて討伐した。劉備は関羽・張飛らを従えて校尉鄒靖《すうせい》の下で賊を討ち、功によって安喜県の尉に任じられた。この時に事件が起きた。

『蜀書』先主伝に引く『典略』にいう。

――軍功で県の長吏になった者は治績如何《いかん》によって官を免じられることになった。その役に当たる郡の督郵（役職名）が来ると、自分も免官になると思った劉備は会見を申し込んだが、病気を理由に断られた。劉備はいったん役所に戻ると、吏卒を率いて宿舎に突入、寝台から督郵を引きずり出して縛り、県境までやって来ると樹に括《くく》りつけ、百回余り杖で叩き、これを殺そうとした。しかし督郵が哀願するので、釈《ゆる》して立ち去った――。

まるで破落戸《ごろつき》同様の所行である。温厚篤実な君子として劉備を描いている『演義』では、こう記すのは都合悪い。そこでこれを張飛の仕業《しわざ》に換えた。気はいいが短気な張飛は、賄賂《わいろ》を要求して威丈高《いたけだか》にふるまう督郵を見て激怒し、柱に縛りつけて柳の枝で打ち据えた。督郵は悲鳴を挙げて命請いする。仁慈の心深い劉備は急いで張飛を叱って止めさせた（第二回）ことにした。これによって羅貫中は、二人の性格を巧妙に描き分けた。

張飛の武勇は関羽と並んで天下に鳴り響いていた。その彼が一世一代の見せ場を演じたのが当陽の長坂《ちょうはん》の戦いである。

二〇八年、曹操《そうそう》が荊《けい》州に侵攻すると、劉表《りゅうひょう》の子劉琮《りゅうそう》は一戦も交えぬまま降伏した。土壇場になってこれを知った劉備主従は、軍資が集積されている大城、江陵めざして逃亡した。これに十数万の人々が家財道具を車に積んで随行したため、一日僅かに数キロしか進めない。曹操は自ら五千騎を率いてこれを追い、当陽で追いつくと殺戮《さつりく》をほしいままにした。劉備は妻子を棄て、諸葛亮《しょかつりょう》（孔明《こうめい》）・張飛・趙雲《ちょううん》ら数十騎とともにひたすら逃げる。部下の二十騎とともに張飛は殿軍《しんがり》を買って出ると、長坂の橋を断ち、目を怒らせ、矛を横たえてこう叫んだ。

「俺は張益徳《ちょうえきとく》（益徳は張飛の字《あざな》。『演義』では翼徳）だ、死を賭けて戦う奴はいないか」。

　これを見た敵は皆あえて近づかない。劉備らは張飛のお蔭で危機を免れた。

『演義』では、張飛は部下に命じて馬の尾に木の枝を括りつけて背後の森の中を駆けめぐらせた。すると、濛々《もうもう》たる土煙が挙がり、あたかも多くの兵が控えているかのように見える（第四十一回）。してやったりと張飛は橋畔に仁王立ち、曹操軍を一喝した。あまりの恐ろしさに夏侯《かこう》傑《けつ》は馬から転げ落ち、これがきっかけになって曹軍は崩れ立った（第四十二回）と描いている。

　ところで、馬の尾に枝を結《ゆわ》えつけて大軍がいるかのように見せかける、というのは羅貫中の創作ではなく、実は『魏書』閻温《えんおん》伝に引く『魏略』勇俠伝の記事を利用したものだった。

　――酒泉郡の人、楊阿若《ようあじゃく》（後の名は豊《ほう》）は遊俠として若いころから名を知られていた。建安年間（一九六―二二〇）の半ば、酒泉郡太守徐揖《じょゆう》は郡中の豪族黄《こう》氏の一族を処刑した。黄氏の一人、黄昂《こうこう》は金穀《きんこく》（金と穀物）を配って千余人を集め、徐揖を攻撃する。楊阿若は黄昂の行為は不義であると怒り、妻子を棄てて張掖《ちょうえき》郡に救援を求めたが、ここでも叛乱があって太守は殺されていた。この間に黄昂は徐揖を殺し、楊阿若を生け捕りにすれば金を与えると張掖郡に布告した。

しかし楊阿若は巧みに逃げおおせた。武威太守張猛《ちょうもう》は彼の義心に感じて仮の都尉に任じ、酒泉郡に檄《げき》(触れ文)を飛ばし、楊阿若が徐揖の仇を討つのを許可したと郡民に知らせた。楊阿若は単騎で南羌《なんきょう》の集落に入り、羌族千余騎を味方に付け、楽涫《らくかん》の南の山中を抜けて酒泉の郡城三十里(約二・三キロ)まで近づいた。

ここで彼は奇策を用いる。部下に下馬を命じ、馬に柴を曳《ひ》きずらせて砂埃《すなぼこり》を挙げた。城内の人々はこれを望見し、東方から大軍が押し寄せたと慄《ふる》い畏れ、我勝ちに逃げ出した。黄昂は逃走を図ったが羌族に捕えられ、楊阿若の手で殺された――。

この奇策を羅貫中は張飛がやったことに換えた。馬の尻尾《しっぽ》に木の枝を付けて土煙……、人間離れした猛勇とは裏腹に、稚気溢れる張飛の「してやったり」という団栗眼《どんぐりまなこ》が眼前に浮かんでくる上手《うま》い脚色である。

『演義』における**関羽**の初手柄は、黄巾の賊将程遠志《ていえんし》を斬ることに始まるが(第一回)、天下に武名を知られるようになったのは、董卓麾下《とうたくきか》の猛将華雄《かゆう》を斬り伏せたのがきっかけだ(第五回)。

各地の諸侯は袁紹《えんしょう》を盟主とし、董卓に対抗した。しかし緒戦から彼らは不利で、呂布《りょふ》自ら出陣するまでもないと先鋒を買って出た華雄にいいようにあしらわれた。

袁紹は自分の部下の顔良《がんりょう》・文醜《ぶんしゅう》がまだ着陣しないのを悔やむ。これを見た関羽が華雄を討つと名乗り出たが、袁紹は一介の馬弓手風情が何を言うのか、と取り合わない。関羽を只者《ただもの》ではないと見抜いた曹操は、一杯の酒を与え、出撃を許した。

関羽は「これは戻ってから戴きます」と答えて馬に跨《またが》った。関外では陣太鼓の音や鬨《とき》の声が天地も崩さんばかり轟きわたった。諸侯が外の様子を知ろうとした時、華雄の首を携《さ》げた関羽が帰って来た。曹操が与えた酒はまだ温かだった。

長坂橋上で大喝する張飛の雄姿。右上は曹操

ここでは関羽の武勇だけでなく、地位や面子《メンツ》に拘《こだわ》る袁紹と、才能と実力を重んじる曹操とが巧みに描き分けられている。ところで、華雄は『演義』がしばしば登場させる架空の人ではなく、実在の人物である。彼を討ち取ったのは関羽ではなく、実は**孫堅**だった。

『呉書』孫破虜《そんはりょ》伝（破虜将軍孫堅の伝）にいう。

――孫堅が梁《りょう》の東部に駐屯していた時、董卓の大軍に攻撃され、彼は数十騎とともに包囲網を破って脱出した。孫堅はいつも被《かぶ》っている赤い幘《さく》（頭巾の一種）を側近の部将祖茂《そぼう》に被らせた。そうとは知らぬ董卓の騎兵はこれを追い、その間に孫堅は間道伝いに逃げおおせた。祖茂は追い詰められると馬を下り、幘を墓地の中の焼けた柱に被せておいて、草の中に身を伏せる。

董卓の騎兵はこれを望見して幾重《いくえ》にも包囲したが、近づいて初めて柱だったと気づいて立ち去った。危地を脱した孫堅は再び兵をまとめ、陽人《ようじん》で敵を大敗させ、董卓の都督の華雄らを斬って梟首《さらしくび》にした――。

周瑜《しゅうゆ》は名門の子弟にふさわしい容姿と優《すぐ》れた才能に恵まれた人で、孫策《そんさく》・孫権二代に仕え、魯粛《ろしゅく》と並んで呉の基盤を築きあげた。しかし『演義』は何故かこの名将に冷淡で、孫権・劉備が連合して曹操に対抗する盟約が交わされた（二〇八）後も、常に諸葛亮の多智を嫉《そね》んで、折あらば殺そうとする女々《めめ》しい人物として描かれる。

『演義』第四十六回、どうしても十日以内に十万本の矢が欲しいと言う周瑜に対して、孔明は三日で調達してみせると請《う》け合った。そして三日目の霧の深い夜、二十艘の船を繋いで曹操軍に近づき、兵に鬨の声を挙げさせた。夜襲と思った水軍の将于禁《うきん》・毛玠《もうかい》は一万余人の兵に命じて矢を乱射させる。矢は船上の藁《わら》に突き刺さる。やがて夜も白々《しらじら》明けるころ、孔明は兵士に「丞《じょう》相《しょう》（曹操）、矢を有難く申し受ける」と叫ばせ、悠々と帰陣した。もしも三日以内に調達出来ないならば、軍令違反のかどで孔明を斬ろうとした周瑜の策謀は、またしても失敗した。さすがの周瑜も憮然《ぶぜん》として「孔明の奇智はこの世のものとは思えない」と嘆じた――。

だが、これは孔明がやったことではなく、実は周瑜の主の**孫権**が、赤壁の戦いの五年後、すなわち二一三年に、濡須《じゅしゅ》で曹操軍と対峙《たいじ》した時にあったことである。これに関連する記事は、『呉書』呉主伝の建安十八年（二一三）の項に引く二つの注に記されている。

まず『呉歴』から。二一二年十月、曹操は濡須に侵攻、夜陰に乗じて中洲に部下を渡らせた。

孔明（船中の左の人）は悠々と十万本の矢をせしめる

が、彼らは孫権軍に包囲されて三千人が擒《とりこ》となり、数千人が溺死した。孫権が挑発しても曹操は動かない。そこで孫権は自ら軽舟に乗って、濡須口から曹操の水軍間近《まぢか》まで入り込んだ。逸《はや》る諸将を抑えて曹操は「これは必ず孫権自らわが軍の部伍《ぶご》（隊伍）を見に来たのだ」と言って弓弩を発射しないで、その様子を観察した。

孫権は五、六里（四、五〇〇メートル前後）を進み、やがて船首をめぐらせると鼓吹《こすい》（軍楽）を演奏させた。曹操は彼の舟船・武器・隊伍がみごとに整っているのを見て、「子を生むならば、まさに孫仲謀《そんちゅうぼう》（仲謀は孫権の字）の如くありたいものだ。劉景升《りゅうけいしょう》（景升は劉表の字）の児子（劉琦《りゅうき》・劉琮《りゅうそう》）如きは豚犬《とんけん》（豚や犬）並《な》みである」と感嘆した――。

一方、『魏略』の記事は『呉歴』に較べてより小説的であり、また孔明の奇策とよく似ている。

――孫権は大船に乗って敵の様子を見に来た。曹操は部下に弓弩を乱射させ、矢は船に突き立ち、一方だけにその重みがかかって、今にも顚覆《てんぷく》しそうになった。孫権は船の向きを変えて、もう一方で矢を受けた。両側の矢の重みが均等になって傾きがなくなったところで、彼はおもむろに自軍に戻った――。

『呉歴』も『魏略』もこの戦いの際、孫権自身が偵察に出た点が共通している。そして羅貫中は、より小説的な『魏略』の記事を採用して、時期を二〇八年のこととした上で、孔明の奇策に換えてしまった。

孫堅は関羽に、孫権は孔明に、父子揃って自分の武勇と奇策を蜀将に奪われたことになる。

一つ付け加えておく。前述の『呉歴』の記事は、つづけて次のように記す。

――孫権は曹操に書状を送り、「春水方《まさ》に生ぜんとす。公、宜しく速《すみ》やかに去るべし」と書き、また別紙に「足下《そっか》（あなた）死せざれば孤《われ》安きを得ず」と記した。読んだ曹操は諸将に「孫権孤《われ》を欺かず」と言い、ただちに撤退した（二一三年三月）――。

この件は『演義』第六十一回に用いられた。

⑱なけなしの基盤を閨閥で固める

――劉備《りゅうび》・諸葛亮《しょかつりょう》・関羽《かんう》・張飛《ちょうひ》・馬超《ばちょう》・費禕《ひい》

戦乱の時代にしばしば用いられたのが、婚姻によって有力者同士が結び付くこと（閨閥の形成）だった。これによって相手の力を借りると同時に、背叛を防ごうという意図があったが、切羽詰まった時、決して当てにならない。とは知りつつも、昔から洋の東西を問わず行なわれてきた。三国時代も同じである。本項では蜀の例を取り上げてみた。

まず**劉備**から。

陶謙《とうけん》から徐州《じょ》の牧を譲られた（一九四）劉備だったが、一九六年、袁術《えんじゅつ》と戦っている間、呂布《りょふ》に下邳《かひ》の城を襲われて妻子を擒《とりこ》にされてしまった。すると糜竺《びじく》は劉備に妹を差し出してその夫人とし、併せて奴僕二千と金銀貨幣を提供して軍資に充《あ》てさせ、劉備の窮状を救った。

糜竺は東海郡朐《く》県の人で、先祖代々貨殖に長《た》けていて、彼の代になると僮客《どうかく》（使用人や食客）は一万人を数え、莫大な資産を蓄えていた。朐県は黄海に近く、糜氏は舟運で利益を得たようである。劉備はこの恩に酬いて、帝位に即《つ》くと（二二一）彼を安漢将軍とし、上賓の礼をもって待遇した。安漢将軍の地位は軍師将軍諸葛亮（孔明《こうめい》）の上に在った。これだけ見ても麋竺の貢献の大きさがよくわかる。

劉備は麋竺の妹を迎えることによって経済的基盤の安定を得たのに対し、**諸葛亮**は婚姻によって荊《けい》州の支配勢力と密接な関係を結んで、身の安全を手に入れた。

本伝に引く『襄陽記《じょうようき》』には、彼の結婚にまつわる次のような逸話が記されている。

——沔南《べんなん》（沔水の南方）の名士として知られる黄承彦《こうしょうげん》は、爽やかで開けっぴろげな性格の人だった。ある日、孔明を訪れて、彼はこう言った。

「聞くところによると、あなたは妻を迎えたいそうな。私に醜女《しこめ》が一人いる。髪は艶がなく色も黒いが、その才はあなたにふさわしいものがある。どうか娶《めと》ってはいただけないか」。

孔明が承知すると、黄承彦は早速輿《こし》入れさせた。人々はそれを聞いて「物好きな」と笑って、郷里では「孔明さんの嫁選びを真似《まね》するな。何と承彦さんの醜女を引き当てた」と歌い囃《はや》した——。

当時、荊州には襄陽の豪族として知られる蔡諷《さいふう》という人がいて、二人の女《むすめ》と一人の息子がいた。息子の蔡瑁《さいぼう》は荊州の名士蒯越《かいえつ》・蒯良《かいりょう》とともに名を知られ、荊州を領有していた劉表《りゅうひょう》の謀士として迎えられた。蔡諷の長女は孔明の舅《しゅうと》になった黄承彦に嫁《とつ》ぎ、次女は劉表の後妻に入った。その結果、黄承彦は州牧の劉表とは義理の兄弟の間柄となり、黄承彦を介して孔明と劉表とは義理の叔父・甥の間柄となり、劉表の息子劉琦《りゅうき》・劉琮《りゅうそう》とは義理の従兄弟《いとこ》同士となった。

孔明がこうした関係を生じることを見越して黄承彦の女を迎えたとしても、それは決して非難されるべき筋合いのものではない。自分が抱く経綸《けいりん》を実現するには、支配者の無用な疑惑を避け、まず生き延びることが先決である。孔明の大才は友人の崔州平《さいしゅうへい》・徐庶《じょしょ》に知られているだけでなく、州牧の劉表にも伝わっていたであろう。にも拘《かか》わらず、隆中《りゅうちゅう》（州治襄陽の西）で悠々と生活出来たのは、この婚姻がもたらしたものであり、孔明の嫁選びを囃し立てた人々には、「上手《うま》いことやったな」という多分のやっかみもあったに違いない。

また、孔明の長子諸葛瞻《しょかつせん》は十七歳の時（二三二。孔明病死の二年前）、劉禅《りゅうぜん》の女を妻に迎えている。彼女との間に生まれた長子諸葛尚《しょかつしょう》は二六三年、父とともに緜竹《めんちく》で鄧艾《とうがい》と戦って陣没した。

『蜀書』に伝がある人々も、多くは劉氏と閨閥で結ばれていた。

まず**関羽**から。二一九年、呉の奇襲を受け、関羽とその子関平《かんぺい》は殺害された。後は関興《かんこう》が継いだ。彼は幼いころから評判が高く、孔明も評価していたが、若くして亡くなった。ちなみに『演義』は養子の関平を長子とし、関興を次男としているが、これは羅貫中《らかんちゅう》の創作である。二人の長幼の順も、また関平が養子だったとも、『蜀書』関羽伝は記していない。関興の後は子の関統《かんとう》が継ぎ、後主劉禅の女を娶った。しかし彼も若死にで、男の子がなく、関興の庶子関彝《かんい》に引き継がれた。

なお、関羽には女もいた。かつて孫権《そんけん》は彼女を自分の子に娶りたいと使者を送ったが、関羽は手厳しくはねつけて、孫権を怒らせた。この女が、後に誰に嫁《とつ》いだかは『蜀書』のどこにも出てこない。

次に**張飛**。長女は太子劉禅の妃となり(二二一)、劉禅の即位(二二三)に伴って皇后となったが、二三七年に亡くなった。

妹は姉の死後、迎えられて貴人(女官の位の一つ)となり(二三七)、翌年に皇后に立てられた。二六三年、蜀が滅ぶと後主に随って洛陽に遷った(二六四)。

彼女たちの母は魏の夏侯《かこう》氏一族の女だったと『魏書』夏侯淵《かこうえん》伝に引く『魏略』は伝える。

――建安五年(二〇〇)、夏侯淵の子夏侯覇《かこうは》の従妹《いとこ》は十三、四歳だった。本郡(沛《はい》?)にいて、ある日、山に柴刈りに行って張飛に捕えられた。張飛は良家の女だと知って妻にし、二人の間に女が生まれ、やがて劉禅の皇后になった。

そのため、夏侯淵が敗死(二一九)すると、彼女は願い出て淵を葬った。二四九年、司馬懿《しばい》が曹爽《そうそう》を殺すと、夏侯覇は身に危険を感じて任地から出奔、蜀に投降した。劉禅は覇を引見して「卿《あなた》の父は戦陣の中で命を隕《おと》したのであって、私の父が手にかけたわけではない」と釈明し、自分の子を指さして「この子は夏侯氏の従子《おい》に当る」と言った。そして彼に厚く爵寵を加えた——。

この逸話は『演義』に載せられていない。

馬超（㉓参照）は二二二年に四十七歳で亡くなり、後は蜀に入ってから（二一四）生まれた子の馬承《ばしょう》が継ぐ。馬超には他に女がいて、劉禅の異腹の弟の安平王劉理《りゅうり》に嫁いだ。劉理は二四四年に死去、後を継いだ劉胤《りゅういん》は二五六年に死去、その子劉承《りゅうしょう》も翌年に没し、三代つづいて早逝だった。改めて劉胤の弟の劉輯《りゅうしゅう》が継ぎ、蜀滅亡の翌年（二六四）、洛陽に遷された。劉胤・劉輯が馬氏の子であったかどうかは、定かでない。

趙雲《ちょううん》・黄忠《こうちゅう》の子女は劉氏の子女と婚姻を結んでいない。孔明の死後、国政を担当した蔣琬《しょうえん》・費禕・姜維《きょうい》三人の中で、費禕だけが劉氏と婚姻関係があった。

費禕は江夏《こうか》郡鄳《もう》県の人で、族父《おじ》の費伯仁《ひはくじん》（名は不明）の姑《おば》（父の姉妹）が益《えき》州の牧劉璋《りゅうしょう》の母だった関係で、伯仁に連れられて蜀に入った。その抜群の才能を孔明に認められ、蔣琬の死後（二四六）は大将軍・録尚書事として国政の大任を担った。しかし惜しいことに二五三年正月の宴席上、魏の降将郭脩《かくしゅう》に刺殺されてしまった。

子の費承《ひしょう》が後を継ぎ、費承の弟の費恭《ひきょう》は劉禅の女を妻に迎えた。また、費禕の長女は皇太子劉璿《りゅうせん》の妃となった。つまり劉禅・費禕それぞれ二人の子女が互いに婚姻で密接に結ばれたわけである。蜀には費詩《ひし》を初めとして費姓の豪族が多い。彼らの協力を得るためにも、劉禅は費禕の子女と閨閥を結ぶ必要があった。『蜀書』は記さないが、劉禅をよく輔佐した名臣董允《とういん》が中心となって縁談を進め、それによって政権の基盤を固めようとしたのではないか。

君主と重臣、あるいは重臣同士の子女の間で婚姻が結ばれた例は蜀だけではない。魏にもあり、呉にもあったのはもちろんである。

⑲胴長短足でなければ貴人と言えぬ

——劉備《りゅうび》・孫権《そんけん》・〈付〉曹操《そうそう》

魏晋南北朝にかけては、人物を量る尺度として徳行や詩文の才能のほかに、優《すぐ》れた容姿、あるいは常人と異なる身体的な特徴が重視された。だから『三国志』を読むと、姓名・本籍の次には、鬚髯《ひげ》が美《うる》わしいやら、身長がいくらやら、風貌が際立っているやら、いろいろ記されている。

こんな風潮を反映して、宋（南北朝）の劉義慶《りゅうぎけい》が魏晋南北朝時代の人々の言行を記した『世説新語』は、わざわざ「容止篇」（容姿について述べる篇）を設けて、当時の人々の容姿にまつわるいろいろな逸話を記している。

まず**劉備**から始めよう。

『蜀書』先主（劉備）伝は「身長七尺五寸（約一七八センチ）、手を垂れれば膝に届き、顧みると自分の耳を見ることが出来た。言葉少なで善く人に謙《へりくだ》り、喜怒の感情を面《おもて》に出さなかった」と記している。

「手を垂れれば膝に届く」など、常人には出来ない藝《げい》である。記述どおりなら背は高いが、とてつもない胴長である。だが「好んで豪侠（豪傑や侠者）と交わり、年少（市井《しせい》無頼の若者）は争って手下となった。中山《ちゆうざん》の馬商人の張世平《ちようせいへい》・蘇雙《そそう》らは劉備に見《まみ》えて傑物だと考え、多くの金財を与え、これが劉備の挙兵の資本《もとで》となった」とある。市井の若者や張世平たちは、謙虚で重厚に見える劉備の人柄に加えて、只者《ただもの》ならぬ姿に何かを感じたのであろう。

呉の**孫権**も同じく「長上短下」、胴長短足だったと、これは御丁寧にも二ヵ所に記されている。

その一は『蜀書』先主伝から。

赤壁の戦い（二〇八）で曹操を破ると、劉備は自分に味方した劉表《りゆうひよう》の長子の劉琦《りゆうき》を上表して荊《けい》州刺史とする一方、荊州の南四郡を平定した。劉琦が死去すると荊州の牧となり、公安に治所を置いた。ここは荊州の要衝江陵の南、僅か三十キロに在る。孫権は次第に劉備を恐れるようになり、妹を劉備に縁付けて誼《よしみ》を固めた。劉備は京口を訪れ、二人は親密になった。この時、劉備が語った孫権の印象を、本伝所引『山陽公載記』は次のように述べている。

――劉備が〔京口から〕戻ると、左右の者に「孫車騎将軍は長上短下であって、人の下に付くのはむずかしい。私は彼と二度とは会うまい」と語った。

劉備の頭の中には「胴長短足は人の上に立つ骨柄《こつがら》であって、人の家臣にはなれない者である。同じ胴長短足の自分とは、将来必ず天下を争う間柄になる。これに近づくのは危険だ」という思いがあったに違いない。

その二は『呉書』呉主伝から。

二一四年、益州《えき》を占領した劉備と、荊州南四郡の返還を迫る孫権との間に紛争が生じた。折から曹操の漢中侵攻の報が届き、益州を失うのを恐れた劉備は、荊州を分割領有する案を提示して和解した。

この後（二一五）、孫権は合肥《がっぴ》を攻撃した。魏将張遼《ちょうりょう》・楽進《がくしん》・李典《りてん》は協力して、まず孫権軍の出鼻を挫いておいて籠城し、いっかな屈しない。諦めた孫権は帰還しようとした。兵士はすでに川を越え、津《わたしば》に残っていた孫権を張遼が襲った。あわやのところを淩統《りょうとう》・甘寧《かんねい》・陳武《ちんぶ》らの奮戦と谷利《こくり》の機転によって、辛《から》くも孫権は脱出した。

この時の戦いのことに触れている呉主伝注引『献《けん》帝春秋』は、また孫権の「長上短下」にも触れている。

——張遼は呉の降人に問うた。「今先、紫髯《あかひげ》の将軍で長上短下、馬をよく操り、弓が巧みな人がいたが、あれは誰か」。降人は「それは孫会稽《かいけい》（当時、孫権は会稽太守でもあった）でございます」と答えた。張遼は乱軍の中で楽進と遭遇し、「早く知っていれば急いで追いかけて、時に、矮小《わいしょう》な中国馬に乗っても胴長ゆえに見映《みば》えがした、というのが一因ではないだろうか。「長上短下」は、何故貴人の骨柄と思われていたのか。常人と異なる姿に畏怖の念を持つと同彼奴《きやつ》を捕えられたものを」と言い、軍を挙げて惜しみ嘆いた――。

ただし、どこかの国の短足肥満漢は「貴人」から程遠い。

劉備の長上短下は本伝にそれと思わせるような描写があり、また孫権は裴松之《はいしょうし》が引く『山陽公載記』と『献帝春秋』に記されていることはすでに記した。また、孫権の本伝には、献帝の使者として孫権を訪れた劉琬《りゅうえん》という人が若いころの彼を見て「形貌奇偉、骨體恆《つね》ならず、大器の表あり」と評した言葉が載せられている。

ところが曹操がどんな風貌だったかについては『魏書』武《ぶ》帝紀には何の記載もなく、裴松之の注にも引かれていない。ということは、曹操が王朝の事実上の始祖たるにふさわしい風貌を持っていなかったのを、陳寿《ちんじゅ》は暗示しているのではないか、と吉川幸次郎博士は推察しておられる（『三國志實録』）。

『魏書』には触れられていないが、『世説新語』容止篇は、曹操について次のような逸話を載せる。

――曹操が匈奴《きょうど》の使者を引見したことがある。すでに魏王になっていたが、自分は小柄だったので遠国の人を威圧出来ないと考え、堂々たる風采を持つ崔琰《さいえん》を王座に据え、その側《かたわら》に刀を執《と》って曹操は侍立した。

引見が終わった後、曹操は人をやって魏王の印象を訊ねさせた。すると匈奴の使者は「曹公は端正であるには違いない。しかし王座の側で侍立していた方こそ、英雄でした」と答えた。曹操はこれを聞くと刺客を放って使者を殺してしまった——。

これは自分の詭計を見破られたのを慚《は》じたからか、あるいはこれほどの眼力を持つ男を生かして敵国に帰すのを恐れたからか、どちらかだが、作り話めいているとはいえ、南北朝初期には曹操が小柄だったと見られていたことがわかる。

『魏書』夏侯淵《かこうえん》伝には「曹操は羌《きょう》族の使者を引見する際、黄河上流の羌族をことごとく降して勇名を謳われた夏侯淵の名をいつもちらつかせて、彼らを恐れさせた」という記事がある。これはもしかすると曹操は貧弱な体格だったので、猛将夏侯淵の名を借りて威《おど》したとも考えられる。

たとい始祖にふさわしい風貌であろうとなかろうと、彼はこんなことは気にすまい。曹操の気宇と器量は遥かに劉備や孫権を凌《しの》いでいた。

⑳人馬一体の愛情がここにある

——孫堅《そんけん》・劉備《りゅうび》・呂布《りょふ》・関羽《かんう》、的盧《てきろ》・赤兎馬《せきとば》

この項は日本の戦国時代の話から始める。

一五八四年（天正十二年）、長久手《ながくて》の戦いで戦死した羽柴秀吉《はしばひでよし》側の大将森武蔵守長可《もりむさしのかみながよし》の愛馬は百段《ひやくだん》という名の名馬だった。長可は徳川方の鉄砲足軽杉山源六《すぎやまげんろく》に狙撃されて落馬、ほとんど即死に近かった。すると主の死を怒ったのか、百段は敵陣に駆け入って兵卒どもを散々に蹴散らした。しばらくして自陣に戻ったが、僅かに槍疵《きず》二つしか負っていなかった。

一六一四年（慶長十九年）の大坂冬の陣、一六一五年の同夏の陣（元和《げんな》元年）には、長可の子の忠政《ただまさ》を乗せて百段は出陣した。この二年後に死んだが、忠政は百段のために美作《みまさか》に神社を建立してやった。

一五八六年（天正十四年）、秀吉の命を奉じて豊後《ぶんご》に進出、島津家久《しまづいえひさ》と戦った長曾我部元親《ちょうそかべもとちか》は、秀吉の軍監仙石権兵衛秀久《せんごくごんべえひでひさ》の拙い作戦のため、戸次川《べつき》の戦いで長子の信親《のぶちか》を失った。気落

ちした元親は愛馬内記黒《ないきぐろ》から下り、島津勢に突進しようとした。たまたま口取りが手綱を放した隙に、内記黒は逸走してしまった。

そこに家臣の十市新右衛門尉《といちしんえもんのじょう》が通りすがり、主の短慮を諫めてわが馬に乗せようとした。と、この時、内記黒が忽然《こつぜん》と現われた。新右衛門尉は「こは不思議、急ぎお落ち召されよ。命さえあらば合戦は幾度《いくたび》も出来ますするゆえに」と言い、元親を自陣に戻らせた。

長可の百段といい、この内記黒といい、自軍に戻って来たのを偶然として片付けるに忍びない話で、人間と馬との間に生まれた感情の交流がこれをもたらした、と思いたい。

『三国志』にも同じような挿話がある。

『呉書』孫堅伝に引く韋昭《いしょう》の『呉書』が記すのは、**孫堅**が黄巾の賊と戦った時のことである。一八四年二月、各地で一斉に蜂起した黄巾の賊徒は旬日の間に諸州を席捲した。漢朝は北中郎将盧植《ろしょく》に首謀者の張角《ちょうかく》を、左中郎将皇甫嵩《こうほすう》と右中郎将朱儁《しゅしゅん》に潁川《えいせん》郡の黄巾を攻撃させた。

この時、朱儁は上表して孫堅を佐軍司馬に任命した。孫堅は郷里の若者や、各地を渡り歩く屈強な商人、淮水《わいすい》・泗水《しすい》の精兵ら、計千余人を率いて参加した。孫堅は自ら陣頭に立って奮戦、向かう所敵無しと謳われた。後にその武勇は、あの董卓《とうたく》にさえ憚《はばか》られたくらいである。だが、このせいで重傷を負った。

――孫堅は勝ちに乗じて深入りし、西華（河南省西華県）において苦戦に陥《おちい》った。孫堅は手傷を負って馬から堕《お》ち、草叢《くさむら》の中に倒れ臥《ふ》したが、兵卒は散り散りになり、孫堅の所在を知らなかった。すると、孫堅が乗っていた驄馬《あしげ》が陣営に馳せ還り、足で地を掻いて嘶《いなな》いた。将士は馬についてゆき、草叢の中にいる孫堅を見つけた。孫堅は陣に戻り、十数日経《た》って少し傷が癒えると、また戦いに出た――。

『演義』に登場する**的盧**も有名である。的盧とは額から口にかけて白い毛が流れている馬のことで、身分の高下に関係なく、主《あるじ》を凶運に導いて死に至らしめる不吉な馬とされた。『演義』第三十四回では次のように記される。

――荊《けい》州の劉表《りゅうひょう》の許《もと》に身を寄せていた**劉備**は、ある時、賊徒の叛乱の鎮定に向かい、賊将の一人が乗る馬のすばらしさに感嘆した。趙雲《ちょううん》が賊将を斬ってその名馬を奪うと、劉備はこれを劉表に献上した。劉表の部下の蒯越《かいえつ》は、目の下の涙槽が大きく、額に白い点がある馬を的盧といい、主に祟《たた》る凶馬であると劉表に注意した。

劉表は的盧を劉備に返却した。劉備は荊州の幕僚の伊籍《いせき》から、的盧は凶馬であるという蒯越の言葉を伝え聞いていたが、「死ぬも生きるも運次第である」と言って、少しも気に留めなかった。ある日、劉備を殺そうとして蔡瑁《さいぼう》が宴会を開いて劉備を招いた。陰謀を伊籍から知らされて、劉備は的盧に鞭をくれて脱走する。前には檀渓《だんけい》と呼ばれる深い谷。劉備は「的盧よ的盧、汝《おまえ》はついに祟ったか」と叫んだ刹那、主の危機を察した的盧は一躍三丈（約七メートル）、みごとに檀渓を跳び越えた――。

これは作者羅《ら》貫中《かんちゅう》の創作で、後に蜀の皇帝となった劉備の福運は、凶馬的盧を主の生命を救う名馬に変えたと記している。もちろん的盧の名は正史にない。

『三国志』で最も有名な馬は**赤兎**であり、実在した。まず正史から。

丁原《ていげん》・董卓・王允《おういん》・袁術《えんじゅつ》・張楊《ちょうよう》・袁紹《えんしょう》と、**呂布**がたびたび主を換え、諸国を転々としたのは、その叛服常ない性格と、卓抜な武勇が警戒されたせいだった。丁原を斬って董卓に仕えたのが一八九年、張楊の許《もと》を去って袁紹を訪れたのが一九三年、僅か四年しか経たない。

袁紹に身を寄せた当時、幽《ゆう》州や冀《き》州北部には、黒山《こくざん》と呼ばれる賊の集団がおり、賊将の一人張燕《ちょうえん》と袁紹が対立していた。袁紹は呂布の協力を得て、常山《じょうざん》に進出した。張燕は一万の精兵と数千の騎兵を擁していた。呂布は赤兎という良馬を持っていた。この戦いで呂布は赤兎に乗って、親近する将軍成廉《せいれん》・魏越《ぎえつ》らとともに圧倒的な大軍の中に駆け入って、散々に張燕の軍を打ち破ったと、『魏書』呂布伝は人馬一体の活躍を記す。

だが、正史に赤兎の名が出るのはこの時だけである。本伝に引く『曹瞞伝《そうまん》』には、「当時の人々は『人中に呂布有り、馬中に赤兎有り』と語り合った」と記して、呂布の豪勇、赤兎の逸足がそれほど知られていたことを示している。呂布の死後、この名馬の運命がどうなったかについては触れていない。

では『演義』の描き方はどうか。

――呂布に痛い目に遭った董卓は、李粛《りしゆく》の進言に従って名馬赤兎馬（『演義』では赤兎馬）を呂布に与え、投降せよと促した（一八九）。赤兎馬に一目惚れした呂布は、丁原の首を手土産にして董卓に帰服、二人は父子の約を結んだ。

『演義』が描く赤兎馬は、全身は燃える炭のように赤く、頭から尾までの長さは一丈（約二・四メートル）、蹄から頭までの高さ八尺（約一九〇センチ）、高く嘶けば天にも昇り、海をも越えようという姿、一日に千里を往き、山河を越えるのも平地を行くと同然という駿馬《しゆんめ》である（第三回）。

一九八年、呂布が殺されると、曹操《そうそう》は**関羽**に赤兎馬を与えた。それまで種々の賜与があっても感情を表わさなかった関羽も、赤兎馬が与えられた時は「この馬さえあれば義兄の所に駆けつけられる」と喜びを満面にあふれさせ（第二十五回）、やがて五関に六将を斬って劉備と再会する（第二十六、二十七回）、
以来、関羽は赤兎馬に乗って戦場を疾駆したが、呉の呂蒙《りよもう》の詭計にかかって二一九年十二月、殺害された（第七十七、七十八回）。関羽の死後、関羽父子を捕えた馬忠《ばちゆう》に赤兎馬は与えられたが、赤兎馬は秣《まぐさ》を食《は》まず、間もなく死んでしまった（第七十七回）――。

仮に呂布に与えられた時の赤兎馬が三歳馬だったとすると、二一九年には三十三歳という古馬である。しかし冒頭に記した名馬百段の例があり、わが国の名競走馬シンザンが三十六歳まで生きた例もあり、強《あなが》ち羅貫中は荒唐無稽の筆を舞わせたとは言えまい。

付言すると、『演義』には他に赤兎馬と呼ばれた馬は二頭いる。一頭は南蛮の孟獲《もうかく》が乗る「捲《まき》毛《げ》」の赤兎馬（第八十七回）、もう一頭は孟獲の妻の祝融《しゆくゆう》夫人の乗る赤兎馬である。

赤兎馬に乗った呂布（左）と、討ちかかる劉備・関羽・張飛

戦乱の時代、高い戦闘能力を持つことが軍団には欠かせなかった。前漢の武《ぶ》帝が貳師《じし》将軍李広利《りこうり》を大苑（フェルガーナ）に派遣した（前一〇四）のは、血の汗を流して一日に千里を行くと称された汗血馬《かんけつ》を求めるためだった。

建国以来、前漢は北方の匈奴《きようど》が加える圧力に苦しんでいた。優秀な騎馬を擁する匈奴に対抗するには、同じく優秀な騎馬を以《もつ》てしなければならなかった。現在、トルクメニスタン共和国に棲息する馬は耐久力に優《すぐ》れ、且《か》つ勇敢だと言われる。

武帝が欲しがった汗血馬は恐らくこれだった。

　呂布の生地五原郡は、黄河が北に屈曲して、当時の河西の鮮卑《せんぴ》と接していた。赤兎は遠く大苑から、鮮卑の手を経て呂布の許《もと》にもたらされた汗血馬ではなかったか。

㉑ 人妻に惚れようと英雄は英雄

――関羽《かんう》

『演義』では、神として祀《まつ》られ、後には帝号まで追贈された関羽の名を避けて、必ず「関公」と表記する。中国では当人の前でその人の名はもちろん、その父祖の名を口にすることは大変な非礼とされた。そればかりか、同音の言葉まで避けなければならない。

李賀《りが》は鬼才を謳われた晩唐の詩人だったが、父の名が晋粛《しんしゅく》だったため、科挙の進士科の受験を担当官が許さなかった。晋と進は同音であり、父の名を犯すことになるからである。後漢では推挙の資格の一つ、「秀才」を「茂才」と称したのは、光武帝劉秀《りゅうしゅう》の名を避けたからだった。

⑮で記したが、君主が臣下の字《あざな》を呼ぶのは親しみを籠めた場合であり、臣下を敬っている場合は、孫権《そんけん》が張昭《ちょうしょう》を「張公」と呼び、張紘《ちょうこう》を「張東部」（張紘の官職が会稽東部都尉のころ）と呼んだように、臣下の姓の下に「公」や官職名を付けて呼んだ。

陳寿《ちんじゅ》が祖国の君主を『蜀書』の中では劉備《りゅうび》を先主、劉禅《りゅうぜん》を後主と称し、名を記さなかったのは右の理由からであり、これによって彼の旧主への思いを伝えようとした。

吉川英治の『三国志』では、たとえば降伏した関羽に対して、しばしば曹操《そうそう》が「羽将軍」と呼びかけているが、本来はこんな言い方はあり得ない。親しみを籠めるなら「雲長《うんちょう》」（関羽の字）、敬意を表して呼びかけるなら「関将軍」としなければならない。

『演義』の関羽の武勇の表現はみごとであり、吉川英治の関羽に至っては文武兼備の聖将（という言葉があるならばだが）のように描かれる。しかし『蜀書』関羽伝の彼は、もっと人間らしい。

関羽は河東郡解県から涿《たく》郡に亡命し、劉備を知って張飛《ちょうひ》とともに部下となる。彼らは牀《ベッド》を共にして寝《やす》み、恩愛は兄弟同様だったと記される。三人が率いた集団は、この時代、各地の無頼の若者が結成した任俠集団の一つで、互いの血を啜《すす》り合って兄弟の契りを結ぶ「桃園の義盟」があってもおかしくない気風を持っていた。

任俠の徒は自分の欲望にも忠実である。本伝に引く『蜀記』はこう記す。

――曹操は一九六年に身を寄せてきた劉備とともに呂布《りょふ》を下邳《かひ》に包囲した（一九八）。呂布は部下の秦宜禄《しんぎろく》を袁術《えんじゅつ》の許《もと》に派遣、救援を求めた。彼の妻の杜《と》氏は美貌で知られていて、関羽は彼女をぜひ妻にしたいと曹操に申し出た。城が落ちると、関羽はしばしば申し出を繰り返す。

曹操はそんなに美人なのかと思い、会って噂どおりだと知ると、そのまま自分のものにしてしまった。この事実は『魏氏春秋』が述べているのと異なっていない――。

だが『演義』は全く黙殺した。義気に富む関羽に似合わない逸話と思ったからである。この注は本伝の冒頭にあり、羅貫中《らかんちゅう》が見落とすはずはない。こうした配慮をする一方で、彼は『演義』の中でうっかり過誤《ミス》を二回も犯してしまった。

その一つ。劉備は益《えき》州を平定（二一四）すると、襄陽《じょうよう》太守・盪寇《とうこう》将軍として荊《けい》州を預かっていた関羽を董督《とうとく》荊州事（荊州総督）に任命した。関羽は馬超《ばちょう》が来降して、高位の平西将軍に任じられたと聞いて心穏やかでなく、諸葛亮《しょかつりょう》（孔明《こうめい》）に手紙を送り、彼はどの程度の人物なのかと問うた。

孔明は彼の負けず嫌いを知っていたので、「孟起《もうき》（馬超の字）は文武の才を兼ね備え、勇気は人に勝《まさ》る一世の英傑であり、前漢の名将黥布《げいふ》・彭越《ほうえつ》の徒《ともがら》である。益徳《えきとく》（張飛の字）と並んで先を争うべき人だが、なお髯《ひげ》殿の抜群の武勇には及ばない」と答え、その自尊心を巧みにくすぐった。関羽は手紙を読んで大喜びし、賓客たちに示した。

このため、他人の昇進を気にする関羽の狭量と、自らの武勇を誇らずにいられない単純な性格を際立たせてしまった。

その二つ。劉備が漢中王に登る（二一九）と、蜀平定で大功を挙げ、定軍山で夏侯淵《かこうえん》を斬った黄忠《こうちゅう》を後将軍に任じようとした。この時、関羽は前将軍、馬超は左将軍、張飛は右将軍に任じられ、いずれも黄忠と同格だった。

孔明はこの叙任に懸念を示した。「黄忠の名声と人望はもとより関・馬両将に及ばないのに今、同列にしようとする。馬・張二将は彼の功績を目《ま》のあたりにしているから、趣旨を理解させられようが、関将軍は遠くでこれを聞くと、恐らく悦《よろこ》ばないに違いない」と思ったからだった。

劉備は「私自ら彼に説明しよう」と言って叙任の使者費詩《ひし》を荊州に送った。案の定《じょう》、関羽は自分と黄忠が同列だと知ると「大丈夫《だいじょうふ》（一人前の男）たる私は絶対に老兵と同列にはならぬ」と怒って拝受しようとしない。

費詩は「そもそも王業を立てようとする人が任用するのは、一人だけではございません。昔、蕭何《しょうか》・曹参《そうしん》は漢の高《こう》祖（劉邦《りゅうほう》）と若いころから親しい間柄でしたが、後から陳平《ちんぺい》・韓信《かんしん》が敵方の項羽《こうう》の許《もと》から亡命してくると、この二人を蕭・曹の上位に据えました。だからといって蕭何・曹参がこれを恨んだとは聞いておりません。今回、漢中王は一時の功績によって漢升（黄忠の字）を崇《あが》めて高位に就けられましたが、王の心中の評価はどうして君侯《あなたさま》と等しいはずがありましょうか。それに王と君侯の間柄は譬《たと》えてみれば一体であって、喜びと憂い、禍福を共にされておられます。官号の高下や爵禄の多少を気になさるのは宜しくないと存じます。僕《やつがれ》は一介の使者、御命令を伝える者に過ぎません。君侯がお受けなさらないならばこのまま帰りますが、ただこの行為を残念に思い、後悔されることを恐れます」と言った。

さすがに関羽も悟るところがあり、印綬を受けた。この一件は『演義』第七十三回にそのまま用いられた。費詩は率直な物言いをする人で、劉備はこれを買って使者としたのであろう。

この逸話を用いたため、それまで理想的な武人として描かれてきた関羽像が脆《もろ》くも崩れ去ってしまった。

しかも『演義』では、二二〇年に死去した黄忠を、二二二年の劉備の呉東征に参加したように脚色し、関羽を捕えた呉将潘璋《はんしょう》を見た彼が、「今日こそ関公の仇を討つ」と思わず深入りし、矢傷を負って戦死した（第八十三回）ことにしているため、関羽の器量の小ささがなおさら際立ってしまった。

将軍としての関羽の能力に疑問を持つ声は蜀の内部でも囁かれていた。廖立《りょうりゅう》は自分の処遇に不満を持ち、劉備や臣下たちの行動を批判したため譴責《けんせき》された人で、彼は関羽についてこう言っている（『蜀書』廖立伝）。

——関羽は剛勇と名声を恃《たの》んで軍の進退に規範がなく、ただ気の向くままに突進するだけだったゆえ、前後にわたってしばしば軍勢を喪《うしな》ってしまった——。

二一九年八月、関羽は突如北上して樊《はん》城の曹仁《そうじん》を攻撃した。彼はこの時、潘濬《はんしゅん》を荊州治中とし、麋芳《びほう》を江陵に、士仁《しじん》を公安に駐《とど》めて呉への備えとした。曹仁の救援に駆けつけた于禁《うきん》と三万の兵を擒《とりこ》にした関羽は、その糧食を賄うため、湘関《しょうかん》に保管されていた呉の糧秣を無断で奪い、孫権の怒りを買う。

勝ちに驕《おご》った関羽は、司馬懿《しばい》・蔣済《しょうせい》の献言を納《い》れた曹操と、孫権・呂蒙《りょもう》・陸遜《りくそん》主従との間で交わされた密約に気づかなかった。十月、呂蒙が江陵・公安を襲撃、麋芳・士仁らは日ごろ関羽に軽侮されていたため、たちまち開城してしまった。

腹背に敵を受けては、いかな関羽とて手の施しようがない。樊城の囲みを解いて南下する途中、兵士は次々に逃亡した。関羽は当陽の西の麦城《ばく》に立て籠もり、孫権の降伏勧告に従うふりをして脱出したが、あらかじめ退路を遮断していた朱然《しゅぜん》・潘璋の兵に漳郷《しょうきょう》で遭遇し、潘璋の部下馬忠《ばちゅう》に父子ともども捕えられ、臨沮《りんそ》において殺害された(㉘地図参照)。麦城から脱出する時、従う者は十数騎しかいなかったと、『呉書』孫権伝は記す。

『演義』では孔明の兄の諸葛瑾《しょかつきん》が降伏を勧告したが、これに対して関羽は毅然として「城が落ちれば死ぬだけのこと」と拒んだと脚色している(第七十六回)。

関羽の樊城攻撃はあまりに唐突な作戦だった。『演義』では、曹操が孫権と結んで荊州を攻撃する動きがあるのを知って、劉備が孔明と相談し、先手を打って関羽に曹仁を攻撃させたとあるが(第七十三回)、二一九年(建安二十四年)の項には『魏書』『蜀書』『呉書』のどこを見ても、こんな動きは記されてなく、羅貫中の創作である。

関羽の出兵はもちろん劉備の了解を得た上でのことであろうが、これに踏みきったのは、同僚諸将の活躍を指を咥《くわ》えて見ていられず、功を焦ったためである。彼にもし戦略眼があったなら、二一一年の益州入り以来満九年、兵力の損耗《そんこう》や莫大な戦費の費消を考慮して躊躇《ちゅうちょ》したに違いない。この点で、彼は廖立の言うように、思慮単純な猪武者だった。

関羽（左）は樊城で徐晃と戦う

陳寿は伝末の評で、「関羽・張飛は『万人の敵』と称讃され、共に国士の風格があったが、関羽は剛情で自尊心が強く、張飛は粗暴で情がなく、その欠点で身の破滅を招いたのは、道理から言って当然である」と述べる。しかし理想的な武人として彼を描く『演義』は、一切《いっさい》これに触れていない。

だが、筆者は美しい人妻に惚れた関羽にむしろ人間味を感じ、『演義』が描く人物像よりもこちらに親しみを持つ。

㉒同時代の人の評価は今より低い

——趙雲《ちょううん》

『蜀書』第六は関羽《かんう》・張飛《ちょうひ》・馬超《ばちょう》・黄忠《こうちゅう》と趙雲の、五人の武将の伝が収められている。劉《りゅう》備《び》は群臣から勧められて二一九年、漢中王の位に即《つ》き、劉禅《りゅうぜん》を太子と定めた。『演義』では、この時に右の五人を「五虎大将」として寵遇を与えたと記す（第七十三回）が、これは小説上のことで、正史にこういった記述はない。

『演義』では五人を平等に扱っているが、『蜀書』を見る限り、趙雲は他の四人に較べて常に低い官位にとどめられている。以下、それを列記する。

二〇八年、劉備は孫権《そんけん》と結んで曹操《そうそう》の大軍を赤壁で破り、勝ちに乗じて翌年には荊《けい》州南四郡を手中にした。そして元勲の功労に報いるため、彼は関羽を襄陽《じょうよう》太守・盪寇《とうこう》将軍に、張飛を宜都《ぎと》太守・征虜将軍とし、新亭侯に封じた（関羽はすでに曹操から漢寿亭侯に封じられていた）。

初め、趙雲は義勇兵を率いて幽《ゆう》州の公孫瓚《こうそんさん》の部下となり、ここで劉備と知り合って、深くその人柄に魅せられた。公孫瓚頼むに足らずと判断した彼は、兄の喪《も》に服する機会に幽州を去り、二〇〇年、袁紹《えんしょう》に身を寄せていた劉備を訪れて、その部下となった。

そして曹操が荊州に侵攻すると、趙雲は当陽の長坂《ちょうはん》の乱軍の中から劉禅とその母の甘《かん》夫人を救出した。救出に向かう趙雲の姿を見た人が「逃亡した」と言うと、劉備はその人に手戟を投げつけて「子龍《しりょう》（趙雲の字《あざな》）が私を棄てるはずはない」と叱りつけ、信頼は揺らがなかった（本伝所引『趙雲別伝』）。

が、その後、趙雲が任じられたのは、関・張の将軍号と同じ五品の品秩《ひんちつ》ながら、「その他大勢」的な観がある牙門《がもん》将軍だった。

二一四年、劉備が益《えき》州を平定すると、関羽は董督《とうとく》荊州事（荊州総督）を加えられ、張飛は領巴西《はせい》太守となった。また同時に、諸葛亮《しょかつりょう》（孔明《こうめい》）・法正《ほうせい》・関羽・張飛には、各々金五百斤・銀千斤・銭五千万・錦千疋が与えられたが、趙雲は翊《よく》軍将軍を与えられたに過ぎない。

劉備が漢中王に即くと、関羽は前将軍・仮節鉞《せつえつ》、張飛は右将軍・仮節、馬超は左将軍・仮節、黄忠は後将軍・関内《かんだい》侯に昇進した（㉑参照）。彼らが揃って同格の将軍に昇進したのに、趙雲はそのままになっている。

馬超は涼《りょう》州の名門の子弟であり、その猛勇は天下に轟《とどろ》き、彼が劉備軍に参加したと聞くと、劉璋《りゅうしょう》は余力を残しながらたちまち降伏した。また二〇八年に劉備に降伏した黄忠は、益州戦では先登になって奮戦、「勇毅《ゆうき》、三軍に冠たり」と謳われ、また二一九年正月、定軍山において魏の宿将夏侯淵《かこうえん》を斬る大功があった（㉑参照）。

が、趙雲とて、彼らに劣らぬ大功があった。米倉山の軍糧焼討ちに向かった黄忠が刻限を過ぎて戻らないのを数十騎を率いて偵察に行った趙雲は、敵の先鋒と遭遇してこれと戦う間、駆けつけて来た魏の大軍に包囲された。趙雲は怯《ひる》むどころか、果敢に包囲する魏軍の中に突進して部下を救出し、さらに追って来て陣営を包囲した魏軍に対して、営門を開き、鳴りをひそめて反撃の機を窺った。

曹操が伏兵を懸念して兵を返そうとするや、趙雲は雷《いかづち》の如く太鼓を鳴らし、弩《いしゆみ》を発射して打って出た。魏軍はたちまち潰《つい》え、漢水に落ちて死ぬ者は無数だった。翌日、戦場を視察した劉備は「子龍の一身、都《すべ》て是《これ》膽なり」と感嘆、軍中の兵士は彼を虎威将軍と号した（本伝所引『趙雲別伝』）。

それなのに行賞がなかった。

二二一年、劉備は帝位に即き、張飛は車騎将軍（二品）・領司隷《しれい》校尉となり、西郷侯に進封した。馬超は驃騎《ひょうき》将軍・領涼《りょう》州牧となり、斄郷《りきょう》侯に進封した。関羽は二一九年に敗死、黄忠は二二〇年に病死したが、趙雲は健在である。だが、今回も昇進がなかった。

昇進があったのは二二三年、劉備が亡くなって劉禅が立った時である。趙雲は中護軍・征南

定軍山で黄忠は夏侯淵を斬る。左上は趙雲

将軍（二品）に任じられ、ここで初めて永昌亭侯に封じられた。そして後に鎮東将軍に遷った。これも不可解である。車騎・驃騎、そして四征（征東・征南・征西・征北）将軍の位は三公に次ぐが、鎮東（四鎮将軍の一つ）は四征に次ぐものとされ、降等である。その理由は本伝にない。

二二八年、諸葛亮（孔明）の第一次北伐が行なわれた。めざしたのは祁山《きざん》だったが、孔明は趙雲・鄧芝《とうし》を擬兵《ぎへい》として斜谷《やこく》道に向かわせ、敵の兵力の分散を図った。祁山に進もうとした本隊は、馬謖《ばしょく》の拙劣な用兵のため、街亭で張郃《ちょうこう》に大敗、趙雲らは曹真《そうしん》の大兵の前に、箕谷《きこく》において敗れた。しかしよく兵をまとめて大敗には至らなかった。撤退後、趙雲は鎮軍将軍に位を貶《おと》された。本伝に引く『趙雲別伝』によれば、撤退の際、趙雲は自ら殿軍《しんがり》を買って出、軍資もほとんど失わず、兵をまとめて無事帰還したとあり、孔明も大いに感心したという。それならば降等されるはずはないのだが。

趙雲の「不運」は彼の死後にもつづく。姜維《きょうい》・廖化《りょうか》・宗預《そうよ》・張翼《ちょうよく》を除いてはめぼしい将軍がいなくなった蜀は、宦官黄皓《こうこう》の政治への容喙《くちだし》もあって、滅亡の途《みち》を辿《たど》る一方だった。人心を鼓舞する意図であろう、二五九年、関羽に壮繆《そうぼく》侯、張飛に桓《かん》侯、馬超に威《い》侯、龐統《ほうとう》に靖《せい》侯、法正に翼《よく》侯、黄忠に剛《ごう》侯と追謚《ついし》した。ここでも趙雲の名はなく、翌二六〇年になって順平《じゅんぺい》侯と追謚された。

何故、趙雲はいつも同巻の四人より官位を低く抑えられているのか。これも『三国志』が持つ謎の一つである。どこかに謎を解く鍵はないかと趙雲伝を読む間に、ここに引く裴松之《はいしょうし》の注はすべて『〔趙〕雲別伝』に限られていることに気づいた。これは家伝、つまり子孫が先祖の業績を書き記したものに基づいている。ただし、これが書かれた時代もわからなければ、書いた子孫の名も伝わらない。それは措《お》いて、ここに記される趙雲の事績をまとめてみた。

㈠趙雲の来附を喜ぶ公孫瓚に対して「私たちは仁政を布く者に従うだけ」とはっきり答えた。
㈡袁紹に身を寄せた劉備を訪れると、彼は趙雲の来附を大いに喜んで、同じ床《ゆか》で眠るほどの信愛ぶりだった。
㈢当陽長坂《ちょうはん》の戦いの時、趙雲が劉禅を救おうと乱軍の中に駆け入った姿を見た人が、彼は降伏したと告げると、劉備はその人に手戟を投げつけて「子龍は私を棄てて逃げはせぬ」と怒った。

㈣太守として桂陽に赴任した趙雲に、前太守趙範《ちょうはん》は未亡人となった美人の嫂《あによめ》を縁付けようとしたが、趙雲は固辞した。

㈤これより先、夏侯惇《かこうとん》と博望《はくぼう》で戦った折、趙雲は同郷の夏侯蘭《かこうらん》を捕え、法律に詳しい彼を劉備に推薦して軍正にした。しかし趙雲は自分から夏侯蘭に接近しなかった。

㈥厳格な趙雲を買った劉備は、嫁《とつ》いできた孫権の妹と側近たちの勝手な行ないを取り締まらせた。

㈦孫・劉の関係が悪化すると、孫夫人は劉禅を連れ出して、兄孫権の迎えの船で帰ろうとした。趙雲は張飛とともにこれを追い、江上で無事、劉禅を救い出した。

㈧益州の陥落後、成都の屋舎や城外の桑田を諸将に分与しようという案が出た。趙雲がそれらを民衆に返還して安心させるべしと主張すると、劉備はこの意見に従った。

㈨黄忠の兵の救援に向かった趙雲は、重囲の中から部下を助け出し、陣に戻ると追って来た曹操軍を前に静まり返り、虚を衝《つ》いて突出、多くの敵を漢水で溺死させた。翌朝、戦場を視察した劉備から「子龍の一身はすべて胆だ」と激賞され、軍中は趙雲を「虎威将軍」と呼んだ。

㈩劉備が関羽の復讐のため、征呉の軍を興《おこ》そうとすると「国賊は曹操であって孫権ではない」と言い、独り反対した。

⑾街亭で蜀軍が大敗した時、趙雲と鄧芝の別軍は箕谷にいた。本軍の敗れたのを知ると、趙雲

は自ら殿軍を務め、軍資もほとんど失わず、兵士もばらばらにならずに帰還出来た。
㈢敗戦の時、放棄しないで済んだ絹を、孔明が趙雲の兵に与えようとすると、趙雲は「敗戦の身に賞賜はいただけない。それより、十月を待って冬仕度の品として更《あらた》めて賜りたい」と辞退、この言葉に孔明は深い感銘を受けた。

『雲別伝』の右の記事は、㈠を除いてすべて『演義』に用いられた。武将として、また人間として、間然するところない趙雲像とその高い人気はこれに負うものである。

しかし、こうした趙雲像に疑問を持つ人もいた。清《しん》の史学者何焯《かしゃく》は、趙雲が箕谷から帰還して降格されたことに関連して、次のように言う。

――諸葛亮の賞罰は厳格であって、降格された趙雲に対して、どうして濫《みだ》りに賜与しようか。そんなことをやらないのは明らかである。別伝の類《たぐい》は皆、子孫の溢美《いつび》（褒め過ぎ）の言を載せるものであって、だから承祚《しょうそ》（陳寿の字）は本伝に採用しなかったのである――。

言われてみれば確かにそのとおりで、「子孫溢美の言」をそっくり羅貫中《らかんちゅう》が用いた結果、現在の『三国志』ファンの趙雲像が出来あがった。同時代の人の評価が今一つ低かったのは、同巻の四人より追諡が一年遅れだったことからも窺える。しかし、たといどうあろうと筆者は趙雲が好きで、彼を「五虎将軍」の一人に加えた羅貫中を支持する。

㉓曹操《そうそう》を袋詰めにしようとしたために ——馬超《ばちょう》

馬超は生涯、肉親の縁が薄かった人である。父馬騰《ばとう》は韓遂《かんすい》と結んで三輔《さんほ》（京兆尹《けいちょういん》・左馮翊《さひょうよく》・右扶風《ゆうふふう》）を攻撃した（一八七）。これは黄巾の乱が始まり（一八四）、長安近郊が乱れている虚を衝《つ》いたものだった。彼らは初め、異姓兄弟の縁を結ぶくらい親密な間柄だったが、やがて領土をめぐって反目し、韓遂は馬騰の妻子を殺害した。

両者は曹操の仲介でいったんは和睦（一九七）したもののまた不和となった。争いに疲れた馬騰は衛尉として徴《め》し出された機会（二〇八）に、その子馬休《ばきゅう》・馬鉄《ばてつ》とともに都に行き、宿衛の任に就いた。そして馬超だけが父の軍兵を率いて槐里《かいり》に駐留する。

二一一年、曹操は鍾繇《しょうよう》・夏侯淵《かこうえん》らを派遣、漢中の張魯《ちょうろ》を討伐させようとした。これを知った関中（甘粛省）の諸将は、鍾繇らは自分たちを討つつもりかと疑心を抱いた。馬超は韓遂・楊秋《ようしゅう》・李堪《りかん》ら「関中十部」と呼ばれる大小の諸軍閥と連合し、潼関《とうかん》に軍を進めた。曹操は自ら征討に向かったが、精悍な関中の兵に敗れ、許褚《きよちよ》の奮戦がなければ危うく命を奪われるところだった。

曹操は謀臣賈詡《かく》の計を用いて馬超と韓遂を離間させ、その虚を衝いて大勝した。馬超は遠く涼州《りよう》に逃走する。翌二一二年五月、鄴《ぎよう》に戻った曹操は馬騰・馬休・馬鉄を誅殺した。馬超は父や弟たちが、いわば人質同様になっているのを顧慮しなかったため、この惨禍を招いてしまった。

馬超の悲運はまだつづく。

彼は涼州の異民族を手なづけて味方とし、冀《き》城の涼州刺史韋康《いこう》を殺害した。しかし韋康の旧部下楊阜《ようふ》・趙昂《ちようこう》らは仲間と語らって二一三年九月、一斉に叛旗を飜《ひるがえ》し、城内にいた馬超の妻子を殺害した。一年の間に馬超は父と弟たち、そして妻と子までを失ってしまった。

この後、馬超は漢中の張魯を頼ったが、張魯の部下たちに嫉《そね》まれて命を狙われたため、二一四年五月、劉璋《りゆうしよう》を成都に囲んでいる劉備《りゆうび》に身を投じた。馬超来たると聞き、劉璋はその猛勇を恐れて、十日も経《へ》ないで開城した。

本伝に引く『典略』によると、馬超が蜀に入った時、庶妻（妾）の董《とう》氏と、その間に生まれた子の馬秋《ばしゆう》を張魯の許《もと》に預け置いたままだった。二一五年、曹操が張魯を降すと、曹操は彼らを捕え、閻甫《えんほ》に董氏を与えた。これは張魯を王位に即《つ》けようとする動きを制したことに対する褒賞である。馬秋は張魯に与えられたが、酷《むご》いことに張魯は自ら手を下して彼を殺害した。馬超がどうして二人を引き連れて蜀に入らなかったのか、先年、父の馬騰や弟たちを殺された例もあったのに、迂闊《うかつ》な話である。

さらに『典略』は、僅か三年の間に次々に身内を失った馬超の悲痛な声を記している。

——庶妻（妾の董氏）の弟の董种《とうちゆう》は元旦（二一五？）、年賀に馬超を訪れた。すると馬超は胸を叩き血を吐いて「闔門《こうもん》（一族すべて）百人、一日にして同じく命を奪われてしまったのに、どうして二人で祝えようか」——。

『典略』の記事を『演義』は用いていない。用いれば蜀の名将馬超の浅慮があからさまになってしまう、と羅貫中《らかんちゆう》は考えたのであろう。

劉備が帝位に即く（二二一）と、彼は驃騎《ひようき》将軍・領涼州牧となり、斄郷《りきよう》侯に進封した。しかし馬超は入蜀後、漢中出兵を除いては、これという活躍も見せぬまま、二二二年、四十七歳で病死した。

『演義』はどうしたことか、この勇将の死を直接記さない。諸葛亮《しよかつりよう》（孔明《こうめい》）の第一次北伐（二二八）の時、従軍を熱望する趙雲《ちよううん》との会話の中で「南征（二二五）後の馬超の死」に触れ（第九十一回）、沔陽《べんよう》を通過する時、従弟の馬岱《ばたい》に命じて墓に詣《もう》でて祀《まつ》らせた（第九十二回）とあるだけで、読者に唐突の思いを抱かせる。馬超は劉備の死（二二三）に先んじて死去しており、したがって南征の際、陽平関を守って魏の侵攻に備えたというのは小説上のことだった。

馬超の上疏《じようそ》は悲痛である。

――臣の門宗（一門宗族）二百余人は孟徳《もうとく》（曹操の字《あざな》）に誅殺されてほとんど尽きてしまい、ただ従弟の馬岱を残すのみでございます。私めの家の祭祀を継ぐべき者として、深く陛下にお託し致したいと存じます。ほかに申し上げることはございません――。

というものだった。

本題に入る。

文武を問わず才能ある者を優遇してよく用いた曹操だったが、馬超に対しては冷酷だった。上述のように関中から兵を還すと、都にいた馬騰一族を皆殺しにして容赦しなかった（二一二）。かつて曹操はわが子曹昂《そうこう》を殺した（一九七）張繡《ちようしゆう》の再度の降伏を許し、あの叛服常《つね》ない呂布《りよふ》でさえも、劉備《りゆうび》の反対がなければあるいは用いたかも知れないのに。

曹操の憎悪はどこから来たのだろうか。最大のヒントは馬超との「単馬会語」にある。これは両軍の将がそれぞれ自軍の兵を百歩余り（約一五〇メートル）退けた上で、従者を連れて騎乗のまま語り合うことで、「交馬語」ともいう。

『魏書』武《ぶ》帝紀にも『蜀書』馬超伝にも記されていないが、『太平御覧《ぎよらん》』巻七百四に引く『江表伝』は次のような逸話を載せる。

――魏の太祖（曹操）は馬超と単馬会語した。馬超は力の強さに自信があって、かつて六斛《こく》（日本の六斗。重さ約一一〇キロ）入りの米袋を携《ひっさ》げて東西に馬を走らせたことがある。会見の時、この米袋を提げて太祖の体重を推し量《はか》った。米袋を提げている理由《わけ》を知ると、太祖は「もう少しで彼奴《きゃつ》にしてやられるところだった」と言った――。

潼関で曹操を迎え撃つ馬超（右）の雄姿

これは馬超伝と『魏書』許褚伝を参照すると、潼関で両軍が対峙した時のことである。二伝を併せると、次のような経緯となる。

――馬超が韓遂・楊秋・李堪・成宜《せいぎ》らと合従《がっしょう》して潼関に兵を進めた。曹操は馬超や韓遂とそれぞれ単馬会語したが、許褚だけは随従させた。馬超は力に自信があったので、突進して曹操に突きかかろうと、ひそかに考えていた。しかし、曹操の従騎が目に止まり、かねてから武勇を知られている許褚ではないかと疑って「公《あなた》には虎侯なる者がいると聞くが、今どこにおられるか」と問うた。

曹操は振りかえって許褚を指さした。許褚は目を瞋《いか》らせて馬超を睨みつける。この様子を見て馬超は敢えて動こうとしなかった。許褚の猛勇は虎のようであり、雄壮な容貌を持ちながら日常は癡《ち》（痴）、つまりぼうっとしていたことから、軍中では彼を「虎癡《こち》」と呼んでいた。まさか当人の前で「虎癡」呼ばわりはできない、だから馬超も、「虎侯」と呼んだのである。陳寿《ちんじゅ》の時代になっても天下の人々は彼を讃えており、ついには「虎癡」が彼の姓名だと思い込んでいる――。

『太平御覧』の前述の逸話はこの時のことである。曹操の袋詰めを馬超が諦めたのは、許褚が側《かたわら》に控えていたからだった。

小説的な想像をするならば、曹操は米袋に押し込められてもがく己《おのれ》の屈辱的な姿を思い描いて、「馬超憎し」の感情を募らせたであろう。とすれば、馬騰父子に対する厳しい処断も無理からぬことだ。

曹操が馬超を恐れることは甚だしかった。馬超伝に引く『山陽公載記』は、曹操軍の輜重《しちょう》輸送の弱点を見破った馬超が、渭水《いすい》の北方で戦うべしと韓遂に進言したのを知ると、曹操は「馬兒死せずんば我が葬地なし」と言ったと伝える。

㉔「内緒のお話」がいつの間にか知れて

——諸葛亮《しよかつりよう》・劉琦《りゆうき》

陳寿《ちんじゆ》の『三国志』は確実な事実だけを記そうという姿勢に徹していて、そのために時には簡略に過ぎる場合がある。その一方で、

講釈師　見てきたような　嘘を言い

ではないか、と思わせられる記述がある。次項の司馬徽《しばき》と龐統《ほうとう》が木の上と下で一日中談論したというのは、その一例である。

本項では、他人に知られるはずのない話が、何故か諸葛亮（孔明《こうめい》）伝に載せられ、歴史的事実になってしまった不思議さを記す。

董承《とうしよう》たちの曹操《そうそう》暗殺計画に加担した劉備《りゆうび》は計画の発覚を恐れ、袁術《えんじゆつ》討伐を命じられたのを機に、許《きよ》を脱出して徐州《じよ》で独立した（一九九）。程なく彼らの陰謀は発覚、曹操は自ら劉備を攻撃して関羽《かんう》を擒《とりこ》にし、劉備は逃げて袁紹《えんしよう》に身を寄せた（二〇〇）。しかし袁紹は官渡で大敗

し、翌年、再び劉備は曹操に破られ、今度は荊州《けい》の劉表《りゆうひよう》を頼って落ち延びた。

荊州で二〇八年まで、劉備はそれまでとはうって変わった平穏な日々を送る。とはいえ、梟《きよう》雄《ゆう》劉備を警戒する劉表の家臣団の目もあって、必ずしも居心地はよくなかったが。劉表は曹操にも袁紹にも味方せず、モンロー主義（米国の第五代大統領モンローが採った相互不干渉主義）を貫いた。自らも学者だった劉表の許《もと》には、戦乱を避けて各地の学者が避難してきて、古文経学の中心として繁栄した。

しかしその一方では、劉表の二人の子劉琦と劉琮《りゆうそう》の間で熾烈《しれつ》な後継者争いの暗闘があり、重臣たちも二派に分かれて争っていた。劉琦の弟の劉琮は、劉表と後妻の蔡《さい》氏の間に生まれた子である。蔡氏の兄の蔡瑁《さいぼう》は当然のことながら劉琮を支持し、また蔡瑁の伯母と太尉張温《ちようおん》との間に生まれた張允《ちよういん》も、蔡氏に繋がる縁で劉琮を支持した。

不安を感じた劉琦はたびたび孔明を訪れては相談したが、その都度《つど》断られた。孔明の岳父《がくふ》（妻の父）黄承彦《こうしようげん》は蔡氏の姉を娶《めと》っており、劉表の義兄になる。劉琦が孔明を頼ったのは、彼とは義理の従兄弟に当たり、その才能を知っていたからだった。だが、孔明がこの問題に深入りしなかったのは、権力闘争の渦《うず》に巻き込まれないよう警戒したためである。

『蜀書』諸葛亮伝は次のように記す。

——劉表の長男劉琦もまた深く孔明の才能を買っていた。劉表や義母の愛が弟に傾くのを恐れた劉琦は、ある日、孔明と裏庭を逍遙し、共に高楼に登って宴を開いた。その間に人に命じて梯子《はしご》を取り外《はず》させて言った。

「今日は、上は天に至らず、下は地に届かない場所におります。子《あなた》の口から出たお言葉は私の耳に入るだけです。身を守るための良策をどうかお教えいただきたい」。

楼上で劉琦に秘策を授ける孔明（右）

そこで孔明は、「君は申生《しんせい》が内に在って危うく、重耳《ちょうじ》が外に在って安全だったのを御存じではありませんか」と短く答えた。

劉琦は心中でその意味を悟り、ひそかに都を離れる計画を練った。折しも江夏《こうか》を守る黄祖《こうそ》が孫権《そんけん》に殺された事件があった（二〇八）。劉琦は願い出て江夏太守として赴任した——。

申生は春秋時代の晋の太子だったが、驪姫《りき》（父の愛妾）に讒言《ざんげん》されて縊死《いし》した。弟の重耳はこれを見て国外に脱出、父の献公《けんこう》が死去すると国に戻り、後に覇者となった。これが晋の文公である。この例を引いて孔明は骨肉の間の争いを避けさせた。

「今日上は天に至らず、下は地に至らず。言《げん》、子《きみ》の口を出づるも吾《われ》に入るのみ」なのに、どうしてこれが世に伝わったのだろうか。『三国志』のどこにも記されていないが、この事件を孔明か劉琦のどちらかが人に語ったのだろうか。

あるいは劉琦の江夏赴任が結果として身の安全をもたらしたのは、必ず孔明の示唆《しさ》があったに違いないと世人が取り沙汰《ざた》したのを、陳寿がそのまま事実として記したのか。

二〇八年七月、曹操は荊州侵攻の兵を発したが、到着する前に劉表は病死した。劉表病むと聞き、劉琦は父を見舞おうとしたが、蔡瑁・張允は、江夏鎮撫の重大任務を棄ててやって来ては、かえって父の病を重くするものだと言って会わせなかった、と『魏書』劉表伝所引『典略』は記す。

劉琮は重臣蒯越《かいえつ》・韓嵩《かんすう》・傅巽《ふそん》らの勧めに従って、一戦も交えないまま降伏した。樊城《はん》にいた劉備は迂闊《うかつ》にも曹操軍の荊州侵攻を知らず、軍が宛《えん》に到着して初めてこれを知り、慌てて江陵めざして遁走した。これを追う曹軍相手に張飛《ちょうひ》・趙雲《ちょううん》が奮戦し、辛《から》くも危機を脱したのが、当陽長坂の戦いだった。

劉備・孔明・張飛・趙雲たちは漢津《かんしん》に向かい、関羽の水軍と出会って辛《かろ》うじて漢水を渡った。劉琦は荊州の変事を知って一万の兵を率いて江夏より遡上、劉備らと漢津で出会い、ひとまず夏口《かこう》に駐屯した。

この後、劉備は孫権と協力して赤壁において曹操軍に快勝、翌二〇九年には荊州の南四郡、すなわち武陵・長沙《ちようさ》・桂陽《けいよう》・零陵《れいりよう》を征討して、すべて手中に収めた。劉備が上表して荊州刺史とした劉琦はこの年に病死、群臣は劉備を推して荊州の牧とし、公安に州都を置いた。劉琦の死は劉備にとっては好都合だった。『蜀書』を含めて『三国志』のどこにも触れていないが、あるいは劉備主従の間で、荊州統治の上で邪魔になる劉琦殺害の陰謀があったのかも知れない。

なお、『演義』は曹操の「姦悪」を強調するために、荊州占領後、劉琮を青州刺史に任じておいて、于禁《うきん》に命じて蔡夫人ともども殺害したとあるが（第四十一回）、これは小説上のことである。

㉕何も木の上と下で語り合わなくても

――司馬徽《しばき》・龐統《ほうとう》

司馬徽は字《あざな》を徳操《とくそう》といい、潁川《えいせん》郡陽翟《ようてき》の人で、人物の鑑識《かんしき》に優《すぐ》れていた。荊《けい》州に住んだが、州牧の劉表《りゅうひょう》は暗愚で、必ず才能ある人を忌み嫌って殺すに違いないと警戒して、時事について口を閉ざして語ろうとしなかった。

人物批評を請《こ》われても、才能の高下に触れず、ただ「佳《よし》」と言うだけだった。その妻が「人さまに質問されたならば、それにお答えになられるべきですのに、『佳』とだけおっしゃるのはあんまりでございましょう」と諫めると、司馬徽は「君の言うこともまた『佳』だ」と言った。

ただ、風貌は見映《みば》えがしなかったらしい。ある日、劉表の子の劉琮《りゅうそう》は司馬徽に見《まみ》えようと思い、一足先に側近を送って在宅しているかどうか訊ねさせた。田を鋤《す》いている男を見かけて側近が問いかけると、その男は「私が徳操です」と答えた。側近は彼の醜陋《しゅうろう》（醜くて陋《いや》しい）

な風貌を見ると、「死傭《しよう》（くたばりぞこない）め、劉将軍やわれわれは司馬君にお会いしたいのだ。汝《おまえ》如き奴が何で自分だと吐《ぬか》すのか」と毒づいた。

その男は家に戻って髪を刈り、幘《づきん》を著《つ》けて再び出て来た。先の様子とは一変しているのに側近たちは驚いた。やって来た劉琮が叩頭《こうとう》して無礼を詫びると、司馬徽は「いやいや、気にされるな、私は自ら田を耕しているところを見られて大変恥ずかしい。これを知るのはただ卿《あなた》だけだ」と少しも気にしなかった。

士大夫《したいふ》が労働するのは好ましいものではないとする風潮が魏晋南北朝を通じてあった。劉琮の側近の無礼も自分の耕作も、あまり褒められることではない、お互いさまではないか、と司馬徽は彼を慰めたのである。

「司馬徽は奇士である」と人に勧められて会見したが劉表はその才能を見抜けず、「単なる一書生に過ぎぬ」と言って、愚者を装う司馬徽を用いなかった。その点、さすがに曹操《そうそう》は彼とは異なっていた。二〇八年、荊州に侵攻すると、早速司馬徽を登用しようとしたが、司馬徽が病死したため果たせなかった。

龐統は字を士元《しげん》といい、襄陽《じようよう》の人。若いころは樸鈍《ぼくどん》（飾りけがなく鈍い）だったため、世間の人から評価されていなかった。『演義』はこの表現を利用して、龐統を「濃く太い眉にひしゃげた鼻、黒い顔に短い髯《ひげ》の不様《ぶざま》な男」に仕立て上げた。魯粛《ろしゆく》は周瑜《しゆうゆ》の後任として龐統を孫《そん》権《けん》に推薦したが、孫権は美丈夫《びじょうふ》周瑜とはあまりに懸け離れた龐統の風貌を見て、重用しなかった（第五十七回）と脚色している。

　龐統は二十歳の時（一九八）、司馬徽に会いに行った。龐統は襄陽で名声があった龐徳公《ほうとくこう》の従子《おい》で、『蜀書』龐統伝に引く『襄陽記』によると、徳公は「諸葛孔明《しょかつこうめい》は臥龍《がりょう》、龐士元は鳳雛《ほうすう》、司馬徳操は水鏡」と評している。「水鏡」とは「物事の真状を見抜いて人の模範となる者」のことである。

　龐統が訪ねると、司馬徽は桑の木に登って葉を摘んでいた。龐統は木の下に坐し、司馬徽は枝に腰掛けて、二人は昼から夜まで語り合ったという。司馬徽は龐統を高く評価し、「この人は南州の士の冠冕《かんべん》（第一人者）である」と称讃したと龐統伝は記す。

　当時、世に出るためには名士の評価を得ることが、欠かせぬ条件になっていた。龐統は司馬徽に高く買われて、ようやく荊州の人々の間に名を顕《あら》わすこととなった。

　ところで龐統伝のこの記述は事実だろうか。『三國志集解《しっかい》』を著わした盧弼《ろひつ》は次のように疑問を呈している。

　——後輩が年長者に謁見するのに、どうして木の下で坐る必要があろうか。昼から夜までぶっとおしなら、当然喉《のど》も渇くし、腹も減る。桑の葉を摘むのは、何も賓客と接見している最中にやることではない。人物の鑑識に長じているという名がある上に、龐士元の器識（器量と知識）を深く買ったのだから、室に招じ入れて、誠意と歓迎の意を尽くすべきだ。なのに昼から夜まで桑間で語るとは、南州冠冕の士を優待するとは言えない。

これは人情から懸け離れているが、魏晋の間、超逸（世俗を超える）を尚《たっと》び、放誕《ほうたん》（思うまに大言する）・簡傲《かんごう》（傲《おご》りたかぶる）を風雅と考えるのが慣いになっていたから、つい、その言葉が事実ではないということを忘れてしまった。承祚《しょうそ》（陳寿《ちんじゅ》の字）といえども、この時代の風潮から免れ得なかった――。

これは的確な論評である。盧弼が指摘するような個所は『三国志』の随所に見出《いだ》すことが出来る。当時の風潮が生んだ「都市伝説」を、同時代人であったがために、陳寿は思わず採用してしまった。

㉖ 馬謖《ばしょく》の戦場離脱を報告せず

——向朗《しょうろう》・〈付〉向寵《しょうちょう》・向充《しょうじゅう》

向朗は字《あざな》を巨達《きょたつ》といい、襄陽《じょうよう》郡宜城《ぎじょう》の人。初め、荊《けい》州の牧劉表《りゅうひょう》に仕えたが、その死後は劉備《りゅうび》に帰服した（二〇八）。巴西《はせい》・牂牁《そうか》・房陵《ぼうりょう》の太守を歴任し、劉禅《りゅうぜん》が践祚《せんそ》（二二三）すると歩兵校尉となり、王連《おうれん》に代わって丞相《じょうしょう》長史となって諸葛亮《しょかつりょう》（孔明《こうめい》）を輔佐した。

向朗は『演義』には第六十三回に登場するだけで、益《えき》州入りした劉備の留守を預かり、諸将や諸官とともに関羽《かんう》を輔佐した、と記されるに過ぎない。ところが『蜀書』向朗伝には、孔明の第一次北伐（二二八）を拙劣な采配で失敗させた馬謖が戦場を離脱し、逃亡を図って捕えられたという思いがけない事件が記されている。

——建興五年（二二七）、向朗は〔翌年の北伐を期した〕孔明に随って漢中に進んだ。向朗はもともと馬謖と親しかったので、〔魏将張郃《ちょうこう》に水口《みなくち》を断たれて〕大敗した馬謖が逃亡すると、その事実を知りながら報告しなかった。孔明はこれを遺憾《いかん》に思い、向朗の官を免じて成都に還らせた。数年後、向朗は光禄勲として返り咲いた——。

ここでは馬謖は逃亡したと記すだけで、敗戦の罪を問われて誅殺《ちゆうさつ》されたとは書かれていない。

馬謖がその罪によって殺された記事は他の人の伝にある。

㈠諸葛亮伝：「謖を戮《りく》して衆に謝す」。

㈡王平《おうへい》伝：「丞相亮、既に馬謖及び将軍張休《ちようきゆう》・李勢《りせい》を誅し、将軍黄襲《こうしゆう》の兵を奪ふ」。

さらにまた、誅殺されたとは記されぬが、死去したことを示す記事がある。

㈢馬良《ばりよう》（馬謖の兄）伝：「謖、下獄して物故す」。

この三つを参考にして、街亭敗戦後、馬謖が死去するまでの過程を考えると、次のようになる。

——馬謖は水口を断たれて飢渇《きかつ》に苦しみ、兵士は散り散りになって大敗した。彼は罪を恐れて逃亡したが捕えられた（向朗伝）。ただちに投獄され（馬良伝）、やがて陣前に引き出されて誅殺された（諸葛亮伝・王平伝）——。

学問に研鑽を累《かさ》ね、齢《よわい》八十を踰《こ》えてなお書物を手放さなかったと称された向朗が、どうしてこんな馬鹿なことをしてしまったのか。それは彼が馬謖兄弟とは同郡同県の間柄で、きわめて親しく、さらに彼ら兄弟を些《いささ》か度が過ぎるくらい高く買っていたせいもあった。これは『蜀書』廖立《りようりゆう》伝に記されている。

長水校尉廖立は自負心が強く、自分の才能は孔明に次ぐと考えていたのに、かえって李厳《りげん》よりも下に置かれ、常に怏々《おうおう》として楽しまなかった。ある日、蔣琬《しようえん》たちが訪れると、劉備や蜀の諸将軍のやり方を口を極めて批判した。

そして向朗のことを「向朗は凡俗な人間で、昔、馬良・馬謖兄弟を『聖人』と崇《あが》めていた」と非難した。「聖人」とは孔子を指す。いかに彼ら兄弟に卓抜な才能・徳行があろうと、これは褒め過ぎである。

馬良は字を季常《きじよう》といい、兄弟五人はいずれも才名があった。郷里の人々は「馬氏の五常、白眉最も良し」と言った。「五常」とは五人の字にみな「常」が使われていたからであり（馬謖の字は幼常《ようじよう》）、馬良は眉毛の中に白い毛があったため、「白眉」と呼ばれた。このことから、多くの中で最も優《すぐ》れているものを「白眉」といい、今に用いられている。

馬良は弟と同じく、孔明から深い信頼を寄せられていた。陳寿《ちんじゆ》が馬良伝に「謖、下獄して物故す」としか記さなかったのは、馬良が孔明の親友だったことを慮《おもんぱか》ったからである。陳寿は祖国の名臣孔明に深い敬意を抱いていた。

裴松之《はいしようし》は馬良伝に『襄陽記』を引いて、馬謖の最期の様子を記し、獄中で病死あるいは自殺したのではなく、刑死だったことをはっきりさせている。

ここで向朗の兄の子**向寵**に触れておく。

彼もまた叔父と同じく、『演義』には一度（第九十一回）しか登場しないが、『出師表《すいしのひょう》』に「将軍向寵、性行淑均《せいこうしゆくきん》（性格や行ないが善良且《か》つ公平）、軍事に曉暢《ぎようちよう》（明るい）す。昔日《せきじつ》に試用せられ、先帝（劉備）之《これ》を稱して能ありと曰《のたま》へり。是《これ》を以《もつ》て衆議寵を擧げて督と爲《な》す。愚以《ぐおもえらく》、營中の事、悉《ことごと》く以て之に咨《はか》らば、必ず能く行陣《こうじん》（軍隊）をして和睦せしめ、優劣所を得さしめん」と評されているので、名はよく知られている。が、その後の彼については何も『演義』は記していないので補足しておく。

馬謖の罪を糾明する孔明。馬謖の左は蔣琬

向寵は劉備に用いられて牙門《がもん》将となり、呉に東征した劉備が秭帰《しき》で大敗した時、向寵の陣だけは潰乱《かいらん》を免れた。孔明の第一次北伐の際には、中領軍として禁軍の兵を預かって成都に残った。しかし惜しいことに、二四〇年、漢嘉郡の蛮夷を討伐しようとして殺害されてしまった。彼の戦死は『演義』ファンには知られていない。

向寵には**向充**という弟がいた。向朗伝に引く『襄陽記』には、次のような逸話が記される。

――魏の咸熙《かんき》元年（二六四）、鍾会《しょうかい》とともに成都に入城した鎮西将軍衛瓘《えいかん》は、璧《へき》と玉《ぎょく》の印を手に入れた。それには「成信」と読める文字が見える。これは相国府の蔵に収められた。

向充はこれを聞いて「私は譙周《しょうしゅう》（劉禅に降伏を勧めた学者）の言葉を聞いたことがある。先帝の諱《いみな》は備、その訓（字義）は具（そなわる）である。後主の諱は禅、その訓は授（さずける）である。『劉氏はすでに〔人に与える〕用意が具《そな》わったから、これを人に授《さず》けるべし』ということになる。今、中撫軍の名は〔司馬《しば》〕炎《えん》、漢の年は炎興《えんこう》（二六三）に行き着いた。瑞祥《ずいしょう》が成都に顕われ、それが相国（司馬炎）の蔵に収められたのは、ほとんど天意であろう――。

「成信」は「信《まこと》になる」ことであり、示された瑞祥は成都において実現されるという意味である。

――この年、向充は梓潼《しとう》太守に任じられた。翌二六五年、司馬昭《しばしょう》が死んで、司馬炎が帝位に即《つ》き、炎興（炎が興隆する）は具現された――。

二六三年、蜀が滅亡直前、「炎興」に改元したのは、図らずも司馬炎の即位の予兆ということで、巧みなこじつけである。

㉗蜀の政権内部にもいた劉備嫌い

――費詩《ひし》・李邈《りばく》・張存《ちょうそん》

一九六年、洛陽より献《けん》帝を許《きょ》に迎え、以後、天子の命を奉じて賊を討つという名分の下《もと》に、曹操《そうそう》は次々に対立勢力を倒していった。そして二一三年には九錫《きゅうせき》（③参照）の恩典を授けられて魏公となり、後漢を宿主として、その中に魏国というもう一つの政権を築きあげた。

二一六年には、それまで劉氏以外の者には認められなかった王位を与えられて魏王となる。翌年には天子と同じ旌旗《せいき》の使用や冠の着用が認められた。

この間、曹操は三人の女《むすめ》を貴人（女官の位の一つ）として献帝の宮中に入れ、不穏な言葉があったという罪状で伏《ふく》皇后を幽殺、またその二皇子を毒殺した（二一三）。そして曹操は自分の中（二番目）の女を献帝の皇后とした（二一五）。

すでに魏国は宿主の後漢を食い尽くしていた。陳羣《ちんぐん》・桓階《かんかい》・夏侯惇《かこうとん》らは天意に従い、民意に応えて帝位に即《つ》くべしと上言した。が、曹操は自らを周の文《ぶん》王に比して即位を肯《がえ》んじなかった。

文王は殷《いん》の天下の三分の二を占めながら、なお殷の臣下として世を終えた人で、殷に代わって建国したのは、次代の武王の世になってからだった。

曹操が簒奪《さんだつ》に踏みきらなかったのは、なお名分を顧慮したからか、あるいは簒奪の汚名をわが子曹丕《そうひ》に被《き》せようとしたのか、あるいはまた、実質的には皇帝である身が敢えて王のまま終わろうとする自分の姿に「詩」を感じていたのか、それはわからない。

人を才能本位で用いようとした曹操は、三度《みたび》「求賢令」を発布した（二一〇・二一四・二一七）。そんな曹操だから、自分の後嗣も才能の多寡を基準としたのは当然だったが、群臣の多くが長兄の曹丕を推し、才気煥発《かんぱつ》で知られたその弟曹植《そうしょく》のほうに傾いていたであろう曹操の意向は反映されなかった。と考えると、業《ごう》を煮やした曹操が、曹丕に簒奪者の役を振りあてたとしても不思議ではない。

それはともかく、「姦雄」曹操にしてなお、漢にとって代わることにはためらいがあった。寛厚な人物と思われていた劉備《りゅうび》のほうが、人の国を奪うことにむしろ躊躇《ちゅうちょ》はなかった。

共に益州《えき》を攻略しようという孫権《そんけん》の申し出を拒否しておきながら、漢中の張魯《ちょうろ》討伐の依頼が益州の牧の劉璋《りゅうしょう》からあると（二一一）、彼はただちに益州に入る。そして張魯を討とうともせず、二一二年には劉璋に対して軍事行動を起こし、二一四年五月、ついに成都において劉璋を降伏させた。

劉璋を荊《けい》州南郡に送り、自ら益州の牧となり、劉璋政権下の官僚を新政権に取り込んで、劉備は着々と基盤を固めていった。そして二一九年五月、曹操軍を漢中から撤退させると、早くも七月、劉備は漢中王となった。

劉璋政権を支えていた官僚・豪族の多くはそのまま新政権の傘下に加わったが、だからといって劉備主従のやり方に不満を持たなかったわけではない。彼らの不満を取り上げてみよう。

まず**費詩**から。彼の伝は『蜀書』第十一にある。弁が立つ費詩は、漢中王となった劉備から命じられて、荊州を守っている関羽《かんう》を訪れて前将軍叙任の報を伝えた。関羽は黄忠《こうちゅう》が自分と同格の後将軍に任じられたと知って怒った。費詩はこれに対して「王と将軍は、譬《たと》えれば一身同体であり、官爵の高下は問題ではない」と諭して任命を受けさせたことは有名で、『演義』第七十三回にも用いられている（㉑参照）。

二二一年、群臣が劉備を推して帝号を称させようとした時、費詩は上疏《じょうそ》して反対した。

――曹操父子が主に偪《せま》って簒奪したため、殿下は万里を羈旅《きりょ》（旅して人に身を寄せる）して士衆を糾合され、逆賊を討とうとされております。今、大敵に未だ勝てないというのに自ら即位されるとなると、恐らくは人心に疑惑を生じましょう。これは殿下のために賛成出来ません――。

この言葉が劉備の気持を害して、永昌従事に左遷されてしまった。

費詩ははっきり言わないが、漢を奪った逆賊を討つのを名目にしていながら、それを滅ぼす前に即位するのは、曹操父子のやり方と五十歩百歩ではないか、という反感が籠められている。「人心の疑惑」とは、蜀人がひそかに持っている反感であり、この反感は劉備の益州奪《ど》りが信義に悖《もと》ったことから生まれたものだった。その一番痛いところを衝《つ》かれて劉備は怒ったのである。

これが**李邈**になると、もっと凄まじい。劉璋の時代は牛鞞《ぎゅうひ》県の県長だった。劉備が領益州の牧となると（二一四）従事に昇格した。『蜀書』楊戯《ようぎ》伝に引く『季漢輔臣賛』は次のように記す。

——元旦（二一五?）、李邈は行酒《こうしゅ》（酒を注《つ》いで回る役）を命じられると、彼は劉備に「振威将軍（劉璋）は将軍（劉備）を御一族と考えたからこそ、賊の討伐を委任なされました。それなのに討賊の功を挙げるよりも先に、振威将軍を滅ぼしてしまわれた。邈《わたくし》は将軍がわが州を奪われたことは甚だ宜しくないと思っております」と難詰した。

劉備は「宜しくないと知っているならば、どうして彼を助けなかったのか」と訊くと、李邈は「助けようとしなかったわけではなく、ただ力及ばなかっただけです」と答えた。有司（役人）は殺そうとしたが、諸葛亮《しょかつりょう》（孔明《こうめい》）のとりなしで、一命は助かった——。

李邈はよほど腹に据えかねたのであろう。その鉾先は自分の命を救った孔明にまで向けられた。

――二三四年、孔明が死去すると、後主劉禅《りゅうぜん》は素服（白の喪服）を著《つ》けて、三日間、哀悼の意を表した。すると李邈は「諸葛亮は強力な兵を擁して狼虎のように機を窺っておりました。臣下が辺境で力を持つのは危険であると臣《わたくし》は常に危惧しておりました。今、亮が死去し、これによって御一族は安泰を得られ、西戎《せいじゅう》（涼州の異民族）も安息を得ました。これはすべての人にとって慶賀すべきことです――。

劉禅はたちどころに李邈を誅殺した。『三國志集解《しっかい》』を著わした盧弼《ろひつ》は「諸葛の忠純を以《もっ》て尚《なお》此の言を以て進むる者あり」と嘆じている。

これも『季漢輔臣賛』に記される**張存**は、費詩・李邈とは異なり、荊州南陽郡の人。荊州従事として劉備に従って蜀に入り（二一一）、広漢太守となった。彼はもともと龐統《ほうとう》を評価していなかったので、龐統が矢に中《あた》って戦死し（二一四）、劉備が故人の才を嘉《よみ》し、不運を嘆惜すると「統は忠義を尽くして惜しむべき者ではあっても、大雅の道（正統的な大きな道理）から外《はず》れておりました」と言った。聞いて劉備は怒って「統は身を殺して仁を成し遂げたのだ、それを非とするのか」と言い、官を免じた。

龐統は対劉璋戦の参謀役を担っていた。劉備と劉璋の間で開かれた宴席上で劉璋を捕えれば、兵を用いるまでもなく一州を定められると進言したのが龐統である。劉備はこれをためらい、結局、龐統が「中計」とした白水関の二将の兵を奪って成都を襲う案を採用した。張存は龐統の積極案を「大雅の道に違《たが》う」と非難し、ひいては劉備の益州制覇をも批判したのだった。

劉備政権に加わった蜀人の多くは、彼らと同じ気持を持っていたであろうが、ただ内心をあからさまにしなかっただけである。

当時、「漢に代わって天下を得るのは魏であろう」と囁かれていた。劉備に仕えた学者周羣《しゅうぐん》の父の周舒《しゅうじょ》は、人から『春秋讖《しゅんじゅうしん》』という書物に『漢に代わるものは当塗高《とうとこう》である』とありますが、どんな意味でしょうか」と訊ねられると、周舒は「それは魏です」と答えた。

劉備父子の諱《いみな》から判断して「蜀の命運は長くない」と見ていた(㉖参照)譙周《しょうしゅう》が、後に先輩の学者杜瓊《とけい》にこの話を持ち出して意味を問うと、杜瓊は「魏は宮殿の門(門の両脇に台を築いて、その上に楼観を設け、中央に道を通す)の名称で、塗(道)に当たって(面して)高く聳えている。豫言者は類推出来るものを持ち出して説明するのだ」と答えた。

「漢に代わるものは当塗高である」という言葉は早くから世に行なわれており、袁術《えんじゅつ》が自分の字《あざな》の公路の「路」が「塗」に相当すると考えて、帝位を僭したのは有名な話である。

こういう言葉が囁かれていたことは、自州に建てられた国に対して蜀人が醒《さ》めた目で接していたことを表わし、国を挙げて敵に立ち向かう意思を欠いていたことを示している。

㉘さっさと降伏したわけではない

——郝普《かくふ》・士仁《しじん》・麋芳《びほう》

『蜀書』全十五巻の最後に記される人物が楊戯《ようぎ》である。字《あざな》を文然《ぶんぜん》といい、犍為《けんい》郡武陽の人。諸葛亮《しょかつりょう》（孔明《こうめい》）に才能を早くから認められ、丞相《じょうしょう》府の主簿（事務長）となり、孔明の没（二三四）後は益《えき》州刺史蔣琬《しょうえん》に請《こ》われて治中従事となり、彼が大将軍となって開府すると東曹掾《えん》として官吏の選抜に当たった。

その後、いろいろな官職に任じられたが、いつも清潔かつ簡約を旨としていた。ただ大将軍姜維《きょうい》に心服していなかったので、二五七年、姜維に従って芒《ぼう》水に出陣した際、酒後の談笑の席で嘲笑的な言辞を吐いた。表面では気にせぬふりをしていた姜維だったが、帰還後、官を免じて庶民に貶《おと》した。そして二六一年、楊戯は亡《な》くなった。

楊戯はおおまかな性格だったので、上司の蔣琬と議論した時でも、意見が合わなければ返事しなかった。が、蔣琬は「人の面《おもて》と同じように心も異なるものだから」と言って、少しも気にしなかった。清《しん》の学者の何焯《かしゃく》は「ここにおいて伯約《はくやく》（姜維の字）は遠く公琰《こうえん》（蔣琬の字）に及ばない」と評している。

楊戯は二四一年に『季漢輔臣賛』を著わした。「賛」は四字を一句として連ねた文章の様式である。

その中で彼は劉備《りゅうび》に背《そむ》いて呉に降った麋芳・士仁・郝普・潘濬《はんしゅん》を次のように難じている。

——古《いにしえ》の奔臣《ほん》（敵国に逃亡した臣）は追い詰められた末のことだった。ところが彼らは司官（荊州《けい》都督関羽《かんう》を指す）に対して恨みを抱き、大徳を顧みず、国を匡《ただ》し救おうともせず、国に倍《そむ》いて逃亡し、人からは見放され、二国（蜀・呉）の笑い物になった——。

「二国の笑い物」になった彼らが呉に降った経緯は『呉書』に散見し、『演義』が全く触れていない興味深い話がいくつか記されている。

まず**郝普**から。

劉備は二一一年に益州に入り、二一四年に劉璋《りゅうしょう》を成都に降し、ついにこれを手に入れた。そこで孫権《そんけん》は諸葛瑾《しょかつきん》を使者に送って荊州の返還を要求した。しかし劉備は涼《りょう》州を平定するまで待てと言う。孫権は彼に返還する気はないと見て、荊州の南三郡の長沙《ちょうさ》・零陵《れいりょう》・桂陽《けいよう》の長吏を任命したところ、関羽がみな追い払った。

孫権は呂蒙《りょもう》に命じて三郡を攻撃させた。呂蒙が檄《ふれぶみ》を発すると二郡はたちまち帰服したが、ただ零陵太守郝普だけが降伏しない。急を聞いた劉備は五万の兵を催して長江を下って公安まで軍を進め、関羽に三万の兵を与えて益陽へ向かわせた。孫権は魯粛《ろしゆく》に一万の兵を与えて関羽を拒《ふせ》がせるとともに、呂蒙に急いで魯粛の急を救うよう命じた。

呂蒙はすでに長沙を平定し、零陵に向かうところだったが、酃《れい》を通過した時、郝普の旧友鄧《とう》玄之《げんし》と会い、郝普に降伏を勧めさせようとした。救援命令を秘したまま、諸将を呼んで翌朝の攻撃の方略を授けた後、鄧玄之にこう言った。

「子太《したい》（郝普の字）は忠義を尽くそうとしているが、時世というものを知らぬ。左将軍（劉備）は漢中において夏侯淵《かこうえん》に包囲され、南郡の関羽には至尊（孫権）が自らこれに対抗しておられる。救援はこの状態では望めず、われわれが攻撃すれば一日で落城してしまう。君は彼のために禍福を述べて降伏を勧めてくれ」。

鄧玄之の言葉を聞いて郝普は城を出た。呂蒙は四人の将に四百の兵を与えて城内を守らせた。呂蒙の酷《むご》さはこの後、孫権からの手紙を彼に見せ、手を拊《う》って大笑したことだ。郝普は読んで劉備が公安に、関羽が益陽にいると知り、慚じ且《か》つ恨んで地に突っ伏してしまった。

これは羽柴秀吉《はしばひでよし》が織田信長《おだのぶなが》の訃報《ふほう》を隠し、高松城の清水宗治《しみずむねはる》の切腹を条件に、急遽、毛利《もうり》氏と和議を結んだ権詐と共通する。郝普にもう少しの慎重さがあれば、むざむざ欺かれはしなかったろう。呂蒙には危ない橋を渡りきる幸運があった。なお『演義』は郝普やこの事件につい

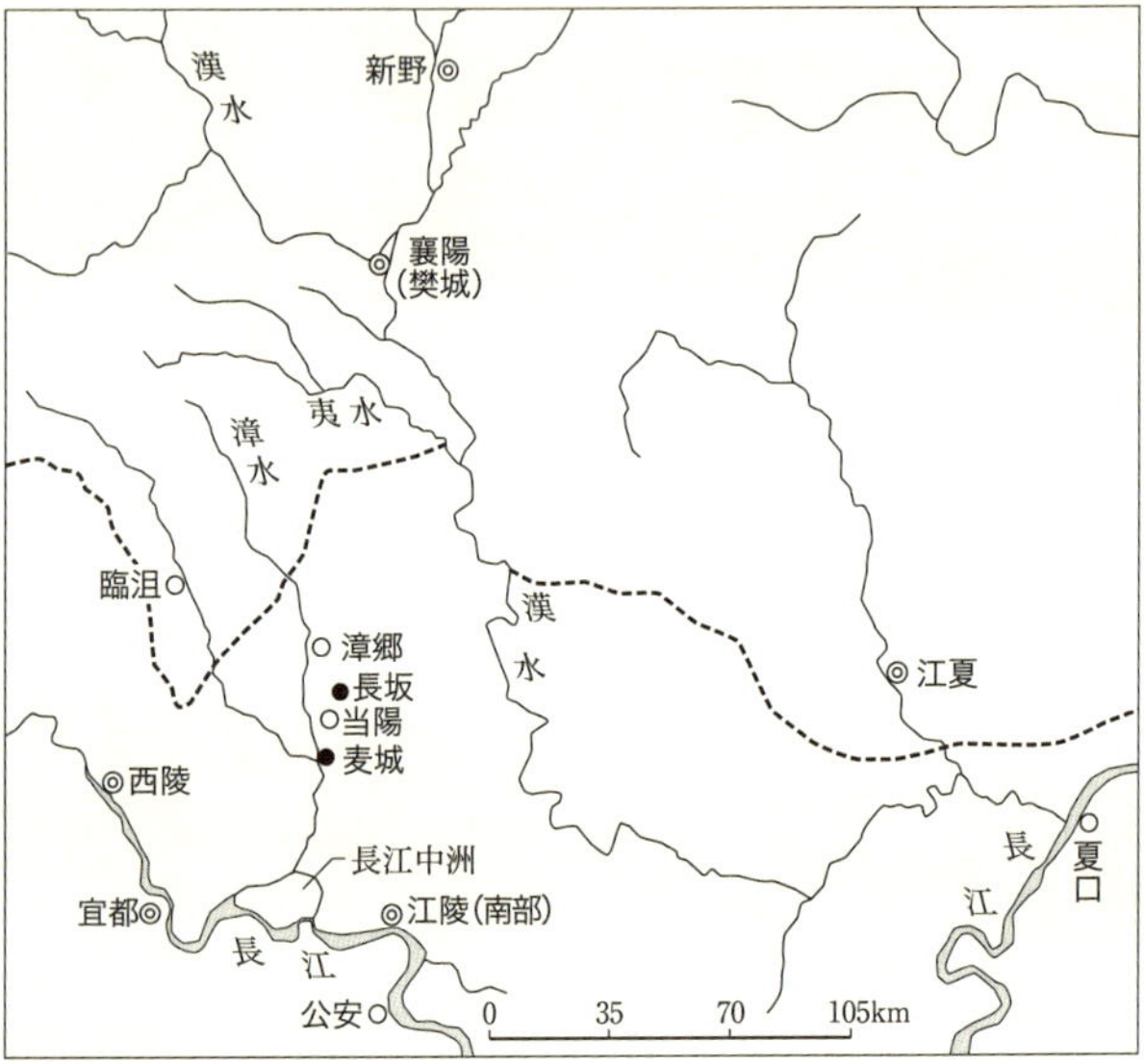
漢
水
新野
襄陽
(樊城)
夷水
漳
水
臨沮
漢
水
漳郷
長坂
当陽
麦城
江夏
西陵
長江中洲
長
江
夏
口
宜都
江陵(南部)
長
江
公安
0
35
70
105km

関羽の敗亡関連図

て何も触れていない。

次に士仁。この話も郝普と同じく呂蒙伝にある。

二一九年八月、関羽が樊《はん》城の攻撃に向かうと、折から病んでいた呂蒙は、「関羽が公安・南郡に多くの守備兵を残しているのは、蒙《わたくし》が背後を衝《つ》くのを恐れているからです。私が病気治療の名目で建業に戻ったと知れば、彼は守備兵を襄陽に向かわせましょう。その隙を狙うべきです」と上疏《じょうそ》した。孫権は露檄《ろげき》（封をしない檄文）を送って呂蒙を召還した。思惑《おもわく》どおり事は運び、関羽は腹背に敵を受け、十二月、漳郷《しょうきょう》で捕えられて殺された。

当時、公安を守っていたのが士仁である。呂蒙伝に引く韋昭《いしょう》の『呉書』によると、呂蒙は士仁を投降させるよう虞翻《ぐはん》に命じた。虞翻は城門の所で番兵に「私は汝《おまえ》の将軍と話をしたいのだ」と言ったが、士仁は会見しようとしない。虞翻は士仁に手紙を書いた。

——明者（物事に明るい人）は禍《わざわ》いが兆《きざ》さぬうちに防ぎ、智者は憂患に未然に対処する。物事の得失を知ってこそ人の上に立つことが出来る。存亡を知って初めて吉と凶を区別し得る。呉軍の来襲に対して斥候を送る間もなく、烽火《のろし》を挙げる暇《いとま》もなかったことは、天命が呉に在ることを示し、そうでないならば内応者が必ずいたはずである。将軍は先んじて時を見ず、時至ってもこれに応じず、孤城を守って降らず、死戦して祖先の祭祀を断っては世の笑い物となるであろう。呂将軍は南郡に向かって陸路を断とうとしておられる。一度《ひとたび》生路が断たれたならば、将軍はいったいどうなされるお心算《つもり》か——。

士仁はこの手紙を読むと、涙を流して降伏した。士仁と麋芳は関羽から軽んじられたのを嫌い、関羽が樊城に向かった時、彼らは軍資を補給するに際して、全力を尽くさなかった。関羽はこれを怒り、「還った後、処罰しなければならない」と言っており、二人は不安を感じていた。

『蜀書』関羽伝ではこの経緯を簡略に「孫権が〔彼らの危惧を知って〕ひそかに誘いをかけると、二人は使者を送って降伏した」と記し、素直に招降に応じたような書きぶりである。関羽と留守の将との不和が呂蒙に幸いした。この後、「兵を配して公安を守り、士仁を率いて南郡に向かうべし」という虞翻の進言に従って、呂蒙は北上して南郡をめざした。

ここを守るのは**麋芳**である。字を子方《しほう》といい、東海郡の人。兄の麋竺《びじく》とともに早くから劉備に仕えた（一九四）。呂蒙伝に引く『呉録』によると、麋芳は南郡城内の失火によって武器を焼き、関羽に厳しく叱責されたことを怨んでいたという。こんな麋芳だから、呂蒙の軍が来攻し、同僚の士仁の姿を見かけると、たちまち開城して出降した。あっけなく降伏した麋芳の態度に不満を持った将士もいた。

『呉書』虞翻伝には次のような話が記されている。

——呂蒙はすぐには城を占領しようとはせず、城外の川原で宴を開いて楽しもうとした。これを見て虞翻は呂蒙に「今、謙《へりくだ》ってひたすら協力しているのは麋将軍ですが、城内の者すべてが信用出来るとは限りません。どうして急いで城内に入り、〔要所の〕鍵を握ってしまわれないのか」と注意した。気づいた呂蒙は急いでこの計に従った。この時、城内では伏兵を設けて不意を襲う計画があったが、虞翻の進言があって、ついに行なわれなかった——。

『演義』はこれを載せない。省略するには惜しい逸話ではないか。

それはともかく、呂蒙はこうして二城を手に入れ、別軍は関羽父子を擒《とりこ》にしてこれを斬り、以後、蜀は二度と荊州を手中に収めることは出来なかった。

呂蒙の策略はみごと功を奏したが、この作戦で果たした虞翻の功績も大きい。これより先、彼は忌憚《きたん》なく孫権を諫《いさ》めたのを煙たがられていた上、人との協調性に乏しかったため、疎《うと》んじられて丹楊郡の涇《けい》県という僻地に徙《うつ》されていた。

呂蒙はこれを気の毒に思い、病気治療の名目で建業に還る際、彼が医術にも明るかったので、願い出て自分の側《そば》に付き従わせた。虞翻の手で自分の病《やまい》が癒えたならば、孫権は必ず彼を中央に呼び戻すであろうと考えたからである。虞翻の適切な進言によって、呂蒙は兵に衄《ちぬ》らせずに荊州奪《ど》りに成功した。正に「情は人のためならず」の諺《ことわざ》どおりだった。

余談だが、この諺を「情をかけるのは、かえってその人のためにならない（無用の情はかけないほうが良い）」と曲解する若い人もいると聞いた。聞いて筆者は言葉を失った。敗戦後の国語教育の「成果」は、ついにここまで至ったかと。

荊州奪取の大功を挙げた呂蒙の命は長くなかった。関羽が殺されたのと同じ十二月に病死した。この死を蜀贔屓《びいき》の『演義』は呂蒙に取り憑《つ》いた関羽の怨霊がもたらしたと脚色する（第七十七回）。

年内に死去したのは呂蒙のほかにもいる。蔣欽《しょうきん》は水軍を指揮して汚水《べん》に入り、関羽を討ったが、その帰途で病死した。孫権の従弟《いとこ》の孫皎《そんこう》は関羽襲撃の時、呂蒙の後詰《ごづめ》として活躍したが、やはり十二月に急死した。だが羅貫中《らかんちゅう》はこれを見逃したらしく、『演義』で触れていない。

㉙亡国は男の意地の見せ所

――羅憲《らけん》・霍弋《かくよく》

蜀の終焉を飾ってみごとな戦いをした羅憲の活躍を、なぜか『演義』は全く触れていない。このまま彼の忠節を埋もれさせてしまうのは惜しいので、本項では『蜀書』霍峻《かくしゅん》伝に引く『襄陽記《じょうようき》』に従って、彼の足跡を辿《たど》ってみた。

羅憲は字《あざな》を令則《れいそく》という。その出身地は不明で、父の羅蒙《らもう》は戦火を避けて蜀に移住、広漢太守にまでなったと記されている。羅憲は才学をもって名を知られ、十三歳で巧みな文章を綴った。後主劉禅《りゅうぜん》が長子劉璿《りゅうせん》を皇太子に立てる（二三八）と、羅憲は太子舎人（皇太子の宿衛の任）に任命され、やがて太子庶子・尚書吏部郎に昇進する。宣信校尉として二回呉に使いして、呉人に応対の才を称讃された。

二四六年に董允《とういん》が死去すると、宦官黄皓《こうこう》が政治に容喙《ようかい》して実権を握るようになったが、羅憲は独り黄皓に同調せず、巴東《はとう》太守に左遷された。黄皓と結託していた右大将軍閻宇《えんう》が巴東の都督として来任、羅憲はその下で領軍に任じられた。

二六三年、魏は鍾会《しょうかい》・鄧艾《とうがい》・諸葛緒《しょかつしょ》らに大兵を与え、蜀に侵攻した。閻宇は後主に召還され、羅憲は二千の兵で永安を守ることになった。長江沿いのこの城は、呉との国境に在る要衝である。間もなく成都の陥落が伝えられると、長江周辺の県の官吏は皆、城を棄てて逃走した。永安も浮足立ったが、羅憲が成都の混乱を言い触らす者一人を斬ったため、人々はやっと落ち着いた。彼は後主が帰順した報を得ると、部下を率いて三日間服喪した。

呉は蜀が敗れたと聞くと兵を発しようとした。外は救援を名目とし、内は羅憲を襲う魂胆である。羅憲は「本朝の傾覆を知った呉は、漢(蜀)と唇歯の密接な関係にありながら、私たちの難を救うどころか、かえって利を得ようとして盟約に背《そむ》いた。漢がすでに滅びた上は、呉も久しくは存続出来ぬ。呉の降虜になどなれようか」と怒った。そして兵士と節義を守ることを誓い合い、武器を整えて敵を待つ。

鍾会・鄧艾が殺され、益《えき》州の諸城の主《あるじ》がいなくなった好機に乗じて、呉は蜀を兼併しようとした。歩協《ほきょう》は兵を率いて長江を遡上する。羅憲は江に臨んで呉軍に矢を射かけたが拒《ふせ》ぎきれない。羅憲は参軍の楊宗《ようそう》を脱出させて、急を魏の安東将軍陳騫《ちんけん》に報じ、一方、文武の諸官の印綬と自分の子を人質として司馬昭《しばしょう》の許《もと》に送って、魏の救援を請《こ》うた(二六四)。

羅憲は城外に出て歩協の軍を大いに破った。呉主孫休《そんきゅう》は激怒し、名将陸抗《りくこう》に三万の兵を与えて包囲を強化した。攻撃が始まって六ヵ月経《た》ったが救援は来ず、城内の者の大半は病んでいた。ある人が羅憲に脱出を説いたが、彼は「人の主たる者は民衆に仰ぎ慕われている。危急に際して彼らを見棄てるようなことは、君子のやるべきことではない。今は一命を終える秋《とき》だ」と取り合わない。

やがて荊《けい》州刺史胡烈《これつ》が救援に来たため、さすがの陸抗も諦めて軍を還した。魏の実権者司馬昭は羅憲をそのまま前任に就かせ、淩江《りようこう》将軍とし、万年亭侯に封じた。この時、武陵郡の四県が挙兵して呉に背いたので、羅憲を武陵太守・巴東《はとう》監軍に任じた。

二六五年、西鄂《せいがく》県侯に改封された。この年、司馬炎《しばえん》が魏帝曹奐《そうかん》に禅譲を迫り、晋を建国した。羅憲は妻子を洛陽に住まわせて二心のない証《あかし》とし、二六七年、巴東から洛陽に入朝した。司馬炎は彼を冠軍将軍・仮節に昇進させた。

二六八年、司馬炎から蜀の士人の中で任用に適する者の名を挙げるよう命じられた。羅憲は巴西《はせい》の陳寿《ちんじゆ》、すなわち『三国志』を後に著わす人物を初め、諸葛亮《しよかつりよう》（孔明《こうめい》）の孫諸葛京《しよかつけい》、蜀の大将軍費禕《ひい》の子費恭《ひきよう》ら十名を推薦した。彼らは即刻任用され、それぞれ世に盛名を謳われた。羅憲は巴東に戻ると、下流の呉の巫《ふ》城を攻撃して奪い取った。そしてこの機に呉を討つよう上奏した。

羅憲は真面目《まじめ》で厳正な人物で、士を倦《う》むことなくもてなし、財を軽んじて人に施し、およそ蓄財に関心を持たなかった。二七〇年に死去、安南将軍を追贈され、烈侯と諡《おくりな》された。

羅憲が魏に救援を求めたのは当然である。呉は蜀と長い間同盟していたが、蜀の滅亡を知ると、火事場泥棒を図って永安を襲った。羅憲の呉に対する憎しみは、むしろ魏に対するよりも強かった。節操ない呉の行動は羅憲の男の意地を奮《ふる》い立たせただけで、得るものなく退却した。そして彼の意地は蜀史の最後を飾った。

同じく蜀の終焉を飾った人に**霍弋**がいる。霍弋は字を紹先《しょうせん》といい、南《なん》郡枝江県の人。彼の父の霍峻は葭萌《かぼう》関を後にして成都の劉璋《りゅうしょう》攻撃に向かった劉備《りゅうび》の留守を預かり、次々に襲って来た張魯《ちょうろ》の部下や劉璋の部下の攻撃を、僅か数百の兵で一年以上拒ぎ通した人物で、『蜀書』第十一の冒頭に伝がある。

霍弋は劉備の末年に太子舎人となり、劉禅が即位（二二三）すると謁者に登用された。丞相《じょうしょう》諸葛亮が北伐の準備のため漢中に進駐（二二七）すると記室となり、孔明の養子諸葛喬《しょかつきょう》とともに各地をめぐり歩いた。孔明の死（二三四）後は黄門侍郎となり、劉禅が劉璿を皇太子に立てると、霍弋は太子中庶子としてその輔佐に当たる。劉璿は騎射を好んで宮中の出入りには節度がないため、霍弋は言葉を尽くして非を諫めた。

後に参軍・庲降屯副貳都督《らいこうとんふくじ》となる。これは庲降と呼ばれた益州南部の諸郡を治める庲降都督の輔佐役である。時に永昌郡（雲南郡西方）の獠《りょう》族は、険阻《けんそ》を恃《たの》んで叛乱を繰り返していた。

霍弋は永昌太守を兼務し、その首魁《しゅかい》を斬り邑《むら》落を焼き払って鎮定した。功によって監軍・翊軍《よくぐん》将軍に昇進、建寧太守を兼務した。やがて多年の実績を評価されて安南将軍に任じられた（二六三）が、この年、蜀は魏に滅ぼされてしまった。

霍峻伝に引く『漢晋春秋』は、次のようなみごとな霍弋の進退を記す。

——霍弋は魏の来寇を知って成都に駆けつけようとしたが、劉禅は迎撃準備を整えたから必要ないと言って許可しなかった。成都陥落の報が伝わると、彼は素服（白い喪服）を着て哭《こく》礼を行ない、三日間、喪に服した。

諸将はみな速《すみ》やかに降るべしと勧めたが、霍弋は「今、道路は途絶して、未だに主上の安否がわからない。去就は軽々しく決めてはならない。もし主上が魏と講和し、礼をもって遇されておられるならば、それから境域を守って降伏しても遅くない。もしも恥辱を受けておられるならば、私は死を決して拒ぐ覚悟である。何で遅い速いを論ずる必要があろうか」と答え、劉禅が命を全うして洛陽に遷されたと聞いてから降伏した。

司馬昭は彼の身の処し方を善《よ》しとし、南中都督として今までどおりの任務を与えた。後年、遠く交趾《こうし》・日南・九真（越南《ヴェトナム》北部）の三郡を平定し、功によって列侯に封じられた。霍弋の孫の霍彪《かくひょう》は晋の越嶲《えつすい》太守にまで昇進した——。

霍弋の進退は『演義』第百十九回に記されるが、名を「戈《か》」と誤っている。

㉚長身の基準は百八十センチ以上
――諸葛亮《しよかつりよう》・趙雲《ちよううん》・孫韶《そんしよう》・太史慈《たいしじ》ほか

陳寿《ちんじゆ》の『三国志』に身長が記されている人たちを書き出してみた。なお、この時代の一尺は約二十三・七五センチ相当と言われる。

〔魏〕
何熙《かき》：八尺五寸（約二〇二センチ）
何夔《かき》：八尺三寸（約一九七センチ）
管寧《かんねい》：八尺（約一九〇センチ）
許褚《きよちよ》：八尺以上（一九〇センチ以上）
嵇康《けいこう》：七尺八寸（約一八五センチ）
司馬儁《しばしゆん》：八尺三寸（約一九七センチ）
程昱《ていいく》：八尺三寸（約一九七センチ）
満寵《まんちよう》：八尺（約一九〇センチ）
満偉《まんい》：八尺（同右）
満長武《まんちようぶ》：八尺（同右）
満奮《まんふん》：八尺（同右）

〔蜀〕
関羽《かんう》：？（『演義』九尺＝約二一四センチ）

譙周《しょうしゅう》：八尺（約一九〇センチ）
諸葛亮《しょかつりょう》：八尺（同右）
趙雲《ちょううん》：八尺（同右）
張飛《ちょうひ》：？（『演義』八尺＝約一九〇センチ）
馬超《ばちょう》・黄忠：？
彭羕《ほうよう》：八尺（約一九〇センチ）
劉備《りゅうび》：七尺五寸（約一七八センチ）

〔呉〕
諸葛恪《しょかつかく》：七尺六寸（約一八〇センチ）
孫韶《そんしょう》：八尺（約一九〇センチ）
太史慈《たいしじ》：七尺七寸（約一八三センチ）
陳化《ちんか》：七尺九寸（約一八八センチ）
陳武《ちんぶ》：七尺七寸（約一八三センチ）
董襲《とうしゅう》：八尺（約一九〇センチ）

〔後漢〕
劉表《りゅうひょう》：八尺以上（一九〇センチ以上）

これを見ると、身長百八十センチ以上の人が長身とされていたことがわかる。ちなみに二〇〇〇年前後、幕内力士の平均身長は百八十六センチだった。

蜀の「五虎大将」と『演義』が呼んだ五人の将軍中、身長を正史が記しているのは趙雲一人だけだ。関羽・張飛の身長は『演義』が捻《ひね》り出したもので、根拠はない。また『演義』は馬超・黄忠についても身長を記さず、ただ馬超を白皙《はくせき》の美丈夫《びじょうふ》と表現するのみ。

身長の話なので余談を一つ。

一九五〇年（敗戦五年後）の日本の十七歳男子の平均身長は百六十一・八センチ、同じく女子は百五十二・七センチ。これが一九九三年になると、男子は百七十・七センチ、女子は百五十八・〇センチ。現在はさらに伸びているに違いない（『県民性大解剖「隣り」の研究』毎日新聞社）。

正史に登場する人の中で一番小柄な人は「竹林の七賢」の一人、劉伶《りゅうれい》で身長六尺、約百四十三センチである。小柄だが気宇壮大、いつも酒に酔って奔放にふるまっていた。家の中で素裸になることもあり、人がこれを譏《そし》ると「私は天地を以《もっ》て我が家とし、屋室を我が衣《ころも》、我が褌《ふんどし》と心得ている。諸君は何故、我が褌の中に入り込んでくるのか」と開き直った逸話を持つ（『世説新語』任誕篇）。

『魏書』第十七に張遼《ちょうりょう》・于禁《うきん》・張郃《ちょうこう》・徐晃《じょこう》とともに収められ、「曹操麾下《そうそうきか》の良将として、この五人が先んじている」と評された楽進《がくしん》は驍果《ぎょうか》（強くて優れた判断力がある）を謳われた将軍だったが、体つきは小柄だったとある。しかし、その身長は記されていない。

百何十センチ以下が短小とされるのか、その目安になるのが『呉書』第十一にある朱然《しゅぜん》の記事である。彼は「身長七尺（一六六センチ）に満たなかったが、さっぱりした気性だった」と記され、同い年の孫権《そんけん》から深く信頼されていた。「身長は七尺未満」とわざわざ『呉書』が記しているのは、将軍としては小柄だったという含みを持たせている。

小柄と言えば隴西《ろうせい》太守游楚《ゆうそ》もそうだった。彼の為人《ひととなり》は慷慨《こうがい》（意気壮《さか》ん）で、二二八年、諸葛亮（孔明《こうめい》）の第一次北伐の時、天水・南安・安定三郡の太守はたちまち逃走したが、隴西太守だった游楚は巧みに部下の心を掌握し、郡を守って屈しなかった。

右に挙げた小兵の将軍は、それを補って余りある激しい気力と知恵を持っていた。総身《そうみ》に知恵が回りかねる大男に較べて、小男は山椒《さんしょう》と同じくひりりと辛《から》い何かを持っている。

ただし、例外もある。袁紹《えんしょう》を本伝は「姿貌威容有り」（風貌に威厳がある）と記すが、『魏書』鄭渾《ていこん》伝に引く張璠《ちょうはん》の『漢紀』には、鄭渾の兄の鄭泰《ていたい》が彼を評して「袁本初《えんほんしょ》（本初は袁紹の字《あざな》）は公卿《こうけい》（大臣）の子弟で、都に生まれ住んで（苦労知らず）、しかも体の大きさは婦女子並みである」と言った記事がある。決断力を欠く彼は勇ましげな言葉を吐いても実行に踏みきれず、これも小柄だったらしい曹操《そうそう》（⑲参照）に常に先手を取られ、官渡の一戦（二〇〇）で大敗、二年後、失意の裡《うち》に病死した。

㉛『三国志』に光り輝く禿頭

——張松《ちょうしょう》

魏晋南北朝時代は、容姿に恵まれているかどうかも、社会的な評価を得る際の尺度となっていた。そのため、『三国志』の伝には身長や風貌について触れている例が多い（⑲㉚参照）。長身なら長身、小柄なら小柄、樸鈍《ぼくどん》（地味で鈍《にぶ》い）なら樸鈍（龐統《ほうとう》の例）、癡《ち》（ぼうっとしている）なら癡（許褚《きょちょ》の例）と、ありのままに記している。しかし、不思議なことに禿に言及した例は全くない。これも『三国志』の謎の一つか。

当時の士大夫《したいふ》は人前に出る時、幅巾《ふくきん》（幅広の頭巾）や皮弁《ひべん》（皮製の冠）などを被《かぶ》った。それが禿隠しになったから目立たないだけで、確実に禿はいたはずである。

禿の人はホルモンの関係で鬍《あごひげ》や髯《ほおひげ》が濃い。だから「美髯公《びぜんこう》」と言われた関羽《かんう》や、鬍の長さが四尺（一メートル弱）もあった崔琰《さいえん》は、確証はないが、きっと禿げていただろう。

正史が禿に触れないなら、『演義』も同じかと余計な詮索をすると、「この人はひょっとして」

と思う人物が浮かびあがった。それは張松である。

益州別駕《えきべつが》の張松は、戦乱を避けて蜀にやって来た法正《ほうせい》と親しくなり、二人して常に州牧劉《りゅう》璋《しょう》の無能を嘆いていた。二〇八年、曹操《そうそう》が荊《けい》州を攻略したと知ると、劉璋は張松に命じて表敬訪問させた。

しかし、一戦も交えずに劉琮《りゅうそう》（州牧劉表《りゅうひょう》の次男）を降した曹操は、勝利に驕《おご》って疎《ろく》な応対をしなかった。張松は帰国して曹操を悪《あ》し様《ざま》に言い、益州の安泰を保つには劉備《りゅうび》と結ぶべしと劉璋に進言、使者として法正を推薦した。劉備と会った法正は、彼の優《すぐ》れた武略と人柄を張松に語り、「いつか機会があれば益州に迎えたい」とひそかに計画を練り、時機の到来を待つ。

二一一年、曹操は鍾繇《しょうよう》に漢中（益州北部の郡）の張魯《ちょうろ》の討伐を命じた。が、関中の馬超《ばちょう》・韓遂《かんすい》らが反抗したため、曹操自身が西征に向かう。これを知った張松は、「劉備を益州に迎えて曹操に先んじて張魯を討たせよ」と進言、二人の画策を知らぬ劉璋は承認した。そこで法正は、同郡の孟達《もうたつ》とともに四千の兵を率いて長江を下った。法正は劉備に会って詳しく益州の実状を語り、張松が内部から呼応するから、この機会に劉璋を捕えて国を奪えと勧めた。劉備にとって渡りに船の提案である。

劉備は龐統《ほうとう》・黄忠《こうちゅう》らを率いて涪《ふ》に至り、劉璋と会見した。この席上で劉璋を捕えようと龐統は進言したが、さすがに劉備は踏みきれず、劉璋から与えられた三万の兵とともに北上して張魯討伐に向かった。

が、彼は葭萌《かぼう》に駐留したまま一年を過ごし、何の動きをも示さない。そこに曹操に攻撃された孫権《そんけん》から救援の要請が来た。劉備は張魯は守勢の賊ゆえ心配ない、今から孫権の救援に向かうと劉璋に言い送った。

これを知った張松は驚いて、劉備と法正に「今、大事が成就しようというのに、どうしてこれを釈《す》てて立ち去ろうとなさるのか」と手紙を出した。張松の兄の広漢太守張粛《ちょうしゅく》は、弟の陰謀が露顕《ろけん》してわが身に禍いが及ぶのを恐れて劉璋に報じた。怒った劉璋は張松を収監して誅殺《ちゅうさつ》した。すぐさま劉備は成都の攻撃に向かい、苦戦の末に劉璋を降し、ついに益州を手中に収めた。

さて、張松の風貌である。

『蜀書』先主伝に引く『益部耆旧《ききゅう》雑記』は、

——張粛は威儀あって堂々たる容貌を持っていた。これに対して弟の張松は生まれつき小男で、勝手気ままにふるまい、品行は治まらなかったが、精《くわ》しく果断な識見を持ち、才幹があった——

と記している。

これが『演義』になると「彼は額が張り出していて頭は尖《とが》り、鼻はひしゃげた上に反歯《そっぱ》、身の丈《たけ》は五尺（約一一九センチ）しかない」になってしまう。小説とはいえ、あんまりな描き方である。蜀贔屓《びいき》ではあっても、あるいは羅貫中《らかんちゅう》は張松の行為を快く思っていなかったのかも知れない。

それは措《お》いて、「頭が尖り」という描写に注目したい。士大夫は髪を伸ばして結《ゆ》い、前述のように人前では幅巾や皮弁をつけるのが礼儀とされていた。髪があればそれがクッションになるから、いくら尖っていようと幅巾越しに頭の形がわかるはずはない。これがわかるというのは、つまり禿げていたからである。

となると、張松は正史と『演義』を通じて、ただ一人、禿と思《おぼ》しい人物である。

最後に「禿」を禁句とした明《みん》の創業の君主朱元璋《しゅげんしょう》の逸話に触れる。

彼は漢の高祖《こう》劉邦《りゅうほう》と同じく農民の子で、若いころは僧侶、といっても托鉢《たくはつ》に明け暮れる、謂わば乞食同様の悲惨な身の上で、百戦を経《へ》て帝位に登り詰めても、かつての境遇に強い劣等感を持っていた。

文書を決裁する時、坊主に関わる字句があれば逆上して、文書作成に携わった役人を処刑した。さらに、坊主に似た音《おん》を持つ文字まで対象になったから、堪《たま》ったものではない。生《ション》は僧《ソン》に似ているから使えない。禿は禿頭、つまり坊主頭を連想させるから駄目。光はツルツル頭を思い起こさせるから、これもいけない。

　ある学者が朱元璋を讃えて「光天の下《もと》、天は聖人を生ず」と禁忌《タブー》の文字を二つも使ったため首を斬られた。また別の人が、正しい規範を用いるという意味で「取法《チーファ》」という言葉を使ったが、これが「去髪《チーファ》」、つまり髪を剃《そ》るに聞こえたために殺された。

　朱元璋の肖像画には二種類あって、一つは顎《あご》が異様にしゃくれて人を威圧するような大きな目をしていて、髪は疎《まば》らなもの。もう一つはいかにも皇帝らしい風貌を具えたもの。前者のほうが正確に彼の風貌を描いたとされる。

孫権

㉜きっと呪われた家系に違いない

――呉の孫氏《そんし》一族

『三国志』に登場する魏の曹操《そうそう》一族は百二十余人、蜀の劉備《りゅうび》一族は十九人、呉の孫権《そんけん》一族は百十余人を数える。ここで目立つのは曹氏・孫氏の六分の一前後しかない劉備一族の少なさである。しかも劉備が蜀で帝を称する以前も以後も、子や孫を除けば、一族として国の藩屛《はんぺい》（王室を守る諸侯）となった者は一人もいなかった。

前漢の中山靖王《ちゅうざんせい》劉勝《りゅうしょう》の子孫と『蜀書』先主伝は記すが、その真偽も定かでない。涿《たく》郡涿県に住む劉姓を名乗る者の中から、いわば突然変異によって生まれた英雄が劉備であろう。そして忽然《こつぜん》と現われた英雄が建てた国は、二代で忽然と姿を消した。

魏は宗室を冷遇し、王に封じられても行動は常にお目付役の監国謁者に掣肘《せいちゅう》され、王同士の自由な交流さえ許されなかった。皇室は孤立し、これが司馬《しば》一族の擡頭《たいとう》を抑えられず、滅亡に繫がってしまった。本紀四巻のほかに、『魏書』は巻十九に曹丕《そうひ》と同腹の弟（曹彰《そうしょう》・曹植《そうしょく》・

曹熊《そうゆう》）三人の伝と、巻二十には上記三人を除く曹操の子二十一人と、曹丕の子八人の伝があるが、たとい名目は王であろうと誰一人、国家の藩屏たり得る待遇を与えられていない。

では孫氏はどうか。

孫氏は戦国時代の兵法家孫武《そんぶ》の後裔《こうえい》と伝えられるが、これまた真偽は定かではない。いつごろから呉郡に住みついたのかも不明だが、孫堅《そんけん》の父（名は不明）の代にはどうやら江東の新興豪族になっていたらしい。が、新興豪族の悲しさで、「呉(郡)の四姓」と言われた顧《こ》・陸《りく》・朱《しゅ》・張《ちょう》ら名族四氏からは軽視されていた。孫権の代になると彼らと婚姻によって結び付きを深めようとし、四姓の者たちも江東で培《つちか》ってきた自己の権益を守るため、これに積極的に応じ、孫氏を自分たちの盾《たて》とした。

勃興期の勢いがそうさせたのか、孫氏の一族からは次々に俊秀が現われ、孫権を輔佐した。しかし、不思議なことだが、彼らは揃って短命で、病死でなければ戦死、あるいは不慮の死を余儀なくされている。

本項では、これについてまとめてみた。

・孫堅（一五五―一九一）

董卓《とうたく》討伐の義兵に加わったのが一九〇年一月、しかし翌一九一年、袁術《えんじゅつ》に命じられて荊《けい》州の劉表《りゅうひょう》を攻撃した時、軽率なところがあった孫堅は単騎で通行中、黄祖《こうそ》の兵士に射殺された。享年三十七。

また、孫堅の長兄**孫羌**《そんきょう》も若死にしたらしく、その子孫賁《そんふん》の伝には「賁は早く両親を亡くした」と記されている。

孫堅の末弟**孫静**《そんせい》は兄に逸《いち》早く協力、孫策《そんさく》の代にも戦功があった。孫権が呉主を継ぐ（二〇〇）と昭義中郎将になったが、官を退いて間もなく死去した。恐らく四十歳代だったろう。

孫河《そんか》は韋昭《いしょう》の『呉書』によれば孫堅の族子《おい》で、孫堅の腹心として活躍したが、孫堅の子孫翊《そんよく》が殺害されたと聞いて丹楊に駆けつけた時、事件の首謀者嬀覧《ぎらん》・戴員《たいうん》の手にかかって不慮の死を遂げた（二〇四）。

• **孫策**（一七五―二〇〇）＝孫堅の長男。

気宇の大きさといい、巧みな用兵といい、曹操に匹敵する英雄だったが、迂闊《うかつ》にも山中を騎行中、彼が攻殺した許貢《きょこう》の三人の食客に射られて重傷を負い、後事を弟孫権に託して死去した。享年二十六。

• **孫権**（一八二―二五二）＝孫堅の次男。

孫策が遠方から貢納を欠かさないのを賞して、朝廷は使者劉琬《りゅうえん》を派遣して錫命《せきめい》（天子が与える礼物と命《ことば》）を加えた。劉琬は孫氏兄弟を見て、「皆それぞれ優れているが禄祚《さいわい》を全う出来そうもない。しかし孫権だけは非凡な骨相を持ち、高貴な位に昇る兆《きざし》があり、また最も長寿を保つであろう」と言った。孫権は身を屈して辱《はじ》を忍び、卓抜な外交感覚を発揮してついに建国、七十一歳の長寿を保った。

●**孫翊**（一八四―二〇四）＝孫堅の三男。

孫権よりもむしろ孫翊に後事を託したほうがいい、という意見もあったくらいの人物だったが、彼が殺害した盛憲《せいけん》により孝廉に推挙された嬀覧・戴員に不意に斬りつけられて死去。享年二十一。その子**孫松**《そんしょう》も二三一年に亡くなったが、恐らく三十歳前後のことだった。

●**孫匡**《そんきょう》（?―?）＝孫堅の四男。

孝廉と茂才に推挙されたが、任用される前に二十歳余りで死去した。後を継いだ**孫泰**《そんたい》は、諸葛亮《しょかつりょう》（孔明《こうめい》）の第四次北伐に呼応して魏の合肥《がっぴ》新城を攻撃（二三四）し、流矢に中《あた》って戦死、彼の死も三十歳を僅かに越えたぐらいであろう。

孫泰の子**孫秀**《そんしゅう》は孫晧《そんこう》に疑われたため、晋に投降して三〇一年に亡くなった。孫氏としては珍しく長命で七十歳近くになっていたと思われる。

●**孫朗**《そんろう》（?―?）＝孫堅の五男。

二二二年、呂範《りょはん》に率いられて洞口《とうこう》に魏軍を迎え撃った際、失火によって軍資を失い、族籍を奪われた。

・**孫登**《そんとう》（二〇九―二四一）＝孫権の長男。

孫登は皇太子としてふさわしい資質を持っていたが、三十三歳で早世して孫権を悲しませた。子の**孫璠**《そんはん》・**孫希**《そんき》もまた早世しており、**孫英**《そんえい》は権勢をほしいままにしている孫峻《そんしゅん》誅殺《ちゅうさつ》に失敗して自殺した（二五四）。彼の死は、あるいは二十歳代だったかも知れない。

・**孫慮**《そんりょ》（二一三―二三二）＝孫権の次男。

幼いころから賢明で、孫権はそれを高く買っていた。これからという矢先、二十歳で夭逝《ようせい》、孫権を落胆させた。

・**孫和**《そんか》（二二四―二五三）＝孫権の三男。

孫登の死の翌年、皇太子に立てられた。その一方で孫権は四男孫覇《そんは》を寵愛、孫和と同等の待遇を与えたため、群臣は二派に分かれてそれぞれを応援し、収拾がつかない状態となった（二宮の変）。面倒臭くなった孫権は孫和を廃して孫亮《そんりょう》を皇太子に立てた。諸葛恪《しょかつかく》は孫和の妃《きさき》の舅《おじ》だったが、孫峻と孫亮に謀殺された。孫峻はさらに、孫和は不軌《ふき》（謀反《むほん》）を図ったと言いがかりをつけて自殺させた。孫和は時に三十歳だった。

・**孫覇**（?―二五〇）＝孫権の四男。

右の二宮の変の結果、孫覇は自殺を命じられた。孫和の弟だから、まだ二十代のことである。孫権の寵愛をいいことに、皇太子の位を狙ったのが文字どおり命取りとなった。

• **孫奮**《そんふん》（?—二七〇）＝孫権の五男。

自分勝手な性格で、諸葛恪が殺された時（二五三）、成行きによっては帝位に即《つ》こうと考え、これを諫《いさ》めた臣下を殺したため、身分を庶民に貶《おと》された。孫亮はこれを憐れんで章安侯に封じた。

二七〇年、孫皓《そんこう》が夫人の死を悼んで数ヵ月、群臣の前に姿を現わさなかった時、孫奮か上《じょう》虞《ぐ》侯孫奉《そんほう》のどちらかが帝位に即くであろうという風聞が伝わり、怒った孫皓は孫奮とその子五人を誅殺した。恐らく四十代半ばの死であろう。

• **孫休**《そんきゅう》（二三五—二六四）＝孫権の六男。三代皇帝。

二五八年、弟の孫亮が権臣孫綝《そんちん》の排除に失敗して廃されると、代わって帝位に即いた。彼は張布《ちょうふ》・丁奉《ていほう》と謀ってこの年の暮れに孫綝を殺害した。しかし二六四年七月、三十歳の若さで急死、後は孫和の子の孫皓が継いだ。

• **孫亮**（二四三—二六〇）＝孫権の七男。二代皇帝。

孫亮は孫権六十二歳の時の子で、高齢の孫権に特にかわいがられた。「二宮の変」の後、孫権は末子の孫亮を皇太子とし、孫権の死後、孫亮は僅か十歳で即位した（二五二）。朝政は諸葛恪→孫峻→孫綝と、次々に権臣の手に握られてきたのに不満を持った孫亮は、二五八年、皇后の父全尚《ぜんしょう》たちと組んで孫綝の誅殺を謀ったが失敗、廃されて会稽《かいけい》王にされ、兄の孫休が帝位に即いた。二六〇年、「孫亮が都に戻って天子になる」という流言が拡がり、孫亮は候官侯に貶され、任地に向かう途中、絶望して自殺した。一説によると孫休が毒殺したともいう。僅か十八歳での死である。

孫堅の五人の子、孫権の七人の子、合わせて十二人の中で、享年七十一の孫権を除くと、辛《かろ》うじて四十の坂を越えられたのは孫奮一人であり、彼とて孫晧の手にかかって枉死《おうし》した。短命の遺伝子に加えて、途徹《とてつ》もない不運が彼らを覆っていた。しかもそれは一門にまで及んでいる。以下にまとめてみた。

・**孫瑜《そんゆ》**(一七七—二一五)＝孫静の次男。

孫瑜は軍務の中でも学問に励み、兵士の心を巧みに掌握した。周瑜《しゅうゆ》も彼を高く評価しており、二一〇年、益《えき》州制圧作戦を実施しようとした時、彼を起用しようと孫権に進言したほどだった。しかしこれは周瑜の急死で実現せず、孫瑜は三十九歳で死去。

・**孫皎《そんこう》**(?—二一九)＝孫静の三男。

孫皎は曹操軍が二一二、二一四、二一五、二一七年と濡須《じゅしゅ》・合肥・居巣《きょそう》に進出するたびに駆けつけて、付け入る隙を与えず、精鋭の名を轟《とどろ》かせた。二一九年、呉が樊《はん》城攻撃中の関《かん》羽《う》を襲った時、孫皎は呂蒙《りよもう》の後詰《ごづめ》として睨《にら》みを利かせた。しかし、関羽父子が殺害されたこの年の同じ十二月に急死してしまった。恐らく四十歳を越えていまい。

その子孫晞《そんき》は罪を得て自殺、弟の孫咨《そんし》は滕胤《とういん》に殺され（二五六）、孫儀《そんぎ》は朝政を紊《みだ》す孫峻の誅殺に失敗して自殺した（二五五）。

●孫奐《そんかん》（一九五―二三四）＝孫静の四男。

兄孫皎の死後、その配下の兵を領した。兄が登用した劉靖《りゆうせい》・李允《りいん》・呉碩《ごせき》・張梁《ちようりよう》らを礼遇して、その長所を活用、士民の称讃を得た。兄と同じく儒者を愛し、部曲（私兵）の子弟に学ばせ、彼らの中から後に朝廷に出仕した者は数十人を数えた。が、彼もまた寿命に恵まれず、二三四年、四十歳で亡くなった。

後を継いだ孫承《そんしよう》は二四三年、恐らく三十歳前後で死去した。庶弟（妾腹の弟）孫壱《そんいつ》が継いだが、孫綝に疎《うと》まれて危険を感じて魏に逃亡（二五七）、廃帝曹芳《そうほう》の貴人（女官の位の一つ）邢《けい》氏を妻として与えられた。邢氏の横暴に堪《た》えられなかった侍女たちの手で、邢氏ともども孫壱は殺害された。その弟孫封《そんほう》は孫綝を排除しようとした呂拠《りよきよ》らの企てに加わり、これが失敗して自殺に追い込まれた（二五六）。壱・封とも四十歳を僅かに越える死だったようだ。

●孫賁（？―二一八？）＝孫羌の長男。

孫賁は従兄弟の孫瑜・孫皎・孫奐らのような才質に欠けていた。女《むすめ》が曹操の子の曹彰に嫁《とつ》いでいた縁で、曹操に人質を送って身の安全を図ろうとしたが、朱治《しゅち》の諫止で実現しなかった。命こそ奪われなかったが、このせいで豫章太守の捨て扶持《ぶち》を与えられたまま起用されなかった。その死は二一八年と思われ、四十代半ばのことであろう。後を継いだ**孫鄰《そんりん》**は二四九年、四十歳で死去。

・孫輔《そんほ》（？―？）＝孫羌の子。

孫輔は孫策を輔けてよく戦い、平南将軍・仮節・領交州刺史となったが、孫策が死去して孫権の代になると（二〇〇）、先行きに不安を感じて曹操の軍を呼び寄せようとした。しかしこの企ては露顕し、流罪《るざい》となった。これは赤壁の戦い（二〇八）の二、三年後と推察される。彼の没年は明らかでない。

この孫輔といい孫賁といい、孫羌の子たちは孫権の能力に不安を持っていたようだ。

・孫桓《そんかん》（一九八―二二三）＝孫河の三男。

韋昭の『呉書』によると、孫桓は秀麗な風貌に恵まれ、しかも博学強記（博《ひろ》い学問と知識）で、孫権は常に彼のことを「宗室の顔淵《がんえん》である」と、孔子の一番弟子になぞらえていた。二二二年、猇亭《おうてい》で敗れた劉備を急追して功を挙げ、白帝城に逃げ込んだ劉備に「あの小児《こわっぱ》にしてやられた」と口惜しがらせた。かつて劉備が京口に孫権を訪れた時（二〇八）、孫桓は十一歳だった。しかし翌二二三年、横江《こうこう》の塢《とりで》を築いている最中、急死した。享年二十六。

孫桓の長兄**孫助**《そんじょ》と次兄**孫誼**《そんぎ》は若くして亡くなり、弟**孫俊**は二五〇年に死去した。孫河の死は二〇四年だから、孫俊は少なくとも四十代後半までは生きられた計算になる。

・**孫韶**《そんしょう》（一八八―二四二）＝孫河の甥。

孫韶は二十数年もの間、長江下流の国境警備に当たり、よく兵を待遇してその死力を得た。二一九年以来、武昌《ぶしょう》に都を置いて蜀に備えていた孫権は二二九年、建業に都を遷《うつ》し、久しぶりに孫韶と会った。孫韶は青《せい》・徐《じょ》二州の要害、遠近の兵馬の多寡、魏将の姓名等、孫権の問いに詳しく答えて感心させた。二四一年死去。孫氏の中では比較的長命のほうである。

子の一人**孫楷**《そんかい》は孫皓に疑われて晋に降り、三〇四年に死去した。孫韶の死から六十三年を経《へ》ていて、相当の高齢だった。

・**孫峻**（二一九―二五六）＝孫静の曾孫。

孫峻と次の孫綝《そんちん》の伝は、悪事を累《かさ》ねたため宗室伝に加えられないで、諸葛恪・濮陽興《ぼくようこう》・滕胤ら、行動に問題があって誅殺されたり、奇禍に遭って殺害された人々を集めた『呉書』第十九に収められた。

彼は呉主孫亮と謀って諸葛恪を殺した後、丞相《じょうしょう》・大将軍として内外の権を握り、孫権の従孫《まご》でありながら、孫権の女《むすめ》の魯班《ろはん》と密通したり、多くの人々を処刑したため、非難を浴びた。二五六年、三十八歳で急死した。

●**孫綝**（二三一―二五八）＝孫静の曾孫。

孫峻の後はその遺言によって従弟《いとこ》の孫綝が継いだ。二五八年、淮南《わいなん》で挙兵した魏将諸葛誕《しょかつたん》の救援に失敗、多くの将士を死なせたため、誰もが彼を怨んだ。孫亮は皇后の父全尚らと組んで孫綝を謀殺しようとして果たせなかった。孫綝は孫休を帝位に即ける。老獪《ろうかい》な孫休は張布・丁奉の力を借りて孫綝を逮捕、必死に命請いする孫綝を赦さず、殺害した。孫綝は時に二十八歳だった。

孫氏一門は優れた人が多く、魏のように宗室を冷遇しないでよく用いたが、右に記したように伝を持つ者で七十歳を越えたのは孫権と、孫韶の子の孫楷（推定だが）を数えるだけであり、病死でなければ不慮の死に見舞われた。人間、徒《いたず》らに馬齢を重ねるだけが能ではないが、こうもたてつづけに不幸に襲われるのは、誰しも真平《まつぴら》であろう。呪われた家系としか言いようがない。

㉝「神」にしてやられた二人の君主

――孫権《そんけん》・曹叡《そうえい》

佛は常にいませども
現《うつつ》ならぬぞあはれなる
人の音せぬ暁《あかつき》に
ほのかに夢に見え給《たま》ふ

右は『梁塵秘抄《りようじんひしよう》』に載るもので、子供のころ、その注釈本を読んで妙に心に残った。神や仏は姿かたちのない存在だとそれなりに理解しており、昔の大人たちも同じ考えだったと知ったからだった。学年が進み、教科書の冒頭に「人皇百二十四代」の名が記されているのを見て、「天皇が神様なら、次々に死んでいくはずはない、変だ」と感じた。神仏は目に見えぬだけではなく、不老不死の存在であるといつしか思うようになっていて、人間の姿を持っている天皇は神でなどあるものかと訝《いぶか》しんだ。が、これを口にするのは子供心にも憚《はばか》られた時代である。『呉書』呉主（孫権）伝第二の赤烏《せきう》十三年（二五〇）から太元元年（二五一）にかけての項に、子供でさえ疑問を持った「神」の存在を本気で信じた孫権の姿が描かれている。

孫権ほど青壮年期と老年期の落差が甚だしい君主はいない。曹操《そうそう》も劉備《りゅうび》も老耄《ろうもう》の兆候は紀伝に記されているが、孫権のように酷《ひど》くない。

二五〇年、孫権は孫和《そんか》と孫覇《そんは》の間で争われた後継者問題に結着をつけ、孫和を廃し、孫覇を自殺させ、末子孫亮《そんりょう》を太子に立てた。呉の内部の乱れに乗じて、魏は征南将軍王昶《おうちょう》に南郡を、荊州《けい》刺史王基《おうき》に西陵を攻撃させた。呉では陸凱《りくかい》・戴烈《たいれつ》を派遣して事無きを得る。

こんなごたごたがあった年、神人が現われて神書を渡し、皇后を立てよと告げた。孫権は翌二五一年、神人のお告げに従って夏五月、潘《はん》夫人を皇后に立て、太元と元号を改めた。潘夫人は法に触れて刑死した役人の女《むすめ》で、孫亮の母である。性格は陰険で容姿の美しい者を嫉妬し、何人かを讒言《ざんげん》して殺させたこともある。

改元と立后を勧めた神人とは、どんな人か。

初め、臨海郡羅陽《らよう》県に王表《おうひょう》と名乗る神がいた。民間をめぐり歩いて、喋《しゃべ》ったり飲食するのは人間と同じだったが、その姿は見えなかった。側《かたわら》には紡績《ぼうせき》という名の婢女《はしため》が仕えている。

この年の五月、孫権は中書郎李崇《りすう》を派遣し、輔国将軍・羅陽王の印綬を与えて、王表を都に迎えさせた。王表は〔姿が見えないのに〕李崇に同行して都に向かい、李崇や所在の郡守・県の令長たちと議論したが、誰も屈服させられなかった。山川を通り過ぎると、王表は婢を遣《や》ってその神々に一々挨拶させた。

これは紡績と名乗る女が、今で言う腹話術で一人芝居を演じたものであり、人目を忍んで供物に手を出し、あたかも王表が食らったかのように見せかけたのに間違いない。ちなみに羅陽の「羅」は目の透《す》いた薄い絹織物のことであり、「紡績」は糸を紡《つむ》ぐこと。彼女が羅陽という地名から、自分の名を思いついたのなら、洒落《しゃれ》を解する女である。

七月、李崇と王表は到着し、孫権は蒼龍門（建業の東門）外に王表のために第舎を建ててやり、しばしば近臣に酒食を持って訪れさせた。王表は水旱《すいかん》（水害と旱《ひでり》）について予言したが、それはしばしば的中した（と言っても偶然だろう）。

せっかく神様が来てくれたというのに、孫権は十一月に病床の人となった。そして翌二五二年二月、部将や官吏が王表を訪れて福を請《こ》うたが、王表はすでに逃亡していた。そして四月、孫権は死去した。享年七十一。

呉主伝に裴松之《はいしょうし》は孫盛《そんせい》の批判の言葉を引く。孫盛が著わした『晋陽秋』『魏氏春秋』等は、裴松之の注に多く引かれている。

――盛《わたし》が聞くところでは、国が興《おこ》ろうとしている時、君主は民衆の意見に聴き従い、国が亡《ほろ》びようとする時は神の言葉に聴き従う、と言われる。孫権は年老いて志は衰え、讒佞《ざんねい》の臣が側に仕え、嫡子を廃して庶子を立て、側室を正妻とした。徳に悖《もと》るところ多しと言えよう。それなのに瑞祥を偽作し、邪神に福を求めようとした。国がまさに亡びようという兆《きざし》は顕《あき》らかではないか——。

「神」に惑わされたのは、魏の明帝《めい》**曹叡**も同じだった。

青龍三年（二三五）、寿春《じゅしゅん》の農民の妻が「私は天の神によって地上に下され、登女《とうじょ》（仙女）となるよう命じられた者である。帝室を守り、邪気を攘《はら》い、幸福を奉納しなければならない」と言い出した。人に水を飲ませたり、傷口を洗ってやると、中には治癒する者もそこそこはいた。ここにおいて彼女のために後宮に館《やかた》を建て、且《か》つ詔を下して称揚し、手厚く待遇してやった。しかし曹叡が病床に臥すに及んで（二三八）、彼女の水を飲んでも効験はなく、曹叡は彼女を殺害した。

『演義』は神々たちにまつわるこの二つの逸話に触れない。あまりに馬鹿馬鹿しかったのだろう。あるいは曹叡の場合は、符水（呪《まじな》いをした符《ふだ》と水）を信者に噉《の》ませる道教が盛んな元《げん》・明《みん》の時代、羅貫中《らかんちゅう》がこれを載せるのを憚ったのかも知れない。

曹叡にまつわる馬鹿馬鹿しい話を、もう一つ記しておこう。

曹操の后だった卞《べん》后の従孫に卞蘭《べんらん》という人がおり、若いころから才能と学問があり、官は奉車都尉・游撃将軍まで昇り、散騎常侍を加えられた。蜀・呉の二敵をそのままにして、宮殿の造営に現《うつつ》を抜かす曹叡をしばしば切諫した。曹叡は聞き入れなかったが、その真心は受け入れた。

『魏略』にいう。

――卞蘭は苦酒（アルコール中毒）と消渇《しょうかち》（糖尿病）に罹《かか》った。曹叡は当時、例の巫女《ふ》の水療法を信じていたので、使者に水を持たせてやったが、卞蘭は飲もうとしない。詔勅を下してその理由《わけ》を問うと、彼は「病《やまい》を治すのは薬に頼るべきであって、こんな水をどうして信用出来ましょうか」と答え、あくまで服用を拒んだ。そして病が亢進して卞蘭はついに死去した。当時の人々は卞蘭が直言を好んだのを知っていたので、彼は曹叡に面詰されて自殺したのだと噂したが、事実ではない――。

卞蘭のほうがまともであって、「沈着剛毅で決断と識見に富む」（明帝紀）と評された曹叡の姿が、この逸話ではどこにも見られない。

㉞ 強運で逃れた暗殺と廃位計画

——孫権《そんけん》・孫晧《そんこう》

君主である以上、生命はいつも危険にさらされている。曹操《そうそう》・劉備《りゅうび》・孫権らは、一国の君主としての器量を持っていたと同時に、暗殺の危機から逃れる強運の持主でもあった。

暗愚な君主だった蜀の後主劉禅《りゅうぜん》も、強運に恵まれていた。二五〇年、姜維《きょうい》は西平郡を攻撃し、郭脩《かくしゅう》を擒《とりこ》にした。彼は蜀で左将軍に任じられたが、ひそかに劉禅を刺殺する機会を狙っていた。しかし、さすがに警護は厳重で目的を果たせない。郭脩は劉禅の殺害を諦めて、諸葛《しょかつ》亮《りょう》（孔明《こうめい》）・蔣琬《しょうえん》亡き後、国政の重任を担っていた大将軍費禕《ひい》を、漢寿《かんじゅ》で催された宴会の席上で刺殺した（二五三）。ただし『演義』は郭脩の本来の狙いは劉禅殺害にあったとは記していない。これを記すのは『魏書』斉《せい》王紀に引く『魏氏春秋』である。裴松之《はいしょうし》は、「劉禅や費禕が生きていようと死のうと、魏の興亡には関係ない。郭脩は無駄死にした」と手厳しく批判する。

これから記す二つの事件は『演義』では触れられていない呉主二人の運の強さを物語る逸話

である。

まず、一《いち》か八《ばち》かに賭けて**孫権**の命を奪おうとした馬茂《ばぼう》の計画。彼の陰謀は二四五年七月に企てられ、『呉書』呉主伝に引く『呉歴』が記している。

――馬茂は淮南《わいなん》の鍾離《しょうり》県の県長だったが、二四〇年に征東将軍・仮節都督揚州諸軍事として淮南に臨んだ王淩《おうりょう》の意を損ねたため、魏に叛《そむ》いて呉に投降した。呉は彼を征西将軍・九江太守・外部督に昇進させ、侯に封じ、千人の兵を与えた。

孫権はしばしば御苑に行って公卿・諸将と射《しゃ》を行なった。馬茂は兼符節令朱貞《しゅてい》・無難《ぶなん》督虞欽《ぐきん》・牙門将朱志《しゅし》らと孫権を殺害する計画をめぐらせた。それは孫権が御苑に入っても、まだ公卿・諸将が苑の門前に駐《とど》まっている隙を狙ったもの。朱貞が使者の標《しるし》の節を持ち、「詔勅である」と偽って全員を捕縛、その間に馬茂が手兵を率いて御苑に入って孫権を討ち、その後、宮中と石頭《せきとう》の塢《とりで》に分かれて立て籠もり、魏に通報しようという計画だった。しかし、事は発覚して関係者は一族もろとも殺害された――。

『呉歴』は事が発覚した経緯や、何故、朱志・朱貞・虞欽らが馬茂に加担したかについて、何も記していない。『演義』がこれを取り上げて、司馬懿《しばい》父子が馬茂らを唆《そそのか》したと脚色したら面白かった。暗殺という姑息《こそく》な手段は、彼ら父子に最もふさわしい。

次に、これも未遂に終わった**孫晧**廃位計画。

孫晧の即位は二六四年七月。前年に蜀が滅び、鼎立《ていりつ》の均衡が崩れたばかりの時だった。しかも翌二六五年十二月には、司馬炎《しばえん》が魏に禅譲を強要して晋朝を建てた。呉はこの事態にどう対処すべきかを迫られる。

だが、この非常時に直面した孫晧がやったことはと言えば、気に入らぬ朝臣や宮女たちを残虐な手段で殺したり、二年の間に建業→武昌→建業と無意味な遷都を繰り返して、徒《いたず》らに民衆に負担を強《し》いることだけだった。

心ある臣下の中から、孫晧を廃して局面を打開しようとする動きが生まれてもおかしくない。意外だったのは、その首謀者が丞相《じょうしょう》陸遜《りくそん》の族子《おい》の陸凱《りくかい》だったことである。

族父《おじ》の陸遜は二四五年に亡くなっており、二六〇年代、呉を支えていたのは陸遜の子陸抗《りくこう》と、この陸凱の二人だった。陸抗は荊《けい》州の長江沿岸諸城の守りを固め、陸凱は左丞相として政治を取り仕切っていた。

『呉書』陸凱伝の終わりのほうに、陳寿《ちんじゅ》は「ある人の曰《い》うには」という書き出しで、陸凱の孫晧廃位計画を次のように記している。

——宝鼎《ほうてい》元年(二六六)十二月、陸凱は大司馬丁奉《ていほう》・御史大夫丁固《ていこ》と謀って、孫晧が廟《びょう》に詣《もう》でる機会に彼を廃して孫休《そんきゅう》(孫晧より一代前の帝)の子を立てようとした。時に左将軍留平《りゅうへい》は兵を領して儀仗《ぎじょう》の先駆となったので、これを味方に付けなくてはと思い、ひそかに計画を打ち明けた。

留平は拒んだが、しかし「誓ってこの計画は泄《も》らさない」と答えた。計画はこのために果たされなかった。太史郎の陳苗《ちんびょう》は「久しく雨が降らず、風がくるくる方向を変えるのは、まさに陰謀が行なわれようという徴《しるし》でございます」と上奏した。孫晧は深く警戒し、心おののかせたという――。

これについて、陸凱伝に引く『呉録』には、次のように記されている。

――もともと廟に詣でる場合は人を選んで大将軍の任を兼ねさせた上で、三千の兵を領して護衛とした。陸凱はこの兵を用いて計画を実行しようとし、丁奉を任用するよう選曹（人事役）に命じた。孫晧はたまたまこれを欲せず、「別人に更《か》えよ」と言う。

陸凱は選曹に「僅かな間、大将軍役を兼ねるだけであっても、その役に適《かな》う人を選ばなくてはなりません」と言わせた。孫晧は「ならば留平を用いよ」と言う。

陸凱は子の陸禕《りくい》に命じて計画を留平に知らせようとした。留平は平素から丁奉と仲が悪く、陸禕が計画を打ち明ける前に「聞くところによると、丁奉の陣営に野豬《のぶた》が入り込んだそうだが、これは凶徴だ」と喜ぶ色を見せた。これを見て陸禕は計画を伝えず、還って父に「かくかくしかじか」と話した。このため計画は中止された――。

このほかにも孫晧の廃位を考えた者がいた。首謀者は丞相の万彧《ばんいく》である。彼は烏程《うてい》の県長時代、烏程侯孫皓と知り合い、その才を讃えて帝位に即《つ》けようと積極的に動いた者だった。

二七一年正月、孫皓は「江南の君主が天下を統一するであろう」という豫言に惑わされ、母や妃妾まで連れ、大兵を率いて洛陽をめざし、華里《かり》まで進んだ。しかし大雪に苦しむ兵士たちに不穏な言動があったために引き返した。

『呉書』孫皓伝所引『江表伝』は次のように記している。

——孫皓が華里まで兵を進めた時、万彧は丁奉と留平とひそかに相談して言った。「今回の行幸は不急のことである。もしも華里に到着して戻らないようならば、社稷《しゃしょく》(国家)の事は重大だから、われわれだけでも帰らなければならない」——。

孫皓が留守の間に、急いで都に戻って別に帝を擁立しようというのである。

——この言葉が泄《も》れ伝わって孫皓の耳に届いたが、万彧たちは旧臣だったので、しばらくは何も言わず、心中、仕返しの機会を窺っていた。後に宴会が催された時、万彧に毒酒を飲ませたが、給仕役が毒の量をそっと減らしておいた。また留平にも飲ませたが、彼はそれと知って解毒薬《げどくやく》を服用したため、死なずに済んだ。万彧は自殺し、留平も憂いと怒りのため一ヵ月余りで死去した——。

この廃位計画もまた未遂に終わってしまった。『演義』はこれにも全く触れず、「建衡《けんこう》元年(二六九)から鳳凰《ほうおう》元年(二七二)の間、思うままにふるまい、戦いをつづけるのを諫めた万彧や留平らは殺された」と記すだけである（第百二十回）。

暴力を用いて事態の解決を図ろうとする暗殺は、文字どおり常に後《うし》ろ暗《ぐら》さがあり、到底許されるべき行為でない。これが認められる唯一の例外は、日本の場合、水戸藩士と薩摩藩士による大老井伊《いい》直弼《なおすけ》殺害事件（桜田門外の変、一八六〇）であろう。これがあって初めて日本の近代化が可能になった。

㉟晋の君臣をへこませた機知——孫皓《そんこう》

孫権《そんけん》の死後、呉の帝位は孫亮《そんりょう》・孫休《そんきゅう》が承《う》け継ぎ、孫休が三十歳の若さで急死すると、孫和《そんか》の子の烏程侯《うていこう》孫皓が迎えられて即位した。

これより先、孫権は孫和を皇太子に立てながら、その弟の孫覇《そんは》を愛して皇太子同様の待遇を与えたため、和・覇の間で熾烈《しれつ》な後継者争いが行なわれ、臣下もまた二派に分かれてそれぞれを支援し、大騒動となった（二宮の変）。

結局、喧嘩両成敗で孫和は廃され、孫覇は命じられて自殺し、孫権の末子孫亮《そんりょう》が皇太子に立てられた。二五二年、孫権が死去して孫亮が帝位に即《つ》いた時は、十歳という幼さだった。

これをいいことに諸葛恪《しょかつかく》が権勢を揮《ふる》ったが、孫峻《そんしゅん》に謀られて誅殺《ちゅうさつ》された。孫峻は丞相《じょうしょう》・大将軍・督中外諸軍事となって、やりたい放題にふるまったが二五六年に急死、その従弟の孫《そん》綝《ちん》が代わって朝政の実権を握った。十六歳になった孫亮はこれを憂えて孫綝を殺そうとしたが失敗して廃され（二五八）、孫休が第三代の皇帝になった。二十四歳だった孫休は巧みに機を窺って、即位の二ヵ月後、丁奉《ていほう》・張布《ちょうふ》らに命じて孫綝を殺害した。が、冒頭に記したように孫休は二六四年、三十歳で死去した。代わって二十三歳の孫皓が帝位に即いた。孫皓が迎えられたのは、彼と親しかった万彧《ばんいく》が、その才知と識見は孫策《そんさく》に匹敵するものがあると、丞相濮陽興《ぼくようこう》と左将軍張布に推薦したからだった。明君を得て国内を安定させたいと願っていた人々は彼に望みを託したが、これが大失敗だった。

即位の当初、彼は官の倉庫を開いて貧しい人々を救恤《きゅうじゅつ》（救い恤《あわ》れむ）し、宮女たちを解放して妻のない人々に与えたり、人気取りをやったが、それも束《つか》の間《ま》、粗暴で驕慢となり、臣下の多くを忌《い》み嫌い、酒色に溺れたため、地位ある者もない者も、みな失望した。

孫皓は濮陽興・張布らが、自分を帝位に即けたことを後悔していると聞いてたちまち殺害、王蕃《おうはん》・賀邵《がしょう》・韋昭《いしょう》ら自分の意向に逆らう臣下は容赦なく誅殺した。また、人の顔の皮を剝ぎ、目を抉《えぐ》り取るという残虐なことをした。目を抉ったのは、人が自分の前で目を逸《そ》らせたり、見返すのを嫌ってのことで、彼は視線恐怖症を病んでいたのであろう。

二七二年から二七七年にかけて、彼は鳳凰《ほうおう》・天冊《てんさく》・天璽《てんじ》・天紀《てんき》と慌《あわただ》しく改元したが、これらは皆、鳳凰や天冊（天が下した命令書）、天璽（天が下した印璽）、天紀（天の秩序を示すもの）などの祥瑞《しょうずい》が顕われたという報告を真《ま》に受けたからだった。

上下の人心は完全に孫皓から離れ、二人して落日の呉を支えた陸凱《りくかい》（陸遜の族子《おい》）が二六九年に、陸抗《りくこう》（陸遜の子）が二七四年に死去すると、後は滅亡を待つばかりだった。司馬炎《しばえん》はすでに二六五年（孫皓即位の翌年）に魏帝曹奐《そうかん》に迫って国を奪い、晋を建国していた。以来十五年、人心が呉を離れたと見た彼は六方面から呉討伐の軍を挙げた。晋軍は各地で連勝、二八〇年三月、孫皓はついに降伏した。

司馬炎は孫皓を助命し、帰命侯の号を与えた。五月一日、孫皓は太子孫瑾《そんきん》とともに泥首面縛《でいしゅめんばく》して洛陽の東陽門に赴いた。泥首とは頭に泥土《どろつち》を付けること、面縛とは後《うし》ろ手《で》に縛りあげること。ともに降伏する時の作法である。司馬炎は勅を下して縄を解かせ、三日、孫皓父子と会った。

孫皓は階《きざはし》を昇って稽顙《けいそう》（頭を地に近づくほど下げる礼）すると、司馬炎は「朕《ちん》はこの座を設けて卿《きみ》を待つこと久しかった」と言った。すると孫皓はすかさず、「臣《わたくし》もまた南方においてこの座を設け、陛下をお待ち申しておりました」と応酬した。

『世説新語』排調篇は、降伏した孫皓が逆に司馬炎をやり込めた、次の逸話を載せる。

——司馬炎の宴席に侍っていた孫皓は、「南人（呉人）は『爾汝《じじょ》』（爾も汝も「お前」の意味。軽侮の意味を持つ）という言葉を用いた歌を作るのが好きなそうだが、卿も作れるかね」と炎に問われた。孫皓は盃を挙げて司馬炎に勧めながら、こう歌った。

〽昔ゃ汝《おまえ》と隣同士　昔與汝為隣
今は汝の家来だぜ　今與汝為隣
汝に一献《いっこん》進ぜよう　上汝一杯酒
汝の長寿を祝うため　今汝壽萬春

晋将王濬の軍門に降った孫晧（右から三番目）

聞いた司馬炎は「しまった」と後悔したが遅かった。彼の機知はこれだけに止まらない。

ある日、司馬炎は女婿《むすめむこ》の王済《おうせい》と碁《ご》を囲んでいた。炎は「卿は何で人の顔の皮を剝いだのか」と孫晧に問うた。この時、王済が主君の前でだらしなく足を伸ばしているのを見た孫晧は、すかさず「剝いだのは君主に無礼な態度をとる男の皮でした」と答えた。王済は太原郡の名族で呉の討滅に大功があった王渾《おうこん》の子である。自分の国を滅ぼした王渾に対する腹癒《はらい》せは、王済をやり込めることによって成就《じょうじゅ》した。

『演義』では、孫晧に対して賈充《かじゆう》が問うたことにしてある。孫晧は「臣下でありながらその君を弑《しい》した者や、奸佞《かんねい》不忠の奴輩《やつばら》にこの刑を加えました」と答えた。父の賈逵《かき》が魏の名臣でありながら、司馬氏の党与として高貴郷公曹髦《そうぼう》を部下の成済《せいせい》兄弟に命じて殺させた賈充は慚《は》じ入って返す言葉がなかった。

この逸話から見ると、孫晧の頭の回転の速さは相当なものである。万彧《ばんいく》の「孫策にも匹敵する」と評した言葉も、強《あなが》ち偽りとは言い難い。この機知と在位中の凶行とは、どう結び付くのだろうか。

なまじ頭が冴えていた分、呉の将来が見えてしまって絶望し、自棄《やけ》になったとしか思えない。瑞祥を信じたのは「溺れる者は藁をも摑む」心理でもあったろう。司馬氏嫌いの筆者は、みごとに司馬炎をやり込めた『世説新語』の孫晧の逸話を『演義』ファンに紹介したくて、この項を設けた。

㊱われわれに土下座外交はない

——趙咨《ちょうし》・沈珩《しんこう》・鄭泉《ていせん》・馮熙《ふうき》・張温《ちょうおん》・陳化《ちんか》・紀陟《きちょく》

『呉書』呉主伝で陳寿《ちんじゅ》は孫権《そんけん》を「身を屈して辱《はじ》を忍び、才に任じ、計を尚《たっと》び、句践《こうせん》の奇英あり、人に傑《すぐ》れしものなり」と評している。越王句践（春秋時代）は「臥薪嘗胆《がしんしょうたん》」の艱難《かんなん》と屈辱を忍んで宿敵呉王夫差《ふさ》を殪《たお》した人物で、陳寿は孫権をこれに比している。

孫権は自国の利益になると判断すれば、樊《はん》城攻撃中の関羽《かんう》を襲って殺し（二一九）、これを怒った劉備《りゅうび》が征呉の軍を興《おこ》すと魏に臣従すると申し入れ（二二一）、劉備を猇亭《おうてい》で大敗させても（二二二）魏が侵攻する動きを知れば、勝者の立場に在りながらたちまち蜀に和睦を請《こ》うという、変幻自在の外交を展開した。

しかも孫権は、それを輔ける優《すぐ》れた使臣に恵まれていた。臣従を誓う場合でも和睦を求める場合でも、主張すべき点はきちんと主張し、当然のことであるが、自国の利益を最優先させて屈する色を見せなかった。

本項では彼ら使臣の活躍をまとめてある。

まず**趙咨**。二二一年七月、劉備は関羽の復讐のため征呉の軍を発した。これに乗じて魏が侵攻するのを恐れた孫権は、曹丕《そうひ》に臣従を申し入れる。とともに、関羽に降伏した後、呉に抑留されていた于禁《うきん》と、その司馬の東里袞《とうりこん》・領護軍の浩周《こうしゅう》たちを魏に送還した。曹丕は太常《たいじょう》（天子の儀礼・祭祀を司る）の刑貞《けいてい》を派遣、孫権を呉王に封じ、九錫《きゅうせき》（大功ある臣下に加えられる九種の恩典）を与えた。

これに対して趙咨が答礼の使者として派遣された。「孫権はいかなる人物か」と曹丕が問うと、趙咨はこう答えた（『呉書』呉主伝）。「聡明仁智雄略の主でございます。魯粛《ろしゅく》を凡品（目立たない普通の人）から取り立てたのは聡、呂蒙《りょもう》を行陣《こうじん》（兵士）より抜擢したのは明、于禁を捕えて殺さなかったのは仁、荊《けい》州を無血占領したのは智、三州（揚・荊・交州）に拠って天下を虎視《こし》眈眈《たんたん》と狙うのは雄、陛下（曹丕）に身を屈して臣事するのは略でございます」。

今、孫権が魏に臣事するのは天下を狙う一時の方便に過ぎない、と言い放った。

また、韋昭《いしょう》の『呉書』によると、趙咨は呉を征伐してもいいかと威《おど》す曹丕に対して「大国に征伐の軍があるならば、小国には防禦の陣があります」と切り返し、怯《ひる》む色を見せなかった。

趙咨のこれらの答弁は『演義』にも記される（第八十二回）。

次の**沈珩**については『演義』は何も記さない。

曹丕は答礼の使者趙咨に、孫権の長子孫登《そんとう》を東中郎将とし、万戸侯に封じようと伝えた。これによって孫登を入朝させ、人質にしようというのである。孫権は長子の弱年（十三歳）を理由に、沈珩を送って辞《ことわ》りを陳《の》べさせ、併せて土産の品を献上した。

曹丕は彼に「呉は魏の東征を疑っているか」と問うと、沈珩は「以前からの盟約と交誼が両国にありますゆえ、疑ってはおりません。もしも魏が盟約を違《たが》えられても、私たちにも防禦の備えがございます」と答えた。

さらに「太子が間もなく来ると聞くが、そのとおりか」と問われると、彼は「東朝（呉の朝廷）におりましても、臣《わたくし》は朝会や宴席に加わらず、そのような論議に与《あずか》ってなく、したがって何も聞いておりません」と言う。その率直な答えを曹丕は善《よ》しとして、終日談論した。その間、曹丕の問いに対して打てば響くように応じ、少しも屈服しなかった。

沈珩は滞在の間、侍中の劉曄《りゅうよう》と交わりを結び、彼が策謀をめぐらせていることを探り出した。帰国後、沈珩は「盟約を長く守ろうとする気は魏にない。労役を廃して農蚕に励み、軍資を蓄積し、優れた人材を招致すべし」と孫権に勧めた。沈珩は使者の役をみごとに果たしたことを評価されて、永安郷侯に封じられた。

二二二年閏《うるう》六月、孫権は劉備を大敗させてほっとしたのも束《つか》の間《ま》、太子孫登を入侍させないのに業《ごう》を煮《に》やした魏が九月、大兵を催して呉に向かった。十一月、孫権は蜀との外交関係を修復して二国を敵に回す事態を避けようとした。

　そこで蜀に派遣されたのが**鄭泉**である。劉備は彼に、皇帝即位を告げた書簡に対して、孫権が何故返事をよこさないのかと詰問した。すかさず鄭泉は言い返す。

「曹操《そうそう》父子は漢室を蹂躙《じゅうりん》して皇帝の位を奪い取りました。殿下は宗室であり、維城《いじょう》の責《せき》（城のように抑えの役となる責任）がございます。しかし海内《かいだい》（天下）に率先して武器を執《と》ろうとせず、かえって自ら帝号を称されたのは、天下の輿論《よろん》に合致いたしません。それゆえ、わが君は御返事をまだ書かれないのです」。

　帝位を称した劉備を陛下と言わずに鄭泉は「殿下」と呼び、孫権と同じ王としか見ていない。痛いところを衝《つ》かれた劉備に慚《は》じる色があった。修好を求める立場に在りながら、鄭泉は少しも卑屈な態度を見せないどころか、逆に劉備をやり込めた。

　二二三年四月、永安宮で劉備が亡くなると、孫権は立信都尉**馮熙**を弔問の使者として送った。その翌年、馮熙は使者として魏を訪れた。曹丕は彼に「呉王が長く友好を保ちたいと思うならば、巴蜀《はしょく》に押し進むべきである。それなのに蜀に再び修好の使者（張温《ちょうおん》）を送った（二二四）のは、何か企むところがあろう」と詰問した。

　馮熙は、それは答礼のためのものに過ぎず、且《か》つ蜀の弱点を窺っただけであって、謀議などありはしないと否定した。

さらに曹丕が「聞くところによると、呉は連年災害や旱魃《かんばつ》に襲われ、有能な人材も少なくなったそうだ。これを大夫《きみ》（馮熙はこの時、中大夫だった）はどう見るか」と訊《き》く。これに対して馮熙は「呉王は生まれつき聡明で、人才をよく用い、彼らの信頼を得ております。臣下は恩徳に懐《なつ》いて忠義を尽くそうとし、帯甲（武装兵）百万、穀帛《こくはく》（穀物と帛《きぬ》）は山の如く積まれ、これこそ金城湯池、富強の国と申せます」と答える。

曹丕は小癪《こしゃく》なと思いながらも、馮熙と同郡（潁川《えいせん》）の重臣陳羣《ちんぐん》に命じて魏に付かせようとした。馮熙はこれを拒み、このままでは君命を辱しめることになると、自ら刃に伏した。しかし御者が気づいてすぐに手当てしたため、死ねなかった。

これが孫権に伝わると、彼は「その昔、匈奴《きょうど》に囚《とら》われてもついに節を屈しなかった蘇武《そぶ》と何ら異ならない」と言って流涕《りゅうてい》した。馮熙はそのまま抑留され、呉に帰ることなく異郷で亡くなった。

以上は『呉書』呉主伝に引く韋昭の『呉書』に拠った。『演義』ではこの義人について何も触れない。

張温はその応対と弁舌の才により、孫権に厚い信頼を寄せられており、二二四年夏、命じられて蜀に赴いた。前年、修好を深めようと蜀が使者鄧芝《とうし》を派遣した答礼のためである。

孫権から使者として応対一切を委《ゆだ》ねられた張温は、劉禅《りゅうぜん》を殷《いん》の高《こう》宗や周《しゅう》の成《せい》王に譬《たと》えて、遠近の者はすべて風を慕って信頼を寄せていると述べ、軍事や労役に煩《わずら》わされて、心ならずも今まで疎遠のままだったことに遺憾の意を表明した。高宗も成王も同じように若くして父を喪《うしな》ったが、前者は中興を成し遂《と》げ、後者は天下に太平を招来した明君である。

孫権は蜀政を讃美したことに不快感を抱き、またその高い名声は人々を眩惑《げんわく》し、彼はやがて自分の思うとおりに動くまいと疑うようになった。そして失脚させる機会を窺う。

張温が不運だったのは、彼が登用した曁艶《きえん》の厳しい人事考査が人々の恨みを買い、誅殺《ちゅうさつ》されたことである。累《るい》は張温にも及び、孫権は彼を薪《たきぎ》採りの小役人にしてしまった。落胆した張温は、蜀に使いしてから六年後、三十八歳の若さで病死した。諸葛亮《しょかつりょう》（孔明《こうめい》）は「彼の失脚は清濁と善悪のけじめをはっきりつけ過ぎたためであろう」と言って深く惜しんだ。

陳化は群書を博覧し、気性は剛毅で、身長七尺九寸（約一八八センチ）、あたりを払う威風の持主だった。彼については『呉書』呉主伝所引の韋昭の『呉書』に記述がある。それによると、陳化は郎中令として魏に使いしたことがある。ただし、それが何年のことだったか明記されていないが、二二四年九月の魏の広陵進出以前であろう。

曹丕は陳化に「魏と呉が対立しているが、海内を統一するのはどちらと思うか」と問うた。陳化は「易《えき》の説卦《せつか》伝には『帝は震《しん》（東方）に出づ』とあり、しかも天命をよく知る先哲は、天子の儀仗《ぎじょう》は呉の星座の分野にかかり、運気は東南の分野に在りと申しておりました」と答える。

「では昔、周の文王《ぶん》は西伯（西方の覇者）から立って天下を統一したのはどうしてか」と重ねて問うと、陳化は「周が初めて基《もとい》を築いたのは、一族の呉の太伯《たいはく》が東に在って睨《にら》みを利かせていたからこそ、文王は西方から興ることが出来ました」と弁駁《べんばく》した。

曹丕は笑って反論せず、心中、その辞《ことば》を高く評価した。『演義』はこの人に関しても触れていない。

以上の六人はすべて孫権の時代の人だが、最後に取りあげる**紀陟**は孫晧の時代の人である。落日の呉に在って魏に使いした彼の外交手腕は、先人たちに少しのひけも取らなかった。

二六四年、魏朝の内外の実権を握って晋《しん》王に封じられた司馬昭《しばしょう》は、呉の降将を用いて世の趨勢《すうせい》（二六三年、蜀滅亡）を説かせ、孫晧に降伏を勧告した。翌年三月、孫晧は光禄大夫紀陟と五官中郎将弘璆《こうきゆう》を送り、司馬昭の晋王就任を祝うとともに、和親の意はあっても降伏する意志がないことを伝えた。

魏帝曹奐《そうかん》が接待役を通じて「こちらに来る時、呉王の様子はどうだったか」と問う。紀陟は「その時、皇帝は親しく軒《のきばた》までお出ましになられ、百官がお側に侍し、お食事もよく召し上がりました」と答えた。

司馬昭が催した宴席で、「あれは安楽公（劉禅）、あれは匈奴の単于《ぜんう》だ」と紀陟に指し示す。

く答えた。

紀陟は「二人がこの席に在ることは威恩が遠くにまで顕《あら》われた証《あかし》でございます」と、そつなく答えた。

司馬昭が呉の防備の状況を訊くと、彼は西陵から江都（長江中流の要衝西陵から、首都建業の下流の河口）まで五千七百里あると答え、「広範な防備は困難であろう」と言われれば「その間の必争の地は四ヵ所のみ、ここさえ固めれば問題ありません」と答えて、魏の来寇を懸念する様子を見せない。司馬昭はこの応対を善しとし、厚く礼待した。

紀陟の伝は『呉書』にはなく、同書孫晧伝に引く干宝《かんぽう》の『晋紀《しんぎ》』に右の問答が記される。彼もまた『演義』に登場しない。

趙翼《ちょうよく》の『廿二史劄記《さつき》』（③参照）の巻十四には「南北朝の通好は使命を以《もっ》て重きとなす」の一項があり、互いに第一流の人物を厳選して相手の国に使者として送り、自国の光を輝かそうとした例を列挙する。そして趙翼は「これらの使臣はよく国家のために樽俎《そんそ》の間に折衝（宴席の間で外交交渉して敵の勢力を挫《くじ》く）し、隣国に軽視されないように努めた。これこそ『四方に使いして君命を辱しめざる者』たちである」と述べ、「この時代、南北ともに使者の詮衡《せんこう》を重要視していた」と結ぶ。

呉の使臣たちの行事《こうじ》を記していて、右の件《くだり》を思い出した。彼ら七人は南北朝の使臣の活躍の先蹤《せんしょう》をなすものである。

㊲二十年遅く死なせた陳寿《ちんじゅ》の過誤《ミス》

――凌統《りょうとう》

二〇三年、孫権《そんけん》は父孫堅《そんけん》を殺した黄祖《こうそ》を討ち果たそうと夏口《かこう》（㉘地図参照）を襲った。しかし、この戦いで兄孫策《そんさく》以来の旧将凌操《りょうそう》は黄祖配下の将軍甘寧《かんねい》に射殺され、孫権は得るものなく撤退した。甘寧は巴《は》郡の人で、無頼の若者を集めて統領となり、長江沿岸の諸県を荒らし回っていたが、後に学問に志し、行ないを改めて荊《けい》州の劉表《りゅうひょう》に身を寄せた。そして劉表には乱世を乗りきるだけの力がないと知り呉に行こうとしたが、夏口に劉表の部下の黄祖がいたため、止《や》むを得ずその下についた。凌操を射殺したのはこの時のことである。

凌統は当時十五歳、字《あざな》を公績《こうせき》といい、一八九年の生まれである。凌統は見所があると称讃する者が多く、孫権もまた彼の父が国事のために死去したことを悼《いた》み、そのまま凌操の兵を凌統に与えた。

二〇六年、麻屯《まとん》の山越《さんえつ》の討伐に向かった凌統は、攻撃前夜の酒宴の席でしつこく父の悪口を繰り返した陳勤《ちんきん》という男を斬り殺した。翌日、「主君の部下を殺した罪は死んで贖《あがな》うしかない」と淩統は命を的に戦って賊の砦《とりで》を陥《おと》した。孫権は彼の功は罪を贖うに余りあると認めて不問に付した。

一方、甘寧は黄祖の都督蘇飛《そひ》の力添えによって、離散した部下を集めて長江を下り、孫権に見《まみ》えて部下となった（二〇八）。そして黄祖は耄碌《もうろく》して兵士の心が離れ離れになっている今こそ、征討の好機だと進言した。

重臣張昭《ちょうしょう》は難色を示したが、孫権は「今年の戦いは一切《いっさい》を君に委《ゆだ》ねよう」と言い、夏口に向かった。淩統は董襲《とうしゅう》とともに各々百人の決死の兵を率い、二隻の蒙衝《もうしょう》（装甲船）を連結した甲板上に千余の兵を置いて弩《いしゆみ》を乱射する敵に迫って蹴散らした。黄祖は逃走を図ったが捕えられ、孫権は十七年後に父の敵《かたき》を討つことが出来た。

同じく孫権の部下になったとはいえ、父を殺した甘寧を淩統は恨んでおり、甘寧もまたこれを警戒していた。

ある日、呂蒙《りょもう》の宴会の席上、淩統が刀を持って舞い始めると、甘寧は「私は双戟の舞いが出来る」と言って立ちあがる。呂蒙は「興覇《こうは》（甘寧の字）も上手《うま》かろうが、私のほうが上だ」と言いつつ刀を執《と》り、盾《たて》を持って二人の間に割り込んだ。

淩統の気持を知って、孫権は甘寧の任地を半《はん》州に更《か》え、二人を遠ざけた。『演義』ではこの後、甘寧が合肥《がっぴ》の戦い（二一五）において淩統の危機を救い、両者は和解して、以後親交を結んだというふうに脚色した（第六十八回）。この戦いの時、孫権は魏将張遼《ちょうりょう》に追撃され、あわやの危機に陥《おちい》った（⑲参照）が、身に深傷《ふかで》を負いつつ奮戦した淩統の働きで事無きを得た。

淩統は平素から有能な士を愛し、士もまた淩統を慕った。彼と同郡の盛暹《せいせん》の器量は自分より勝《まさ》ると世間で噂されていたが、淩統はこれに対して何のわだかまりも持たず、親しく接した。

淩統は山越の跳梁に苦慮する孫権に、「彼らを討伐した上で、威恩（威圧と恩恵）並び加えてその心を攬《と》り、勇猛な者を兵士として徴発したら如何《いかが》か」と提案した。孫権は即座に認可した。士心をよく得ていた淩統の作戦は成功、山越を降して兵士一万余人を得た。帰途、郷里の余《よ》杭《こう》を通りかかると、少しも格式張らずに役人たちに接し、昔馴染《なじ》みに対して厚い心遣いを示した。そして出立しようとした矢先、急死した。享年四十九。

知らせを聞くや、孫権は牀《ベッド》からとび起き、悲しみに暮れ、後々まで話が彼のことに及ぶと涙を流して死を惜しんだと伝えられる。

淩統の山越討伐がいつ行なわれたのか、本伝は記していない。『演義』では、劉備《りゅうび》を猇亭《おうてい》で破る（二二二）前夜、周泰《しゅうたい》・韓当《かんとう》らとともに淩統が先鋒を買って出た記述（第八十四回）を最後に、以後全く姿を消して、その死すら記されていない。

『三國志集解《しっかい》』を著わした盧弼《ろひつ》は、この著作の中で、「享年四十九は二十九の誤りではないか」

とする陳景雲《ちんけいうん》という学者の説を紹介している。
――淩統の父は建安八年（二〇三）に戦死、時に淩統は十五歳だった。麻屯の勝利は建安十一年（二〇六）のことである。彼が四十九歳の時は赤烏《せきう》年間（二三八―二五一）。ただし正しくは嘉《か》禾《か》六年、（二三七）に当たる。淩統は父の兵を領してしばしば戦功を立てていた。もし赤烏年間まで生存していたならば、合肥で孫権の危急を救った（二一五）以後、その勇を揮《ふる》う期間は二十余年もある。それなのにその後の功績が全く記されていないのはどうしたことか――。

そのとおり、合肥以後のことは本伝に記されていない。陳景雲はさらにつづけて、
――〔『呉書』〕駱統《らくとう》伝によると、駱統は淩統の死後は彼の兵を領し、陸遜《りくそん》に随って蜀を破った（二二二）。となると、淩統の死はこれ以前のことであり、恐らく三十歳を踰《こ》えていまい。四十九の四は二の誤りであろう――。

この説は正しいと思う。享年二十九とすれば、彼の死は二一七年のことである。従って淩統が猇亭の戦いで先鋒を買って出たことはあり得なく、羅貫中《らかんちゅう》は駱統伝の「淩統の死後、その兵を領し云々」の記事を見過ごしたに違いない。とはいえ、羅貫中《らかんちゅう》を責められない。精細な注を加えた裴松之《はいしょうし》でさえ、これに気づかなかったのであるから。

㊳張魯《ちょうろ》と組んで劉備《りゅうび》を挟み撃ちしよう

——呂岱《りょたい》

益州《えきしゅう》の牧劉璋《りゅうしょう》は、漢中の張魯を曹操《そうそう》が討とうとしていると聞いて恐怖した。もし張魯が敗れれば、曹操が次に狙うのは益州だからである。法正《ほうせい》・張松《ちょうしょう》は早くから劉備を君主として奉戴したいと考えていたから、劉備を迎えて張魯を討たしむるべしと進言した。劉璋は群臣の反対を抑えて法正を派遣、劉備に張魯討伐を依頼した。

劉備にとっては渡りに船である。関羽《かんう》・趙雲《ちょううん》・諸葛亮《しょかつりょう》(孔明《こうめい》)らに荊州《けい》を守らせ、自分は龐《ほう》統《とう》・黄忠《こうちゅう》・魏延《ぎえん》・霍峻《かくしゅん》らを率いて長江を遡上《そじょう》した(二一一)。劉璋は涪《ふ》で劉備を迎えて百余日も宴飲を重ねたというから、劉備が涪に至る経路は、長江を上って江州に至り、そこから長江支流の涪水を遡《さかのぼ》って涪県に達したと思われる(⑧地図参照)。

劉璋は劉備の兵を増強してやり、同時に白水の楊懐《ようかい》・高沛《こうはい》の軍の指揮権も与えた。劉備の軍は全軍併せて三万、豊富な武器と軍糧を入手した。この後、葭萌《かぼう》に到着し、張魯を討たずにひたすら所在の住民に恩徳を布《し》くことに努めた。

葭萌も白水も西漢水沿いにある（⑧地図参照）。地図を見てわかったが、涪の会見を終えた後、劉備は墊江《てん》まで下って、ここから涪水と分岐して北に向かう西漢水を上って葭萌に行ったようである。

二一二年十月、曹操の濡須《じゅしゅ》攻撃の動きを察した孫権《そんけん》から、劉備に救援の要請が来た。劉備は劉璋に「張魯は守勢の賊ゆえ心配は無用、孫権の危急を救わねばならない」と使者を送って、さらに一万の兵と軍需品を要求した。

さすがに劉璋も訝《いぶか》しんで、兵は四千、軍需品は要求の半分しか与えなかった。愚図愚図している劉備に対して当然の対応だが、劉備は違約だと難癖をつけ、成都攻略に向かう。そして荊州から張飛《ちょうひ》・趙雲と孔明を呼び寄せ、各地で劉璋の兵を破り、二一四年には成都の北四十キロの雒《らく》にまで進んだ。雒で龐統を失う痛手はあったが、ついに五月、劉璋を成都に降した。

右が劉備が益州を奪った概略だが、この同時期に呉が漢中の張魯と結ぼうとする動きがあったと『呉書』に記されているのは、『演義』ファンには初耳であろう。それは呂岱伝と呉範《ごはん》伝の二ヵ所にある。

呂岱は二五六年に九十六歳で亡くなった。字《あざな》は定公《てい》、劉備と同年の一六一年生まれの人で、驚異的な体力と気力の持主だった。二二〇年（六十歳）には交州《こう》を平定したあと九真（越南北《ヴェトナム》部）を討伐、二三五年（七十五歳）には会稽《かいけい》郡の賊を討伐、二四〇年（八十歳）には交州諸郡の叛乱を一年がかりで鎮定した。二四五年に陸遜《りくそん》が亡くなると、八十五歳で武昌《ぶしょう》右部の督となった。老将と言えば『演義』では黄忠の代名詞のようになっているが、彼でさえ呂岱に遙かに及ばない。だが、呂岱は孫権の臨終の際（二五二）、枕頭に諸葛恪《しょかつかく》とともに呼ばれて後事を託されたとしか『演義』は記さない（第百八回）。

呂岱伝に引く韋昭《いしょう》の『呉書』は次のように記す。

――二一一年、呂岱は郎将の尹異《いんい》らを指揮し、二千の兵を率いて西に向かい、漢中の賊の首領張魯に漢興郡の蹇《けん》城まで来るよう誘いをかけた。しかし張魯は呂岱の真意がどこにあるのか疑って道を遮断したため、計画は上手《うま》くゆかなかった。孫権は〔計画を諦めて〕呂岱を帰還させた――。

ここに記される漢興郡は二二〇年に改名された魏興郡のことである。郡治の西城は漢水の沿岸にある。韋昭の『呉書』の記述が事実だと仮定するならば、孫権は江陵を守る関羽の目を盗んで、ひそかに呂岱に命じて漢水を遡上させ、共に劉璋を討つ気はないか、と張魯の意向を打診させたと思われる。この前年、孫権は益州入りを計画したが、周瑜《しゅうゆ》の急死と劉備の峻拒《しゅんきょ》に遭って中止している。孫権にしても益州奪《ど》りは基盤固めの必須条件だった。

さらに呉範伝にも、呂岱の益州入りを裏付ける記述がある。

呉範は字を文則《ぶんそく》といい、会稽郡上虞《じょうぐ》の人。暦法と風気（風占い）に明るいことで郡中の人々に知られていた。孫権が江東で立つと（二〇〇）呉範は部下となり、災異や祥兆《しょうちょう》があるたびに占って的中させ、孫権から深く信頼されていた。

二一二年、呉範は「甲午《こうご》の歳（二一四）に劉備は蜀を得ることになりましょう」と孫権に上言した。後に呂岱が蜀から帰り「白帝で劉備と出会ったところ、その部下はばらばらになり、死者も半ばに達しようとしています。益州を奪うことは成りますまい」と報告した。

孫権が呉範を難詰すると、彼は「臣《わたくし》が申し上げたことは天道に基づいており、呂岱は表面《うわべ》の人事しか見ておりません」と答えた。呉範が言ったように、二一四年、劉備は成都で劉璋を降し、ついに益州を手中にした——。

右の記事は裴松之《はいしょうし》の注に見えるものではなく、本伝に記されている。清《しん》の学者何焯《かしゃく》は「先主（劉備）は蜀に入って葭萌から劉璋を攻撃したのだから、当時、長江の畔《ほとり》の白帝にいて、呂岱と遇う道理がない。承祚《しょうそ》（陳寿《ちんじゅ》の字）は蜀の人、道筋が違っているのを知っていたはずである。しかし、ことさらにこの記事を載せたのは、呉人の偽妄《ぎもう》（偽りのいいかげんさ）を見《あら》わしたかったからである」と言って信用していない。

確かにそのとおりだが、この件《くだり》を『演義』に利用しない手はない。会った場所を別の所に換え、いくらでも脚色出来たのではないかと惜しまれる。

㊴魏は砂嚢で長江を塞《せ》き止めるつもり

——歩騭《ほしつ》

歩騭は字《あざな》を子山《しざん》といい、臨淮《りんわい》（下邳《かひ》）郡淮陰《わいいん》の人。後漢末の動乱を避け、同い年の広陵の衛《えい》旌《せい》とともに江東に移住した。そして瓜を植えて生活費を稼ぎ、夜は二人して経伝（経書とその解釈）を読んで勉強する日々を過ごした。本伝に引く韋昭《いしょう》の『呉書』によると、彼は博《ひろ》く道藝《どうげい》（道徳と学藝）を究《きわ》めて目を通さないものはなく、性格は鷹揚《おうよう》且《か》つ沈着で、謙虚に人を受け入れたという。

後に会稽《かいけい》郡に移って生計を立てようとしたが、ここは郡の豪族焦嬌《しょうきょう》とその食客が我物顔《わがものがお》にふるまっていた。彼らに乱暴されるのを恐れた二人は焦嬌を訪れ、名刺を出して瓜を献上した。が、焦嬌は奥で横になってなかなか出て来ない。

衛旌がもう帰ろうと言うと、歩騭は「そんなことをすれば彼の怨みを買うだけで、ここに来た意味がなくなってしまう」と押しとどめる。長時間待たせた挙句、焦嬌は出て来たが、自分は屋内で脇息《きょうそく》に凭《もた》れ、二人を地面《ちべた》の蓆《むしろ》の上に坐らせた。この屈辱に対して、歩騭は平然としていた。しばらくして食事が出された。焦矯の前には夥《おびただ》しい御馳走が並べられているのに、彼らの前には飯と野菜だけしか置かれていない。衛旌は食べる気にならなかったが、歩騭は余すことなく腹一杯食べてから辞去した。

衛旌は怒って歩騭に「どうしてこんな辱《はずか》しめに堪《た》えられようか」と言う。これに対して歩騭は「われわれは貧賤で身分がないから、主人《あのひと》はそれ並《な》みの待遇しか与えなかった。これは当然のことで、どうして恥じることがあろう」と意に介さなかった。

歩騭は『演義』にたびたび顔を出し、関羽《かんう》を魏の曹仁《そうじん》と組んで挟撃する作戦を立てたり（第七十三回）、そこそこ活躍しているが、焦矯を訪問した逸話には触れていない。

歩騭は孫権《そんけん》に仕え（二〇〇）、二一〇年、命じられて交《こう》州刺史となり、千人の武装兵を率いて州の治所が置かれた南海部の番禺《ばんぐう》に赴いた。郡の西隣の蒼梧《そうご》太守呉巨《ごきょ》はもともと荊《けい》州の劉表《りゅうひょう》によって任命された者で、表面は呉に従うふりをしながら、異心を内に隠していた。歩騭は赴任するや、たちまち彼を斬り、交州の士人を慴伏《しょうふく》（勢いに靡《なび》き伏す）させた。

当時、交州は士燮《ししょう》兄弟とその子弟が実権を握っていた。交州は現在の広東《カントン》省・広西壮族《カンシーチワンぞく》自治区から越南《ヴェトナム》のサイゴン市近くまでを含む地域である。この広大な地域を後漢の桓《かん》帝（在位一四七―一六七）の時代、士賜《しし》（士燮の父）が日南太守に就任して以来代々支配し、一族が誅殺《ちゅうさつ》された二二六年まで七十年近く、半ば独立国的な存在として勢威を揮《ふる》った。

中国の東北、幽《ゆう》州から朝鮮半島北半分を領有し、同じように半独立国的存在だった公孫氏三代、公孫度《こうそんたく》・公孫康《こうそんこう》・公孫淵《こうそんえん》に関して、『演義』はしばしば言及するが、士燮らは一度も登場しない。従って『演義』ファンは三国時代の交州の情勢を知ることが出来なかった。

益《えき》州南部は交州の北にあり、この地の豪族雍闓《ようかい》は蜀が任命した益州太守正昂《せいこう》を殺し、士燮を通じて呉に帰服したいと申し送った。歩騭は上表してこれを孫権に伝えた。以後、呉はこのルートで益州南部の諸豪族や西南夷を煽動し、蜀の背後を脅やかすようになった。劉備《りゅうび》の訃報《ふほう》が伝わる（二二三）と彼らが一斉に蜂起したのは、こうした下地《したじ》があったからである。

孫権が帝位に即《つ》く（二二九）と歩騭は驃騎《ひょうき》将軍に任じられ、陸遜《りくそん》に代わって西陵《せいりょう》の都督となり、魏蜀と境を接する要地を守る。

これより先、歩騭伝に引く張勃《ちょうぼつ》の『呉録』は、彼の珍妙な内容の上表を載せる。

――「北方の降人の王潜《おうせん》らが申しますには、近ごろ魏では隊伍を整えて東に向かおうと図り、数多くの布嚢《ぬのぶくろ》を作って砂を盛り、それを沈めて長江を塞き止め、大挙して荊《けい》州を襲おうとしているとか。あらかじめ備えを設けておかないと急な事態に対処出来ません。どうか御用心なされますよう」。孫権は「奴らは疲れ果てているから、わが国を襲おうとしても決して出来ないだろう。もしも私の言葉が外《はず》れたならば、牛千頭を屠《ほふ》って君に御馳走しよう」と答えた。後に孫策《そんさく》以来の旧将呂範《りょはん》と諸葛瑾《しょかつきん》の子諸葛恪《しょかつかく》に歩騭の上表の件を孫権は話して「いつも彼の表を読むたびに失笑してしまう。長江の流れは開闢《かいびゃく》（世界の始まり）とともに生じたもので、どうして砂嚢如きで塞《ふさ》げるものだと言えようか」――。

「道藝を究めた」人らしからぬ歩騭の言葉には、孫権ならずとも笑ってしまうが、今、「三峡ダム」の建設工事が進行中で、二〇〇九年には完成する予定である。これを孫権が知ったら、どんな顔をするだろうか。このダムの建設地点は湖北省宜昌《ぎしょう》県三斗坪《さんとへい》で、ここで長江の水を塞き止め（砂嚢ではない）、総発電量千八百二十万キロワットの発電を可能にする。これによってダムの水位は百七十五メートルも上がり、ダム湖は約六百三十キロ（東京―大阪間）上流の都市重慶《じゅうけい》にまで達し、このため、百十三万人の住民は転居を余儀なくされた。

「三峡」とは上流から瞿唐《くとう》峡・巫《ふ》峡・西陵峡とつづき、古来から難所として知られていた。西陵まで下ると川幅は広くなるが、上流の二峡は断崖が江辺に迫り、劉備の東征（二二一）の苦労が偲《しの》ばれる。

右の逸話を残した歩騭は二四六年に陸遜の死去に伴って丞相《じょうしょう》となり、翌年に死去した。西陵に在ること十八年、敵もその威信を恐れていた。しかし自分の服装は儒者のように質素だったが、門内に入ると妻妾の服飾が華美だったため、人はこれを譏《そし》ったという。

㊵ 橘《みかん》のお蔭で後世に名を残す

——陸績《りくせき》・李衡《りこう》とその妻習《しゅう》氏

この項は余談から始める。

筆者は敗戦の年の三月、父の郷里和歌山県に疎開、結局六年も居ついてしまったが、その間に蜜柑《みかん》を飯代わりに、いやというほど食べた。食べて顔が黄色くなった。血の半分には今でも蜜柑が含まれているに違いない、そう信じている。

蜜柑で思い出すのは国民学校（今の小学校）の国語教科書に載せられていた田道間守《たじまもり》の話である。彼は垂仁《すいにん》天皇の命令で橘《たちばな》（蜜柑の古名）の実を探しに遠国に行ったが、十年後に帰国した時には天皇は百四十歳の高齢で死んでいた。田道間守はその墓前で泣きとおし、いつの間にか冷たくなっていた。この話は『日本書紀』に基づくもので、敗戦前まで彼の死は忠義の権化《ごんげ》と讃えられていた。

忠義云々は別として、昔は橘が珍重されていたことをこの話は示している。田道間守はそのために十年を棒に振ったばかりか、命までも隕《おと》してしまった。橘を珍重するのは中国でも同じで、『呉書』陸績伝に橘に関わる話が伝えられている。

陸績は「呉(郡)の四姓」(顧《こ》・陸《りく》・朱《しゅ》・張《ちょう》の四氏)と呼ばれた名族の出身で、父の陸康《りくこう》は新興勢力として江東に勢威を張った孫策《そんさく》が面会を求めても自分は会わず、部下に応対させて恨みを買った。陸績は早く父を亡くし、一八八年生まれの彼より五歳年長の陸遜《りくそん》が一族を取りまとめた。一九三年、袁術《えんじゅつ》は曹操《そうそう》・袁紹《えんしょう》の連合軍に敗れて九江に逃亡した。陸績は当時六歳だったが袁術に会った。

席上、袁術は橘を与えたところ、陸績はその中の三つを懐《ふところ》に入れ、退出する際にお辞儀をすると、それが床《ゆか》に落ちてしまった。袁術はすかさず「陸郎(陸氏の坊ちゃん)は、人に招かれた席で、橘を懐にするのか」とからかう。陸績はひざまづいて「帰ってから母に贈ろうと思いまして」と答えた。袁術は並《なみ》の子と異なった陸績に感銘を受けた。

この逸話から、陸績は「二十四孝」の一人に数えられた。「二十四孝」とは元《げん》の郭居敬《かくきょけい》が選び出した歴代の孝行者二十四人のことで、三国時代の人では陸績のほかに孟宗《もうそう》・王祥《おうしょう》の名が挙げられる。『演義』ではこの逸話を、孫権《そんけん》を説きつけて味方にしようと呉を訪れた諸葛亮《しょかつりょう》(孔《こう》明《めい》)が呉の群臣と論戦を交わした時、陸績との問答の中で紹介している(第四十五回)。

井原西鶴《いはらさいかく》はこれをもじって『本朝二十不孝』を著わした。親不孝者十九人のさまざまな生き方を誇張を交えながら描き、最後に御祝儀として孝行話一話を加えた短篇集である。

陸績は孝行であるばかりか、鋭い頭脳を持っていた。会稽郡《かいけいぐん》に拠った（一九六）孫策はある日、張昭《ちょうしょう》・張紘《ちょうこう》・秦松《しんしょう》らと論議を交わし、武力を用いて四方を平定しなければならないと語り合った。少年の陸績は遙か末席から「孔子は遠方の者が服従しない場合、自ら文徳を修めて彼らを招き寄せよと申されました。只今《ただいま》の論議は徳を軽《かろ》んじて武を重んずるものであって、私は年端《としは》もゆかず物事もわかりませんが、この御意見には賛同致しかねます」と大声で言い、座上の人たちに高く評価された。

陸績の学殖は経書にとどまらず、天文暦法から数学にまで及び、『渾天図《こんてんず》』（天体の運行を表わす図）を作り、『易経《えききょう》』に注を付け、『太玄経《たいげんきょう》』に解釈を施し、みな世に伝えられた。荊州《けいしゅう》の名士龐統《ほうとう》は陸績より九歳年長だったが親交を結んだ。

陸績は孫権に仕えたが直言を憚《はばか》らなかったため、遠く交州の鬱林《うつりん》太守に移された（二一〇）。あらかじめ自分の死去の日を知り、長寿を得られず志を遂《と》げられないことを悲しんだ。そして「今から六十年後、馬車は軌《わだち》を同じゅうし、文字も共通になろう（天下が統一されること）が、それを見られないのが残念である」と嘆息した。

陸績は二一九年、三十二歳の若さで亡くなった。ちなみに「六十年後」は二七九年になるが、晋による統一は二八〇年であり、陸績の予言はほぼ中《あた》った。『演義』は以上のことに関して一《いっ》切《さい》触れていない。

次に**李衡**。彼は『演義』に登場しないため、以下の事柄はファンに全く知られていない。

彼は字《あざな》を叔平《しゅくへい》といい、もともとは襄陽の兵士の子で、漢末に呉に入って武昌の庶民となった。羊衜《ようどう》（羊祜《ようこ》の父）が人物の鑑識に秀でていると聞いて訪れたことがある。当時、校事（非違の摘発を任とする）の呂壱《りょいつ》が権柄を握り、大臣さえも恐れて何も言えない状況だった。

羊衜は「李衡でなければ呂壱を困《くる》しめられない」と言って郎に推薦した。李衡は孫権に会って呂壱の悪事と失策を詳しく述べ、これを聞いた孫権に慚《は》じる色があった。その数ヵ月後、呂壱はついに誅殺《ちゅうさつ》され、李衡はこの上言を嘉賞されて要職に就く。

諸葛恪《しょかつかく》の司馬を長く務め、その府の諸事を取り仕切ったが、恪が誅殺される（二五三）と丹楊太守となった。当時、丹楊郡の治所には孫権の六番目の子の孫休《そんきゅう》がいたが、李衡はしばしば法によって彼の過失を糾問した。妻の**習氏**がいくら諫《いさ》めても李衡は聞き入れない。あまりのことに孫休は願い出て会稽郡に転出させてもらったくらいだった。ところが孫綝《そんちん》が起こした政変によって呉主孫亮《そんりょう》が廃されて、孫休がその位に即《つ》いた（二五八）。驚いた李衡は報復を避けて魏に逃げようかと習氏に相談した。

習氏は利口な女性で、夫が疑心暗鬼に駆られて魏に逃げようとする非を諫め、「琅邪《ろうや》王（孫休）は善を好み、名声ある人を慕っておられますゆえ、決してあなたを殺しは致しません。自ら進んで囚人として獄に入り、過《あやま》ちを表明なされば、命を助けられるばかりか、かえって手厚い待遇を得られましょう」と言った。李衡が言葉どおりにすると、罰せられなかったばかりか、威遠将軍を加官され、特別な者にしか許されぬ棨戟《けいげき》（行列の際に用いられる戟《ほこ》）の使用が認められた。

さて、李衡夫妻と橘との関わりである。

李衡は兵卒の子としてつましい生活を経験したせいか、いつも家産を殖やそうと心がけていたが、習氏はこれを許さなかった。そこで妻の目を盗んで、ひそかに武陵郡の龍陽に在る氾洲《ししゅう》（中洲の名）に小作人十名を送って荘園を営み、橘千株を植えさせた。

李衡は死に臨んで息子にこう伝えた。

「汝《おまえ》の母は私が財産を殖やすことを嫌がったので、こんなに貧乏なのだ。しかし田舎には千人の木奴《ぼくど》（木製の奴隷）がいて、衣食を要求しないばかりか、年ごとに一人につき一疋《ぴき》の絹を献上してくるから、これを家計に充《あ》てよ」。

子は父の死後二十数日経《た》ってから、かくかくしかじかと母に話した。習氏はこう言う。

「これはきっと甘橘を植えたのを指しておられるのでしょう。わが家から十戸の小作人がいなくなってからもう七、八年。汝の父が荘園を造らせたに違いありません。汝の父はいつも太史公（司馬遷《しばせん》）の『江陵千本の橘は、諸侯の家産に匹敵する』という言葉を口にしておられました。私は『人は徳義のないことを憂えるべきで、富んでいないことを憂えるべきではありません。官位が低くてもつつましく暮らせれば十分で、富なんて何の役に立ちましょうか』と夫に言ってやりました」。

呉の末年、橘は実を付け、毎年絹数千疋相当の収益を挙げ、家は豊かになった。晋の咸康《かんこう》年間（三三五―三四二）にも、荘園の趾《あと》と枯れた樹は残っていた――。

以上は『呉書』孫休伝に引く『襄陽記』の記事である。

具体的な値はわからないが、絹数千疋相当の収益は、司馬遷が言う（『史記』貨殖伝）ように封侯並みのものであろうし、それだけ橘が珍重されていたことを示している。ちなみに日本の場合、蜜柑が実を結ばなくなるのは、植えてからだいたい三十年と言われている。

㊶ 戦いはみんなで歌えば怖くない

――留賛《りゅうさん》

どんなに勇名を謳われた武将でも、合戦を前にしては冷静な気持にはなれなかったそうで、人間としてこれは当然のことだ。辞書では「武者震い」とは「事に臨んで心が勇み立つあまりに、からだがふるえること」（小学館『国語大辞典』）と記している。だが、これは勇み立つのではなく、むしろ戦いを前にして、死への恐怖によって自ずと体が震える現象を指しているのではないか。

筆者はいわゆる「皇民教育」を受けた世代だが、爆弾で砕け散る己《おのれ》の姿を想像したくもなかったし、弾が当たれば痛かろうと思い、兵隊になりたいとは考えなかった。「これを非国民と言わば言え」、人前でこそ口にしなかったが、子供なりに内心では開き直っていた。

加藤清正《かとうきよまさ》は「賤ヶ岳《しずがたけ》七本槍」の一人として勇名を馳せ、豊臣秀吉《とよとみひでよし》の二度の朝鮮出兵（文禄・慶長の役《えき》）の際には先鋒となり、蔚山《うるさん》籠城などで知られた勇将である。

だが、その彼も戦いは怖かったそうだ。後年、清正は「自分が初めて一番槍をした時、闇夜の中にいるような心地《ここち》して、目をつぶって念仏を唱えながら突っ込んでいった。何か手応えがあったので目を開くと敵を突きとめていた。それからは、やっと敵味方の区別が出来るようになった」と人に語っている（松浦静山《まつらせいざん》『甲子夜話《かっしやわ》』）。

また、根岸鎮衛《ねぎしやすもり》の『耳袋《みみぶくろ》』には、戦いがあれば功名を立てると意気込む若者に対して、一人の老人が「自分が伏勢《ふせぜい》に組み入れられた時、どうか敵がこの道を通らないでくれと念じ、遥かに馬煙が見えるとますます恐ろしくなって、合戦が終わったらもう武士なんて廃《や》めようと思った」と、その了簡《りょうけん》違いをたしなめた話を載せる。

戦いは恐ろしいとはいえ、場数を踏むと馴れるものらしいし、勇気も湧くものらしい。『魏書』杜襲《としゅう》伝に引く『九州春秋』は、次のような逸話を載せる。

――二〇一年、劉表《りゅうひょう》が西鄂《せいがく》県を攻撃すると、県長の杜襲は県の男女を引き連れて籠城した。時に南陽の功曹（郡の属官の一つ）の柏孝長《はくこうちょう》もまた城中にいた。敵兵の喊声《かんせい》を聞くと恐ろしくなり、部屋に入って戸を閉め、被《ふとん》を頭から被《かぶ》って息をひそめていた。両軍の攻防が半日ほどつづくと、彼はやっと少しばかり顔を出した。明け方になると部屋の片隅に立って、刀槍の音に耳を傾けるようになった。二日目、戸を開けて外に出、状況を訊《たず》ねる。こうして四、五日が経《た》つと、楯《たて》を手にして自ら戦いに加わるようになり、杜襲に「勇気は習得出来るものだったのですね」と語りかけた――。

さて、本項で取り上げる留賛である。彼は字《あざな》を正明《せいめい》といい、会稽《かいけい》郡長山《ちょうさん》の人で、呉の名臣陸遜《りくそん》と同年の生まれだった。やっと十代半ばのころ、黄巾の賊の残党呉桓《ごかん》と戦って自ら斬り殺した。しかしこの時に片方の足を傷つけ、曲がったまま伸ばせなくなってしまった。

留賛は兵書や『史記』『漢書』を手にして当時の良将の戦いぶりを読み、動きのままならぬ自分を省みて、いつも嘆息を漏《も》らしていた。ある日、近親者を呼んでこう告げた。

「英豪が並び立つ今の時代、富貴は能力さえあれば誰にでも手に入れられる。が、私は閭巷《りょこう》（民間）に在り、生きていようと死んだも同然の身の上だ。足の筋を割《さ》いて伸ばしたい。幸いに死ななければ、足は伸びて再び用いられることもあろう。もしも死んでしまおうと、それはそれまでのことだ」。

皆の反対を押しきって筋を割き、大量出血で一時は意識を失ったが取り戻し、近親の手で足は引き伸ばされ、跛行《はこう》ではあるが歩けるようになった。留賛より六歳年下だった淩統《りょうとう》はこれを伝え聞いて彼と会い、その為人《ひととなり》を高く買って孫権《そんけん》に推薦した。戦功を累《かさ》ねて屯騎《とんき》校尉にまで昇進したが、直言を憚《はばか》らなかったので孫権に煙たがられた。

二五二年、呉の太傅《たいふ》諸葛恪《しょかつかく》は東興隄《とうこうてい》で魏と対戦、この間、留賛は丁奉《ていほう》とともに魏陣を夜襲して快勝、功によって左将軍に任じられた。すでに彼は七十歳だった。

二五五年、寿春《じゅしゅん》で魏の毌丘倹《かんきゅうけん》と文欽《ぶんきん》が挙兵したと聞き、丞相《じょうしょう》孫峻《そんしゅん》は驃騎《ひょうき》将軍呂拠《りょきょ》と留賛を率いて、救援のため北上した。しかし留賛は途中で病《やまい》を得たため、孫峻は輜重《しちょう》車とともに帰国を命じた。そこに魏将蔣班《しょうはん》が歩騎四千で襲いかかる。留賛は病が重く、到底勝てないと覚悟を決め、将軍の標《しるし》の曲蓋《きょくがい》と印綬を解いて身内の若者に渡し、共に戦うと言う若者を叱りつけて帰らせた。

留賛には奇妙な癖があった。敵に突撃しようという時、まず髪を解いて振り乱し、天を仰いで絶叫し、つづいて声張りあげて歌をうたい、左右の者もこれに応じて歌う。歌い終えて軍を進めると必ず勝った。留賛は歌うことによって合戦直前の兵の臆した心を鼓舞するとともに、自身の緊張をこれによって弛《ゆる》めようとしたのであろう。合戦を直前に控えた兵士の心理を、留賛はよく心得ていた。

病で陣を整えられなかったため、蔣班の兵に留賛は敗れた。彼は「私が戦う時、いつも決まったやり方があったが、病気に苦しんでそれが出来ずにこうなってしまった。これはもとより運命である」と嘆き、ついに戦死した。享年七十三。

留賛には留略《りゅうりゃく》・留平《りゅうへい》の二人の子がいた。兄は征西将軍にまで昇進、弟は万彧《ばんいく》とともに呉主孫皓《そんこう》の廃位を謀ったのが泄《も》れ伝わり、憂憤の余り亡くなったと伝えられる（㉞参照）。『演義』では東興で魏と戦った（第百八回）と記されているだけである。

㊷「狗《いぬ》」の子の天晴《あっぱれ》な心意気

――諸葛靚《しょかつせい》

一族が三国それぞれに仕えて、しかもそれぞれが有力な臣下となったのは諸葛氏を除いて、この時代にはいない。魏の龐悳《ほうとく》とその従兄の蜀の龐林《ほうりん》、魏に降った黄権《こうけん》と蜀に留まったその子黄崇《こうすう》の例は二国間のことであり、且《か》つ名声も遠く諸葛一門に及ばない。

諸葛瑾《しょかつきん》は字《あざな》を子瑜《しゆ》といい、琅邪《ろうや》郡陽都《ようと》の人。孫策《そんさく》の後を孫権《そんけん》が継いだころ、その賓客となり、温厚で謹直な性格を愛され、大将軍・宛陵《えんりょう》侯にまで昇進した。その異母弟が諸葛亮《しょかつりょう》で字は孔明《こうめい》。劉備《りゅうび》に三顧の礼で迎えられ、劉禅《りゅうぜん》を輔佐して鼎立《ていりつ》の形勢を作りあげた。天下の統一こそ実現出来なかったが、古今の名相として知られる第一流の人物である。

諸葛誕《しょかつたん》は字を公休《こうきゅう》といい、瑾・亮の族弟《いとこ》（一族の同世代中で年下の者）に当たり、魏に仕えた詳しい経緯はわからない。「浮華の徒」と呼ばれる、空理空論を弄《もてあそ》び華やかさだけを追う者たちと交わっていたため、曹叡《そうえい》の時代（在位二二六―二三九）は日の目を見られなかった。

曹叡が死去、曹爽《そうそう》が朝廷の実権を握ると、何晏《かあん》・鄧颺《とうよう》・李勝《りしょう》ら浮華の徒を登用し、誕と親しかった夏侯玄《かこうげん》も登用された。玄の引きで誕も役職に就き、後に鎮東大将軍・儀同三司都督揚州諸軍事として寿春《じゅしゅん》に出鎮した。

だが、かつてこの任に当たった王淩《おうりょう》は二五一年、毌丘倹《かんきゅうけん》は二五五年に挙兵に失敗、いずれも殺されていることに不安を感じていた。また、曹爽が司馬懿《しばい》のクーデターで殺され（二四九）、李豊《りほう》・夏侯玄が司馬師《しばし》に謀殺され（二五四）、魏朝の勢いが次第に失《う》せてゆくことに怒りを感じていた。

二五七年五月、司空に任じられて兵権を手放すことになった諸葛誕は挙兵を決意、呉に救援を依頼しようと、子の諸葛靚《しょかつせい》と長史呉綱《ごこう》を派遣した。呉はこれに応えて文欽《ぶんきん》・唐咨《とうし》・全端《ぜんたん》らを送った。司馬昭《しばしょう》は二十六万の大軍を率い、魏主曹髦《そうぼう》と郭《かく》太后の同行を求めた。

これによって親征の形式を整えて諸葛誕が朝敵であることを天下に知らしめ、また二人が都にいて、司馬氏に反感を持つ人々と結託するのを防ごうとしたからだった。結局、諸葛誕の挙兵も失敗に終わり、二五八年二月、彼は魏将胡奮《こふん》に誅殺《ちゅうさつ》された。彼の麾下《きか》の兵数百人も擒《とりこ》となって斬られたが、「諸葛公のために死ぬのだから心残りはない」と言い、一人として命を惜しまなかった。これだけ人心を把《つか》んでいた誕は、ひとかどの人物である。

『世説新語』品藻《ひんそう》篇（人物の品定めの篇）は「諸葛氏の三人はいずれも盛名があり、それぞれ別の国にいた。彼らを評して人々は『蜀はその龍を得、呉はその虎を得、そして魏は狗《いぬ》を手に入れた』と言った」と記している。

司馬昭に抵抗したために、誕は「狗」と評されてしまったが、前述のように彼もまたなかなかの人物である。三国時代のいわば興隆期に活躍した族兄《いとこ》に対して、誕の時代は三国の黄昏《たそがれ》時である。これに彼の敗死が加わって、正史と『演義』を問わず、印象が弱い。

呉に入った諸葛靚はそのまま呉に仕えた。

ある日、群臣が集まった席上、呉主孫皓《そんこう》は靚に「君の字は仲思《ちゅうし》だが、何を思っているのか」と問うた。すると靚は「家に在っては孝を思い、君に仕えては忠を思い、朋友に対しては信を思う、ということだけでございます」と答えた（『世説新語』言語篇）。

これは『論語』学而《がくじ》篇の「父母に事《つか》へては能《よ》く其の力を竭《つく》し、君に事へては能く其の身を致し、朋友と交はり、言ひて信あり」を踏まえているものである。

二七九年十一月、晋が六方面から呉に侵攻した。人心は孫皓を離れ、兵には戦う気力がなく、各地で敗北を累《かさ》ねた。諸葛靚は呉の最後の丞相《じょうしょう》の張悌《ちょうてい》・護軍将軍孫震《そんしん》・丹楊太守沈瑩《しんえい》とともに長江を渡って防戦した。呉軍は大敗し、諸葛靚は辛うじて戦場を離脱した。二八〇年三月、孫皓は降伏し、ついに呉は滅んで三国は晋一国となった。

呉の臣下はそのまま晋に仕えた。諸葛靚は大司馬に任じられたが、出仕しなかった。

『世説新語』方正篇は次のような逸話を伝える。

――靚は父を殺した晋の帝室をわが仇敵と見ていたから出仕せず、晋の都の洛陽の近くを流れる洛水に背を向けて坐していた。晋の武帝《ぶてい》司馬炎《しばえん》は誕を殺した司馬昭の子で、靚とは旧交があった。会いたいと思ったが、その術《すべ》がない。そこで琅邪王司馬伷《しばちゆう》の妃となっていた靚の姉の諸葛妃《しよかつひ》に頼んで、彼女の邸に靚を呼んでもらった。

挨拶が済み、酒宴となると、司馬炎は靚に「卿《あなた》も竹馬のころの友情は憶えていような」と問うと、靚は「私は炭を呑み、身に漆《うるし》を塗ることが出来ず、今日再び聖顔を拝することに相成りました」と答えて、しきりに涙をこぼした。炎はさすがにいたたまれなくなって、早々に退去した――。

「炭を呑み身に漆を塗る」は、戦国時代の晋の人豫譲《よじよう》が復讐《ふくしゆう》のために炭を呑んで声をつぶし、漆を塗って皮膚病患者を装った故事で、『史記』刺客《せきかく》列伝に見える。

毅然とした対応を見ると、諸葛靚は「狗」の子ではない。とともに、この子を生んだ父親も「狗」では決してない。

諸葛靚の子の諸葛恢《しよかつかい》は字を道明《どうめい》といい、彼もまた父祖の血を享《う》けた優《すぐ》れた人物だった。西晋の末の大乱を見て逸早《いちはや》く江南に渡って難を避けた。琅邪王司馬睿《しばえい》が江を渡って東晋を立て（三一七）、王導《おうどう》・庾亮《ゆりょう》が彼を輔佐し、江南の名士を糾合《きゅうごう》して政権の基盤を固めた。恢は辟《め》し出されて官途に就き、王導・庾亮に次ぐ名声を得て尚書令にまで昇進した。彼は父に似て機敏な応対の才があった。これも『世説新語』であるが、その排調篇（嘲弄する言葉を集めた篇）にこんな話がある。

――諸葛恢と王導が互いの家柄の優劣を競ったことがある。王導は「両家を言う時、人は葛・王と言わないで、何故、王・葛と言うのかね」と問うと、諸葛恢は「たとえば驢馬《ろば》と言って馬驢と言わないのと同じで、何も驢が馬より優れているわけではないでしょう」と答えた――。

呼び方の先後は優劣と関係ないというのである。

余談を一つ。東京六大学野球の春と秋のリーグ戦の最後に行なわれる早稲田対慶応の試合は、早稲田の学生を含めて一般は「早慶戦」と呼んでいるが、慶応側は「慶早戦」と言っている。これは王導と同じように、呼ぶ際の先後に優劣の差があると考えるからである。

孔明の子の諸葛瞻《しょかつせん》は緜竹《めんちく》において長男の尚とともに戦死、次男の京《けい》は河東郡に移され、晋の時代に江州刺史となったが、名声は諸葛靚父子に及ばなかった。諸葛瑾の子の恪《かく》とその弟たちは揃って殺害されてしまった。孔明の養子になった諸葛喬《しょかつきょう》の子の攀《はん》が呉に帰って瑾の後を継いだが若死にして家は絶えた。龍虎と謳われた人の子孫が衰亡し、狗と評された人の子孫が栄えるという皮肉な結果になってしまった。

あとがき

「一人でも多くの人に『三国志』の魅力を知ってほしい」というのが、筆者多年の念願である。それにはどう書けばいいか、思い悩んでいるうちに、「たとい正史を基調にしていようと、固苦しく書く必要はない。学術的な考証は専門家諸先生の優れた著作にお任せして、自分が面白いと思ったことを素直に書けば、それでいいじゃないか」と、謂わば開き直った。

司馬遷《しばせん》の『史記』が、日本人が言う場合の「小説」的面白さにあふれているのは、史料を綿密に取捨選択している一方で、各地の民間伝承を、それが歴史的真実としては信憑性を欠こうとも、大胆に史料として採用したところにある。これによって紀伝の人物たちはにわかに生彩を帯びて私たちに迫って来る。

本書は「三国志人物外伝」であると同時に、それだけに止まらず、取り上げた人々の経歴や行事《こうじ》も紙幅が許す限り記して、「列伝」としても読めるように心がけた。しかし項目どおりに「外伝」を羅列するだけでは、読者は退屈してしまう。そのため、裴松之《はいしょうし》の諸注を初め、『後漢書』（范曄《はんよう》）・『晋書』（房玄齢《ぼうげんれい》ほか）・『廿二史劄記《さつき》』（趙翼《ちょうよく》）などから、その人物を彷彿させる逸話を拾い出した。

中でも最も役立ったのが『世説新語』（劉義慶《りゅうぎけい》）だった。煩《わずら》わしい漢代礼教社会の軛《くびき》から解き放たれて思想的には自由でも、司馬氏の擡頭《たいとう》による権力抗争の激化の中、政治的には危険極まりないこの時代を生きた人々の姿が、生き生きと描かれる。ここに記されている逸話は、それが事実であるかどうかは別として、この人ならばこんな言行があっても不思議ではないと思わせる「何か」を持っている。

右の諸書を参考にして、その人物像を正面ばかりではなく側面からも描いて浮き彫りにしようと試みた。これが果たして成功したか、書き終えた今、大きな不安を抱いている。本書を読んだことを契機《きっかけ》に、それが正史であると『演義』であるとを問わず、『三国志』が持つ豊饒《ほうじょう》な世界をさらに深く究めようとされるファンが増えることを祈っている。

本書が刊行の運びとなったのは、ひとえに平凡社一般書編集部土居秀夫氏の御好意とお力添えによるものであることを記して、感謝の言葉に代えさせていただく。

二〇〇六年春　　上野公園片隅の陋屋にて

『三国志』略年表

西暦	後漢			記事
一五五	永寿元年〈桓帝〉			曹操・孫堅生まれる。南匈奴の叛乱を張奐が鎮定。
一五八	延熹元年			南匈奴・烏丸・鮮卑の叛乱をまたも張奐が鎮定。
一五九	二年			八月、宦官の力を借りて桓帝は大将軍梁冀を殺害。宦官の専横はこれより始まる。
一六五	八年			陳蕃が太尉に、李膺は司隷校尉になり、宦官と対抗。
一六七	永康元年			第一次党錮。桓帝劉志死去、竇后が皇太后として称制。
一六八	建寧元年〈霊帝〉			河間郡より劉宏が迎えられて帝位に即く（霊帝）。竇武・陳蕃は九月、宦官誅滅に失敗して殺される。
一七二	熹平元年			五月、熹平と改元。十二月、鮮卑が并州に侵入。
一七七	六年			曹操、頓丘の令となり、徴されて議郎に。
一七八	光和元年			三月、光和と改元。霊帝、官爵の売り出しを始める。
一八〇	三年			十二月、霊帝は何氏を皇后に立て、兄の何進を侍中に。
一八四	中平元年			二月、黄巾の乱勃発。十二月、光和を中平に改元。
一八九	六年〈少帝〉〈献帝〉			四月、霊帝死去して少帝立つ。何進、宦官に殺される。董卓、入洛して少帝を廃し、陳留王劉協を立てる（献帝）。袁紹・曹操は脱出して郷里に帰る。

一九〇	初平元年			一月、袁紹を盟主として関東の諸侯が董卓討伐の挙兵。二月、董卓は長安遷都を強行。
一九一	二年			黄祖を追う間に孫堅が戦死、孫策が継ぐ。
一九二	三年			四月、王允・呂布が董卓を殺害。六月、李傕・郭汜は長安を占拠、王允を殺す。
一九四	興平元年			正月、興平と改元。曹操は前年につづいて徐州を攻撃。呂布・陳宮が兗州を奪う。孫策、江東に基盤を作る。
一九五	二年			呂布を破った曹操は兗州の牧に。献帝一行は長安脱出。
一九六	建安元年			正月、建安と改元。劉備は曹操のもとに。九月、曹操は許都に献帝を奉じ、初めて屯田を設ける。
一九八	三年			十二月、曹操は呂布を斬り、徐州も入手。
二〇〇	五年			関羽は曹操に降り、劉備は袁紹を頼る。孫策が死去、後事を孫権に託す。 八月、曹操は官渡で袁紹と対峙。
二〇一	六年			曹操は倉亭で袁紹に大勝。劉備は劉表に身を寄せる。
二〇四	九年			八月、曹操は袁氏の本拠鄴城を陥して冀州を平定。
二〇七	十二年			劉備は三顧の礼で諸葛亮（孔明）を迎える。
二〇八	十三年			六月、曹操は自ら丞相となり、八月、荊州平定に乗り出す。黄祖敗死。 十一月、曹操は赤壁で大敗を喫す。
二一〇	十五年			益州進攻を計画した周瑜は直前に急死。交州七郡を挙げて士燮が孫権に帰服、歩騭が交州刺史に。
二一一	十六年			九月、曹操は自ら西征して馬超・韓遂を大いに破る(両者の間で交馬語)。 劉備は益州に。呂岱は漢中をめざす（？）。
二一二	十七年			五月、馬騰父子殺される。十二月、劉備・劉璋間で戦端が開かれる。

西暦	後漢			記事
二一三	十八年			五月、曹操は魏公に封じられ、九錫の恩典も。九月、馬超は冀城占領。 劉備軍、緜竹に迫る。
二一四	十九年			五月、劉備は劉璋を成都に降し、益州を占領。
二一五	二十年			七月、張魯が曹操に降伏。孫権は張遼に追撃され、あわやの危機に陥るも、淩統らの奮戦で脱出。
二一六	二十一年			曹操が魏王となる。
二一七	二十二年			曹操、濡須で孫権を破る。張飛ら漢中で曹洪と対峙。曹丕、魏の太子に決まる。
二一八	二十三年			劉備、夏侯淵・張郃と陽平関で対峙。曹操、長安進出。
二一九	二十四年			一月、黄忠が夏侯淵を斬り、劉備は漢中を得る。七月、劉備が漢中王に。八月、関羽は樊城に進出するも、背後を呂蒙らに襲われ、十二月、関平とともに斬られる。孫権は驃騎将軍・領荊州牧となり、上書して臣と称す。
二二〇	二十五年 延康元年			正月、曹操死去（享年六十六）。三月、延康と改元。陳羣、「九品中正法」制定。
	魏〈曹丕〉	蜀	呉	
（二二〇）	黄初元年			正月、曹丕は魏の帝位に（文帝）。献帝は山陽公に封じられる。
二二一	二年	**蜀**〈劉備〉 章武元年		四月、劉備が即位、国号は漢、元号を章武と定める。諸葛亮が丞相に。 七月、劉備は征呉の軍を起こし、直前に張飛殺害される。魏は孫権を呉王に封じる。

二二二	三年	二年	黄武元年	閏六月、劉備は猇亭で呉に大敗、永安に駐営。九月、魏は三道から呉を攻撃。十月、呉は独自に元号を建て、翌月、鄭泉を送って蜀と関係修復。劉備病む。
二二三	四年	三年 建興元年〈劉禅〉	二年	三月、曹仁は朱桓に敗れて急死。四月、劉備、永安宮で死去（享年六十三）。劉禅が継いで建興と改元。蜀は呉に鄧芝を送り、友好関係を固める。
二二四	五年	二年	三年	呉の張温、使者として蜀へ。九月、曹丕は徐盛の擬城に欺かれて広陵から撤退。
二二五	六年	三年	四年	三月、諸葛亮が南征して益州南部を平定。十月、曹丕は長江の凍結のため撤兵。
二二六	七年	四年	五年	五月、曹丕死去（享年四十）。後事を曹真・陳羣・司馬懿に託す。曹叡が帝位を継ぐ。孫権、江夏を攻撃するも文聘に退けられる。
二二七	〈曹叡〉 太和元年	五年	六年	諸葛亮、漢中で北伐の準備。十二月、新城で孟達挙兵。
二二八	二年	六年	七年	正月、孟達敗死。春、諸葛亮の第一次北伐は馬謖の拙劣な指揮で失敗。五月、曹休は呉の周魴の欺降の計に嵌まって大敗、急死。十二月、諸葛亮の第二次北伐は郝昭の善戦で果たせず。
二二九	三年	七年	呉〈孫権〉 黄龍元年	春、諸葛亮は陳式に命じて武都・陰平を平定。蜀の宿将趙雲死去。四月、孫権は帝位に即き、名実ともに鼎立の形勢となる。六月、蜀・呉の間で天下の分割保有の約定。
二三〇	四年	八年	二年	一月、魏は合肥新城を築く。八月、曹真ら三道からの蜀進攻は長雨のために失敗。
二三一	五年	九年	三年	諸葛亮の第三次北伐。祁山で司馬懿に快勝、張郃を射殺したが、輜重不

西暦	魏	蜀	呉	記事
二三二	六年	十年	嘉禾元年	足で撤収。十月、公孫淵は使者を送って呉の藩国になりたいと申し入れる。曹植死去。
二三三	青龍元年	十一年	二年	一月、魏は瑞祥にちなんで青龍と改元。三月、孫権は公孫淵に王号と九錫を授けたが、淵は使者を斬って首を魏に送る。
二三四	二年	十二年	三年	四月、諸葛亮の第四次北伐。八月、五丈原で病没、壮図はついに成らず。
二三五	三年	十三年	四年	蔣琬が尚書令として国事を統轄。魏延は謀反を疑われて枉死。二月、郭太后は曹叡に殺害される。蜀の楊儀は失意の自殺。
二三七	五年 景初元年	十五年	六年	三月、魏は景初と改元、太和暦を景初暦に改める。魏将毌丘倹は公孫淵を伐つも戦果なく、淵は燕王を自称。
二三八	二年	延熙元年	七年 赤烏元年	蜀は元号を延熙に、呉は赤烏に改元。司馬懿は遼東に遠征、八月、公孫淵を斬る。十二月、曹叡は重態に。
二三九	三年 〈曹芳〉	二年	二年	暦が改訂され、前年十二月が景初三年一月に。元旦に曹叡死去。曹芳は八歳で即位。司馬懿・曹爽が輔佐を託される。
二四〇	正始元年	三年	三年	蜀の張嶷、南中諸夷の叛乱を鎮定。
二四一	二年	四年	四年	四月、呉は四道より魏を攻撃したが戦果なし。
二四四	五年	七年	七年	一月、呉の陸遜が丞相に。二月、曹爽・夏侯玄の蜀遠征は王平に防がれて失敗。
二四五	六年	八年	八年	孫和・孫覇の後継者争い（二宮の変）を孫権に切諫した陸遜は問責されて憂死。馬茂の孫権暗殺は失敗。

二四九	十年 嘉平元年	十二年	十二年	司馬懿父子のクーデターで曹爽とその党与は皆殺しに。夏侯覇、蜀に亡命。四月、魏は嘉平と改元。
二五一	三年	十四年	十四年 太元元年	王淩は淮南で挙兵したが失敗、自殺。司馬懿死亡、司馬師が継ぐ。呉は太元と改元。孫権は重態となり諸葛恪らに後事を託す。
二五二	四年	十五年	二年 建興元年〈孫亮〉	四月、孫権死去（享年七十一）。太子孫亮が即位、建興と改元。諸葛恪・丁奉ら、東興で魏軍に大勝。
二五三	五年	十六年	二年	正月、蜀の大将軍費禕、魏の降人郭脩に刺殺される。五月、合肥新城を攻撃した諸葛恪、疫病で多くの将士を失う。十月、孫亮・孫峻に恪は殺される。
二五四	六年 正元元年〈曹髦〉	十七年	五鳳元年	二月、司馬師は夏侯玄・李豊らを殺害、曹芳を廃して高貴郷公曹髦を帝位に。
二五五	二年	十八年	二年	一月、毌丘倹・文欽、淮南で挙兵するも司馬師に敗れる。司馬師死亡、司馬昭が継ぐ。
二五六	三年 甘露元年	十九年	三年 太平元年	七月、姜維は上邽で鄧艾に大敗。九月、孫峻が急死、従弟孫綝が実権を握る。呂拠・滕胤ら孫綝誅殺に失敗。
二五七	二年	二十年	二年	五月、魏の征東大将軍諸葛誕、淮南で挙兵、子の靚を呉に送って救援依頼。
二五八	三年	景耀元年	三年 永安元年〈孫休〉	二月、寿春は陥落して諸葛誕戦死。九月、孫綝は孫亮を廃して孫休を迎え、丞相となる。孫休は丁奉らと謀って十二月、孫綝を誅殺。

西暦	魏	蜀	呉	記事
二六〇	景元元年〈曹奐〉	三年	三年	五月、曹髦は司馬昭誅殺に失敗、成済に殺害される。事件の黒幕は司馬昭だったと朝野で専らの噂となる。
二六三	四年	六年 炎興元年	六年	八月、鍾会・鄧艾ら蜀に進攻。蜀は火徳の漢を再び興隆させる願いを籠めて炎興と改元したが、十一月、劉禅は降伏、蜀はついに滅びた。司馬昭は晋王に。
	魏		**呉**	
二六四	五年 咸熙元年		七年 元興元年〈孫皓〉	一月、姜維と組んだ鍾会の挙兵は失敗、殺害される。檻車で召還された鄧艾は田続に斬られる。七月、呉主孫休死去（享年三十）、孫皓が立ち、元興と改元。
二六五	二年		二年 甘露元年	三月、孫皓は紀陟らを送って魏に聘問。四月、呉は甘露と改元。八月、司馬昭が死んで司馬炎が晋王に。
	晋〈司馬炎〉		**呉**	
(二六五)	泰始元年			十二月、司馬炎は曹奐に禅譲を迫って晋の帝位に即く。
二六六	二年		二年 宝鼎元年	呉は張儼・丁忠を晋に送って司馬昭を弔問。八月、呉は宝鼎と改元、陸凱が左丞相、万彧が右丞相に。
二六九	五年		四年 建衡元年	十月、呉は建衡と改元。陸凱は痛烈な孫皓批判の文を遺して病死。
二七一	七年		三年	一月、孫皓は謡言を信じて華里まで進んだが、兵士の不満を知って帰還。この時、万彧・留平らの孫皓廃位計画があったか。劉禅死去（享年六十五）。

二七二	八年		鳳皇元年	晋の王濬、益州で大船建造、木片は下流に。七月、賈充が晋の司徒に。十二月、陸抗は歩闡の叛乱を鎮定。
二七五	咸寧元年		天冊元年	六月、鮮卑の拓抜力微が子を送って晋に入貢。
二七六	二年		二年 天璽元年	呉では各地から祥瑞の報告が相次ぎ、孫皓を喜ばせる。十月、晋の羊祜は呉の討伐を進言するが、奸臣賈充らの反対で実現せず。
二七九	五年		天紀三年	十一月、晋は賈充を総督として、杜預・王濬ら諸軍が大挙して呉に進攻。
二八〇	六年 太康元年		四年	呉は各地で大敗、孫皓はついに降伏。晋が天下を統一し、分裂の時代に終止符が打たれた。

参考文献

『三國志』陳寿（晋）
『三國志集解』盧弼（中華民国）
『三國會要』楊晨（清）

『後漢書』范曄（劉宋）
『後漢紀』袁宏（晋）
『晉書』房玄齡ほか（唐）
『廿二史劄記』趙翼（清）

『三国志』Ⅰ Ⅱ Ⅲ　陳寿／今鷹真・小南一郎・井波律子訳（筑摩書房・世界古典文学全集）
『三國志實錄』吉川幸次郎（筑摩書房）
『読切り三国志』井波律子（筑摩書房・ちくま文庫）
『正史三國志群雄銘銘傳』坂口和澄（光人社）

『三国志演義』羅貫中／立間祥介訳（平凡社・中国古典文学大系）
『三国志演義』井波律子（岩波新書）
『三国志人物事典』渡辺精一（講談社）

『世説新語』劉義慶／森三樹三郎訳（平凡社・中国古典文学大系）
『中国人の機智――世説新語を中心として』井波律子（中公新書）
『中國小説史の研究』小川環樹（岩波書店）
『魏晋南北朝通史 内編』岡崎文夫（平凡社・東洋文庫）
『中國歴史地圖集』第三巻　譚基驤主編（地圖出版社、中国）
『中國史稿地圖集』郭沫若主編（地圖出版社、中国）

【著者】

坂口和澄（さかぐち わずみ）

1934年東京生まれ。早稲田大学第一政治経済学部新聞学科卒業。レコード会社勤務後、フリーとなり、レコード関連のデザイン、レイアウトを始める。その間、「歴史と旅」（秋田書店）、「歴史群像」（学習研究社）で『三国志』について多数執筆。著書に、『眞說三國志』（小学館）、『三国志英雄妖異伝』（青春出版社）、『三國志群雄錄』（徳間文庫）、『正史三國志群雄銘銘傳』（光人社）などがある。

平凡社新書325

三国志人物外伝

亡国は男の意地の見せ所

発行日——2006年5月10日　初版第1刷

著者——坂口和澄

発行者——下中直人

発行所——株式会社平凡社

東京都文京区白山2-29-4　〒112-0001
電話　東京(03)3818-0745［編集］
　　　東京(03)3818-0874［営業］
振替　00180-0-29639

印刷・製本—株式会社東京印書館

装幀——菊地信義

ISBN4-582-85325-0
NDC分類番号923.5　新書判(17.2cm)　総ページ296
平凡社ホームページ http://www.heibonsha.co.jp/